主体的・対話的で深い学びを実現する 中学校「道徳科」授業

編集：鈴木 明雄（麗澤大学大学院准教授）

教育開発研究所

まえがき

　いま，中学校の道徳科の授業がよりよく変化していると言われている。教科等の専門性のある教員が，生徒の主体性や語り合い等のアクティブな学びを促し，深い学びを追究しているからだと言える。一方，規範や問題行動に対応できる道徳科の機能が十分ではないという指摘がある。中学生はどう生きるべきかと仲間と真剣に考え，議論できる発達段階にあるが，十分に力を発揮していない現状がある。しかし，個々は未熟でも，生徒同士や生徒と教師が共に心を開いて語り合う真剣な生き方が，道徳的な価値を追究していく人間性を必ず養うものである。

　人を信じ，人として生きる自分のよさに気付いていくことは，教育の本来の価値である。今こそ，生徒が主体的に学ぶ道徳科の学習を充実し，道徳的に生きる喜びを学ばせたい。

　学習指導要領の指導理念は，未来を担う生徒一人一人がよりよい社会と幸福（Well-Being）である人生の創り手として，「学びに向かう力，人間性等」を目指す資質・能力を育むことである。そのため，主体的・対話的で深く学ぶ学習による道徳科が，次期学習指導要領実施の先取りと言われる理由がここにある。また，道徳教育に係る評価等の在り方に関する専門家会議では，道徳科で質の高い多様な指導方法が積極的に展開されるため育むべき資質・能力の理解を教育界でより広く共有することが大切だと提言している。さらに，140余年に及ぶ我が国の学校教育の蓄積を踏まえ，各教科等の本質に根差した習得・活用・探究といった学習プロセスで育まれる資質・能力をより明確に構造化・可視化することも求められている。

　道徳教育の充実に関する懇談会，中央教育審議会等で議論が重ねられ，平成29年3月公示の学習指導要領で「特別の教科　道徳」（道徳科）が生まれた。いじめ根絶や規範意識の育成，安全確保と持続可能な社会等の喫緊の現代的課題が提示され，道徳科の教科書検定基準としても明記された。そして，キャッチコピー「考え，議論する道徳」で，答えが一つとは限らない問題でも，主体的に解決していく学習態度が重視された。21世紀型能力である実践力を伴う問題解決能力の育成を図る道徳科が強く期待されているのである。

　今回，道徳教育に長年熱心に取り組んで来られた多彩な方々に執筆を依頼した。道徳教育の発展を牽引されている教員，研究者，行政等の幅広い分野から，まさに構造的に道徳科の理論と実践について深く学ぶことができる。とくに中学校22の内容項目すべてにわたる実践指導例をご紹介いただいた。いじめや情報モラル，健康と安全，異性理解，自然愛護，国を愛する心の問題，道徳科の指導と評価，道徳性と主体的な学習態度や問題解決的な指導等，明日からの授業にすぐ活用できる構成になっている。

　本書が，各学校の授業実践に貢献できるとともに，道徳教育が我が国の未来を拓く教育であることをご理解いただき，多くの研究団体や研究者，国民の皆様の一助になれば幸いである。終わりになりましたが，本書の構成・編集について中学校道徳科が充実していく視点から真摯に熱心なご指導をいただきました（株）教育開発研究所の五十貝博之様には大変お世話になりました。厚く御礼を申し上げます。

2019年5月

麗澤大学大学院准教授　鈴木　明雄

目　次

まえがき……………………………………………………………………………… i

第1編　中学校「道徳科」の新展開……………………………………………… 1

§1　「道徳科」の誕生………………………………………………………… 2

1. いじめへの対応と「道徳科」の誕生………………………………林　　康成・2
2. 「道徳科」の新学習指導要領における位置づけ………………柳沼　良太・4
3. 主体的・対話的で深い学びと「道徳科」の授業…………………鈴木　明雄・6
4. 「道徳科」における考え，議論する授業………………………田沼　茂紀・8

§2　「道徳科」の目標…………………………………………………………10

5. 道徳教育及び「道徳科」の目標と「道徳科」の特質……………柴原　弘志・10
6. 「道徳科」における「物事を多面的・多角的に考える」学習……………12
7. 道徳的価値に基づいた人間としての生き方………………………江川　　登・14
8. 道徳的判断力，心情，実践意欲と態度の育成……………………………16

§3　指導計画の作成と内容の取り扱い……………………………………18

9. 道徳教育の全体計画の作成………………………………………柳沼　良太・18
10. 「道徳科」の年間指導計画の作成………………………………………20
11. 「道徳科」と各教科，総合的な学習，特別活動との連携………賞雅　技子・22
12. 「道徳教育推進教師」を中心とした全教師による指導…………林　　康成・24
13. 道徳教育の推進と校長・教頭の指導……………………………賞雅　技子・26
14. 道徳性の涵養と生徒の主体的な学習態度の育成…………………鈴木　明雄・28
15. 議論する言語活動と多様な見方・考え方の理解…………………田沼　茂紀・30

16. 生徒の発達段階・「道徳科」の特質と指導方法の工夫 ················· 山西　実・32
17. 生徒の発達段階の特性とSNS等の情報モラルに関する指導 ········· 鈴木　明雄・34
18. 「道徳科」の授業公開と家庭や地域との連携 ······················· 山西　実・36
19. 感動を覚える充実した教材の開発 ································· 貝塚　茂樹・38
20. 偏らない教材の開発 ··· 40

§4 「道徳科」の評価 ··· 42

21. 「道徳科」に関する評価の基本的な特徴 ··························· 富岡　栄・42
22. 学習状況や道徳性に係る成長の様子を指導に生かす ················· 45
23. 数値などによらない個人内評価の工夫 ····························· 48

■「道徳科」の評価文例 ··· 51

1. 指導要録と通知表の性格の違いと「道徳科」 ······················· 富岡　栄・52
2. 指導要録の評価文例 ··· 54
3. 通知表の評価文例 ··· 60

第2編　主体的・対話的で深い学びを実現する中学校「道徳科」授業 …… 67

A．主として自分自身に関すること ……………………………………………… 68

1. 「道徳科」授業事例1（自主，自律，自由と責任）……………… 菅野由紀子・68
2. 「道徳科」授業事例2（節度，節制）………………………………… 鈴木　明雄・72
3. 「道徳科」授業事例3（向上心，個性の伸長）…………………… 堀内　俊吾・76
4. 「道徳科」授業事例4（希望と勇気，克己と強い意志）………… 鹿野内憲一・80
5. 「道徳科」授業事例5（真理の探究，創造）……………………… 永林　基伸・84

B．主として人とのかかわりに関すること ……………………………………… 88

6. 「道徳科」授業事例6（思いやり，感謝）………………………… 吉田　　修・88
7. 「道徳科」授業事例7（礼儀）………………………………………… 森岡　耕平・92
8. 「道徳科」授業事例8（友情，信頼）………………………………… 松原　好広・96
9. 「道徳科」授業事例9（友情，信頼〈異性の理解〉）…………… 齊藤　　久・100
10. 「道徳科」授業事例10（相互理解，寛容）………………………… 田中　重明・104

C．主として集団や社会との関わりに関すること …………………………… 108

11. 「道徳科」授業事例11（遵法精神，公徳心）……………………… 相馬美樹子・108
12. 「道徳科」授業事例12（公正，公平，社会正義）………………… 鈴木　明雄・114
13. 「道徳科」授業事例13（社会参画，公共の精神）………………… 柴田　　克・118
14. 「道徳科」授業事例14（勤労）……………………………………… 島方　勝弘・122
15. 「道徳科」授業事例15（家族愛，家庭生活の充実）……………… 馬場　尚子・126
16. 「道徳科」授業事例16（よりよい学校生活，集団生活の充実）…… 鴻野　年伸・130
17. 「道徳科」授業事例17（郷土の伝統と文化の尊重、郷土を愛する態度）…………………………………………………………………………………… 吉田　　修・134
18. 「道徳科」授業事例18（我が国の伝統と文化の尊重、国を愛する態度）…………………………………………………………………………………… 西尾　洋之・138

19.「道徳科」授業事例19（国際理解，国際貢献）……………………山川　俊英・*142*

D．主として生命や自然，崇高なものとの関わりに関すること……………*146*

20.「道徳科」授業事例20（生命の尊さ）……………………………若林　尚子・*146*
21.「道徳科」授業事例21（自然愛護）………………………………山田　誠・*150*
22.「道徳科」授業事例22（感動，畏敬の念）………………………清水　肇・*154*
23.「道徳科」授業事例23（よりよく生きる喜び）…………………阿部　亮一・*158*

〔巻末資料〕
■「道徳科」内容項目の指導の観点……………………………………………*162*
■「特別の教科　道徳」に関する動きと法令等……………………鈴木　明雄・*164*

執筆者一覧

[編集]

鈴木　明雄　麗澤大学大学院准教授，全日本中学校道徳教育研究会顧問

[執筆者]（執筆順）

林　康成	上越教育大学副学長	
柳沼　良太	岐阜大学大学院准教授	
鈴木　明雄	麗澤大学大学院准教授，元東京都北区立飛鳥中学校長	
田沼　茂紀	國學院大學教授	
柴原　弘志	京都産業大学教授，元文部科学省教科調査官（道徳），全中道研相談役	
江川　登	東京都豊島区立西池袋中学校統括校長，全中道研顧問	
賞雅　技子	武蔵大学客員教授，前東京都三鷹中央学園三鷹市立第四中学校長，全中道研顧問	
山西　実	埼玉県幸手市教育委員会教育長，関東甲信越中学校道徳教育研究会顧問	
貝塚　茂樹	武蔵野大学教授，文部科学省道徳教育の充実に関する懇談会委員	
富岡　栄	麗澤大学大学院准教授，前高崎福祉大学特任教授，元群馬県中道研会長	
菅野由紀子	東京都武蔵野市立第二中学校長，全日本中学校道徳教育研究会会長	
堀内　俊吾	埼玉県久喜市立久喜中学校長，関東甲信越中学校道徳教育研究会会長	
鹿野内憲一	札幌市立東栄中学校長，全中道研副会長，北海道中道研会長	
永林　基伸	帝京科学大学特命教授，全中道研顧問	
吉田　修	東京都府中市立府中第九中学校長，全中道研・関東甲信越中道研事務局長	
森岡　耕平	東京都府中市立府中第一中学校長，全中道研副会長，東京都中道研会長	
松原　好広	東京都江東区立大島南央小学校長，麗澤大学大学院道徳教育専攻	
齊藤　久	東京都中野区立中野東中学校長，前全中道研会計部長	
田中　重明	神戸市立北神戸中学校長，全中道研副会長，兵庫県中道研会長	
相馬美樹子	静岡県伊豆市立中伊豆中学校長，全中道研副会長	
柴田　克	千葉県君津市立周西南中学校長，全中道研常任理事	
島方　勝弘	埼玉県越谷市立南中学校長，関東甲信越中道研副会長	
馬場　尚子	相模原市立上鶴間中学校長，関東甲信越中道研理事	
鴻野　年伸	埼玉県寄居町立寄居中学校長，全中道研常任理事	
西尾　洋之	高知県南国市立北陵中学校長，高知県中道研会長，全中道研理事	
山川　俊英	川崎市立菅中学校長，関東甲信越中道研副会長	
若林　尚子	埼玉県川口市立芝中学校教諭	
山田　誠	筑波大学附属小学校教諭	
清水　肇	東京都府中市立府中第七中学校主幹教諭	
阿部　亮一	横浜市立根岸中学校長，関東甲信越中道研会計監査	

第1編
中学校「道徳科」の新展開

§1 「道徳科」の誕生
 1. いじめへの対応と「道徳科」の誕生
 2. 「道徳科」の新学習指導要領における位置づけ
 3. 主体的・対話的で深い学びと「道徳科」の授業
 4. 「道徳科」における考え,議論する授業
§2 「道徳科」の目標
 5. 道徳教育及び「道徳科」の目標と「道徳科」の特質
 6. 「道徳科」における「物事を多面的・多角的に考える」学習
 7. 道徳的価値に基づいた人間としての生き方
 8. 道徳的判断力,心情,実践意欲と態度の育成
§3 指導計画の作成と内容の取り扱い
 9. 道徳教育の全体計画の作成
 10. 「道徳科」の年間指導計画の作成
 11. 「道徳科」と各教科,総合的な学習,特別活動との連携
 12. 「道徳教育推進教師」を中心とした全教師による指導
 13. 道徳教育の推進と校長・教頭の指導
 14. 道徳性の涵養と生徒の主体的な学習態度の育成
 15. 議論する言語活動と多様な見方・考え方の理解
 16. 生徒の発達段階・「道徳科」の特質と指導方法の工夫
 17. 生徒の発達段階の特性とSNS等の情報モラルに関する指導
 18. 「道徳科」の授業公開と家庭や地域との連携
 19. 感動を覚える充実した教材の開発
 20. 偏らない教材の開発
§4 「道徳科」の評価
 21. 「道徳科」に関する評価の基本的な特徴
 22. 学習状況や道徳性に係る成長の様子を指導に生かす
 23. 数値などによらない個人内評価の工夫

中学校「道徳科」の新展開

いじめへの対応と「道徳科」の誕生

上越教育大学副学長　林　　泰成

Q 道徳の教科化は，教育再生実行会議から出された「いじめの問題等への対応について」（第一次提言）から始まったと聞いていますが，道徳の教科化といじめ問題への対応はどのように関連していると考えられているのでしょうか。

A　教育再生実行会議と道徳教科化

　教育再生実行会議は，第二次安倍内閣において「21世紀の日本にふさわしい教育体制を構築し，教育の再生を実行に移していくため」，2013（平成25）年に設置された。その最初の提言が，同年2月26日に出された「いじめの問題等への対応について」（第一次提言）である。その提言では，いじめ問題に対する対応として5つの事項が示されているが，その一つ目が道徳の教科化であった。

　従来の「道徳の時間」は，1958（昭和33）年に特設されたものであるが，それは，正式な教科ではなかった。また，この特設は，戦後間もなくのことであったため，戦前戦中の修身教育の復活であるかのように誤解されたりもして，道徳教育への取り組みは，学校や教員によって大きな差があったと言える。実際には，「道徳の時間」を実施していない学校もあったと筆者は仄聞している。そこで，特別の教科として正式に位置づけ，いじめ問題への対応を念頭に，「人間性に深く迫る教育を行う」ことが求められたのである。

いじめ問題

　いじめ問題への対応は，学校においても喫緊の課題であると言える。しかし，これだけマスコミで騒がれても，それでもつぎつぎと新たないじめが発覚し，報道され続けていることを考えれば，対応がむずかしい課題なのだと言わざるをえない。いじめはなくすべきであるが，なくならないのではないかと思えてくる。

　いじめを犯罪として捉えることができれば，加害者には法的な処罰が与えられる。しかし，実際のいじめでは，被害者のいじめによる精神的なストレスが主となって起こる自死事件の場合など，因果関係が明確にできず，傷害罪などの適用がむずかしい事例もある。そこで，第一次提言の二つ目の提言事項は，「社会総がかりでいじめに対峙していくための法律の制定」であり，2013（平成25）年には，いじめ防止対策推進法が公布，施行された。

　この法律によれば，「いじめ」とは，「児童等に対して，当該児童等が在籍する学校に在籍している等当該児童等と一定の人的関係にある他の児童等が行う心理的又は物理的な影響を与える行為（インターネットを通じて行われるものを含む。）であって，当該行為の対象となった児童等が心身の苦痛を感じているものをいう」（第2条）と定義されている。また，「児童等は，いじめを行ってはならない」（第4条）と，いじめが法律によって明確に禁止されている。

しかし、法律で、明確に定義され、禁止されたからといって、一気になくなるというようなものでもないだろう。そこで、学校教育、とくに道徳教育に大きな期待が寄せられていると考えられる。

道徳科授業の指導法

「特別の教科　道徳」として教科化された道徳科の指導法については、「質の高い多様な指導法」として、①「読み物教材の登場人物への自我関与が中心の学習」、②「問題解決的な学習」、③「道徳的行為に関する体験的な学習」の3つが、道徳教育に係る評価等の在り方に関する専門家会議から出された「「特別の教科　道徳」の指導方法・評価等について（報告）」（2016（平成28）年）に示されている。②と③については、学習指導要領にも記されており、教科化にともなって積極的に進められている。

いじめ問題については、道徳科授業できれいごとを語るだけではすまない。道徳科授業で「他者の気持ちを思いやることが大切だ」と語る子どもが、休み時間に級友をいじめているような事態が起これば、授業そのものがナンセンスだということになってしまう。いじめ問題の議論から道徳の教科化が始まったことを思えば、具体的な行動にまでつながらないことには、意味がない。つまり、道徳科の学びは、日常生活に反映されなければならない。そうした意味で、実践につながるような、「問題解決的な学習」や「道徳的行為に関する体験的な学習」の指導方法が求められるのである。

文部科学省は、「考え、議論する」道徳という言葉を、教科化のスローガンとして使用したが、実際には、教育活動全体を通じての道徳教育も含めて「考え、議論し、行動する」道徳教育が求められているとも言えよう。

自我関与

①の指導法においては、「自我関与」という用語が用いられているが、道徳教育においては、②や③、あるいは、他のどのような指導法を用いるとしても、自分とのかかわりで考えるという意味での「自我関与」は必要である。教材の登場人物についての理解であれ、道徳的価値についての理解であれ、それを自分とのかかわりでとらえるということができなければ、学んだ内容は、浅い理解でしかなく、自分自身の道徳的行動原理とはならないからである。そうした部分の能力が開発されていなければ、いじめられている子どもへの共感は、情動レベルでも認知レベルでもむずかしいことになるだろう。

いじめへの対応と「道徳科」

このように考えれば、いじめへの対応は、「道徳科」にとってむずかしいことではない。中核にあるのは、他者の立場に立って自分事として考える能力を子どもたちに身につけさせることである。いじめを扱っているのではないさまざまな教材をとおしても、そうした能力は開発できるが、教科化にともなって道徳の教科書が作られており、そこにはいじめに焦点化した教材も掲載されているので、いじめをテーマにした教材で、他者の立場にたって、より深く自分事として考え、議論する道徳科授業ができる。その繰り返しで、いじめに関する基礎的な道徳的能力が開発されていくことになるであろう。

したがって、「道徳科」は、いじめへの事後的な対応ではなく、予防的な対応策として期待できると言えよう。

中学校「道徳科」の新展開

「道徳科」の新学習指導要領における位置づけ

岐阜大学大学院准教授　柳沼　良太

Q　「特別の教科 道徳科」は，新学習指導要領でどう位置づけられるのでしょうか。道徳教育と道徳科は，どのような関係になるのでしょうか。道徳科を教育課程に位置づけるにあたり，どのような点に留意すべきでしょうか

A　1．「道徳科」の位置づけ

　道徳教育の改善・充実を図り，学校の教育活動全体を通じて行う道徳教育とその要としての「道徳科」の役割を明確にしたうえで，生徒の道徳性を養うために，道徳の時間を「特別の教科　道徳」として教育課程上に新たに位置づけた。「道徳科」においては，適切な教材を用いて確実に指導を行い，指導の結果を明らかにして，その質的な向上を図ることができるよう，学校教育法施行規則及び学習指導要領の一部を改正し，その目標，内容，教材や評価，指導体制の在り方等を見直した。

　学校教育法施行規則72条　中学校の教育課程は，国語，社会，数学，理科，音楽，美術，保健体育，技術・家庭及び外国語の各教科（以下本章及び第7章中「各教科」という。），特別の教科である道徳，総合的な学習の時間並びに特別活動によつて編成するものとする。

　上述のように，道徳科は「特別の教科」として新学習指導要領では各教科の後に記され，各領域の前に位置づけられている。道徳科の授業時数も週一単位時間（50分）であり，年間35単位時間あることも従来どおりである。

2．道徳教育と「道徳科」の関係

　道徳教育は，人格形成の根幹に関わるものであるため，学校で行われるすべての教育活動を通して行われる必要がある。そのなかでも，「特別の教科」として位置付けられた「道徳科」は，生徒の道徳性を養うことを目指すものとして，道徳教育の中核的な役割を果たす。

　「道徳科」の指導では，各教科等で行われる道徳教育を補ったり，それを深めたり，相互の関連を考えて発展させ，統合させたりする。その意味で，「道徳科」は道徳教育の要となり，学校の教育活動全体と関連して行うことになる。

　従来の「道徳の時間」も，各教科等における道徳教育と密接な関連を図りながら，計画的・発展的な指導によってこれを補充，深化，統合し，生徒に道徳的価値の自覚や生き方についての考えを深めさせ，道徳的実践力を育成するとされてきた。こうした道徳の時間を要として学校の教育活動全体を通じて行うという道徳教育の基本的な考え方は，今後の「道徳科」にも引き継がれる。

　ただし，従来の「道徳の時間」は，教科以外の一領域として位置付けられていたため，歴史的経緯に影響されて忌避されがちな風潮があり，他教科に比べて軽んじられる傾向が

あった。また、「道徳の時間」は、読み物教材に登場する人物の心情を理解することのみに偏った形式的な指導が行われることが多かった。また、道徳的価値を自覚させ、内面的資質としての道徳的実践力を育成するとしながらも、実際の生徒の道徳的行為や習慣に繋がらないことが多く、指導の実効性が乏しかった。

そこで、「道徳の時間」を「特別の教科 道徳」として教科の一つに制度上位置付け、学校の教育活動全体を通じて行う道徳教育を「特別の教科 道徳」を要として学校の教育活動全体を通じて行うものと改めた。とりわけ、「道徳科」が道徳教育の要として有効に機能するよう改善・工夫することが求められる。そのために、道徳教育の目標と「道徳科」の目標を「道徳性の育成」として統一し、資質・能力としての道徳性を実質的に育成する指導を行うことが求められた。

また、新しい学習指導要領では、道徳教育および「道徳科」がいじめ問題の対応にも活用されることが期待されている。生徒が現実の困難な問題に対しても主体的に対処することのできる実効性ある力を育成していく道徳教育が求められた。道徳教育を通じて、生徒が直面するさまざまな状況のなかで、そこにある事象を深く見つめ、自分はどうすべきか、自分に何ができるかを判断し、そのことを実行する手立てを考え、実現できるように、指導を改善していくことが必要になる。さらに、発達の段階をより一層ふまえた体系的なものとする観点から内容を改善することが求められている。

そのために、「道徳科」でも各教科・領域と同様に「主体的・対話的で深い学び」を取り入れ、問題解決的な学習や体験的な学習を積極的に導入することで、多様で実効性のある指導方法の工夫を図ることなどが示されている。

3.「道徳科」を教育課程に位置づける上での留意点

「道徳科」を要として道徳教育の趣旨を踏まえた効果的な指導を学校の教育活動全体を通じてより確実に展開することができるように留意する必要がある。

まず、「道徳科」は領域から教科に位置づけ直されたが、「特別の教科」である点に留意する必要がある。「道徳科」は、検定教科書（教科用図書）を導入する点で各教科と共通するが、学級担任の教師が授業を担当すること、当該教科の教員免許状がないこと、および「数値による評価（評定）」をしない点で、各教科と決定的な違いがある。

次に、「道徳科」がどのような内容をどのように指導し、どのような資質・能力を養うのかに留意すべきである。具体的に言えば、「道徳科」として系統的に組織化された指導内容を、問題解決的な学習や体験的な学習など質の高い多様な指導法によって指導し、道徳的な判断力・心情・実践意欲・態度という資質・能力を育成することになる。

第三に、道徳教育は生徒の発達の段階を踏まえて行わなければならない点に留意する必要がある。生徒一人ひとりは異なる個性をもった個人であるため、それぞれ能力・適性、興味・関心、性格等が違っていることを理解する。そして、幼児期から、小学校、中学校へと各段階における幼児、児童・生徒が見せる成長発達の様子やそれぞれの段階の実態を考慮する。とくに、中学校の時期においては、3学年間の発達の段階を考慮する。中学校に入学して間もない時期には小学校高学年段階における指導との接続を意識する。また、学年が上がるにつれて高等学校における人間としての在り方生き方に関する教育への見通しをもって、それぞれの段階に相応しい指導をする。

中学校「道徳科」の新展開

主体的・対話的で深い学びと「道徳科」の授業

麗澤大学大学院准教授　鈴木　明雄

Q 「道徳科」の授業における「主体的・対話的で深い学び」とは，どのように考えればよいのでしょうか。また，具体的な指導事例を紹介してください。

A ## 1. 主体的・対話的で深い学びは「道徳科」の授業改善の視点

主体的・対話的で深い学びとは，新学習指導要領に向けた中央教育審議会の答申（平成28年12月21日）において，**授業改善の視点として**示されているものである。

文部科学省は，小・中学校新学習指導要領Q&Aとして，たとえば，主体的な学びについては，道徳的価値に関わる問題について考えたことや感じたことを振り返ること，対話的な学びについては，葛藤や衝突が生じる場面について話し合い，そのなかで異なる意見に接し，多面的・多角的に考え，議論する工夫を行うこと，深い学びについては，道徳的価値に関わる自分の考え方を働かせてより多様な指導方法を工夫することが重要であるとしている。このような視点は，「考え，議論する道徳」を目指すうえでの視点である。

2. 主体的・対話的で深い学びは，なぜ求められるのか

東京都北区立飛鳥中学校では，生徒の主体性の育成を指導指針とし，問題解決能力の育成から**主体的・対話的で深い学びを実践できる生徒の育成**という目標で，総合的な人間教育を目指している。平成29年度文部科学省国立教育政策研究所学習指導実践研究協力校（道徳），東京都道徳教育推進拠点校として，研究主題「主体的・対話的で深い学びを実践できる生徒の育成」の取組内容を紹介する。

(1) 主体性を軸にしたカリキュラム・マネジメントの実現

生徒の主体性を生かす学習指導過程として，「飛鳥中学校問題解決型4ステップ授業構想」を開発。生徒が常に知的好奇心を大切に，自分で問題を発見し，自分で考え，仲間と語り合い，そして自分の考えを追究し，たくましく生き抜く人間を育てたいと考えている。当初，アクティブ・ラーニングとして生徒の主体的・能動的な学びを追究していたが，主体的・対話的で深い学びへと発展させている。

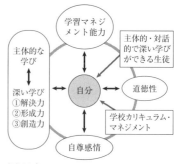

(2) 主体的・対話的で深い学びの道徳科授業の実現

深い学びについては，中央教育審議会の答申に深い学びの例がある。

① 事象のなかから自ら問いを見いだし，課題の追究，解決を行う探究の過程に取り組む。
② 精査した情報を基に自分の考えを形成したり，目的や場面，状況などに応じて伝え合ったり，考えを伝え合うことを通して集団としての考えを形成していくこと。
③ 感性を働かせて，思いや考えを基に，豊かに意味や価値を創造していくこと。

飛鳥中学校では，これらの深い学びを踏まえて，どのようなことを行う授業が深い学び

なのかを追究した。そして，①事象の中から自ら問いを見いだし，課題の追究，課題の解決を行う探究の過程に取り組む。②精査した情報を基に自分の考えを形成したり，目的や場面，状況などに応じて伝え合ったり，考えを伝え合うことを通して集団としての考えを形成していく。③感性を働かせて，思いや考えを基に，豊かに意味や価値を創造していく，等と整理した。そして各教科等の特質に応じた「**見方・考え方**」を働かせた3視点，①**解決**，②**形成**，③**創造**の実現を「**深い学び**」を追究する授業としている。

　これらは，教科等すべてで実行したが，とくに，道徳科の授業では重視された。

3　道徳科における主体的・対話的で深い学びの実践事例

(1) 本事例の価値（深い学びの3視点の内，①解決と③創造の2視点による）

　教材に内在している問題を発見する飛鳥中の問題解決的な道徳科授業の事例である。

○主題名　武道家の姿から「強き心」を学ぶ　　内容項目B　礼儀

　教材名　「礼に始まり礼に終わる－アントン＝ヘーシンク」『私たちの道徳』文溪堂

○主題設定の理由　ねらいとする道徳的価値及び生徒の実態は略

　本教材は，第18回東京オリンピックでの神永昭夫選手とオランダのアントン＝ヘーシンク選手の柔道無差別級決勝戦による。当時は，4階級制で，3階級で日本は金メダル。残る1階級をとれば日本の全階級完全制覇がかかった最後の階級無差別級。日本の期待を一身に背負って大会に臨んだ神永選手。しかし，残念ながらヘーシンク選手に決勝で敗れてしまう。勝ちが決まったヘーシンク選手にオランダ関係者が駆け寄ろうとした時，ヘーシンク選手は来ないように制止をする。畳を降りるまで礼を重んじるヘーシンク選手の姿勢から「真に礼儀を重んじる」ことは生き方そのものであることを伝えたい。特に試合後の2人の後日談を紹介し，勝者と敗者の双方の気持ちを考え，議論することから，誇り高い行動や柔道を通して培われた「強き心」を深く学ぶ機会とする。

(2) 主な発問と生徒の主体的・対話的で深い学び

　発問1は，展開の導入で，1964年の東京オリンピック決勝の日本代表の神永選手とオランダ代表のヘーシンク選手を紹介。栄光をつかみとった勝者と負けて挫折を味わう敗者。

　発問2（中心発問）は，担任が丁寧に聞く。「ヘーシンクがオランダ関係者を制止したのは，ヘーシンクの何らかの思いがあったからですよね？また，制止されたときのオランダ関係者もその時に何かを感じたと思いませんか？他にもその光景を見て何かを感じた人はいませんか？」ここに見える**問題把握**を，生徒は自分で**主体的**に考え，やがて**対話的**にペアとグループで考えていく。そして，ヘーシンクが後で日本選手団を訪れ，育ててくれた日本にすまないと謝罪。神永は勝敗に国は関係ないとお互いに健闘をたたえ合うというエピソードを紹介。このため，生徒たちは人間の素晴らしさを**より深く学ぶ**。

　終末では，「ヘーシンク選手や神永選手の生き方を通して学んだことを，今後のあなたの人生でどのように生かしていきたいですか？」と発問。生徒は，前回の東京オリンピックへの単なる興味から，勝者敗者という枠を超えた人間的な選手のエピソードに人としての生き方を深く考えていく。また，仲間の多面的・多角的な考えを対話的に知り，深く学ぶことができ，さらに自分の生き方を振り返り，主体的に考えた事例である。

　（参考文献）北区立飛鳥中紀要「主体的・対話的で深い学びができる生徒の育成」2018.12

中学校「道徳科」の新展開

「道徳科」における考え，議論する授業

國学院大學教授　田沼　茂紀

> **Q** これからの「道徳科」授業では，生徒が道徳的課題を自分事としてしっかり考え，互いに議論しながら深めあっていくことが大切であると言われていますが，どんなことに留意して展開すればよいのでしょうか。

A　平成27年（2015年）の学習指導要領一部改正によって誕生した「特別の教科　道徳」＝「道徳科」では，生徒の主体的な道徳学習を実現するために「考え，議論する道徳」の重要性が示された。いわゆる，アクティブ・ラーニングによる道徳科授業の実現である。

では，「考え，議論する道徳」とはどのような道徳学習をイメージし，何をどうすることで実現するのであろうか。ここでは，以下の3点からその具現化を述べていきたい。

1. 生徒の主体的な道徳の学びをイメージする

まずは，日々の道徳科授業を思い起こしてほしい。そこで，イメージする「生徒の主体的な学び」の姿とはどんなものであろうか。多くの生徒がしっかりと手を挙げ，自分の考えをきちんと発言しているから主体的な学びなのであろうか。教師の意図する発問をしっかりと受け止め，自分なりに整理しながら考えているから主体的な学びなのであろうか。それとも，道徳教材や話し合い活動を通して自分の考え方をノートやワークシートへ的確に綴ることができていれば主体的な学びなのであろうか。まず，そんなことを整理してみたい。

手始めに生徒が主体的でない学習イメージと，その対極にある能動的な学習イメージとを対比して考えてみることとしよう。そこにこそ，道徳科授業改善のキーワードが隠されているからである。

《生徒の主体的な道徳学びをイメージする》

（主体的・対話的な深い学びを実現するためのアプローチ）
△一方的な受け身で進む学習活動　⇒　〇生徒が主体的に参画している学習活動
△生徒が教師の意図を窺う学習活動　⇒　〇生徒が自らの納得解を求める学習活動
△教材のなぞりに終始する学習活動　⇒　〇議論から自他の考えを創出する学習活動

2. 道徳科で「議論する」ことの意味を考える

「考え議論する道徳」と唐突に言われても，多くの教師にとっては戸惑いが拡がるばかりであろう。道徳科授業では価値を見つめ，人間としての生き方を見つめ，それに連なる自己を見つめるという「考える道徳」については誰しも理解することであろう。しかし，「議論する」という語感からイメージされるのは口角泡を飛ばしながらの激しいやりとり，あるいは反対のための反論といったダーティーなやりとりの場であろう。「そんな学習活動は道徳科授業ではない」「相手を封じ込めるような議論は道徳の対極にあるものだ」と思うのは，きわめて自然な感情である。やはり，大切なのは「考え議論する」ということ

の意味を教師一人ひとりが自分なりに意味づけていくことが重要であると改めて考える。

議論とは，互いが論破し合うというイメージをもたれがちであるが，けっしてそうではない。「議論」には「自分の考えを表現する」とか「互いの考えを交流し合う」といった建設的・生産的な意味も含んでいる。「三人寄れば文殊の知恵」という諺もある。一人で考えるよりも複数の人と語り合い，自分とは異なる見方・感じ方・考え方に触れれば自ずと「目から鱗」のような新しい発見も生まれてくる。そのための最初の一歩は，まず自分の道徳的なものの見方・感じ方・考え方を自己表現することである。その場が道徳科授業のなかで実現されるなら，それは，自ずと主体的な学びを実現するためのスタートラインへ生徒を導くこととなるのである。

また，交流し合うという部分から「議論」について言及していくと，そこには「人ごとではない自分事」という立ち位置の転換が問われてくる。つまり，他者に対して自分のものの見方・感じ方・考え方を発信しなければ，それに対する返報性としての相手からのリアクションはあり得ないのである。黙っていれば，それはそれで反論されて傷つくこともないし，相手に分かってもらう努力も必要ない。しかし，それではいつまでも今の自分を超える価値観を創造することはできない。だからこそ，敢えて「情けは人のためならず」といった発想で互いに価値観を交流させるために議論して「火中の栗を拾う」のである。

3. アクティブで認知的な思考が生徒の心や行動の変容を促す

多くの教師には，「道徳科授業は子どもの心を耕すのだから，感動を噛み締めるようなしっとりしたものにしなければならない」といった思い込みがある。これは，生徒の道徳性を形成するという視点に立つなら，完全な勘違いである。なぜなら，道徳的思考メカニズムについての正しい認識がなされていないからである。大切なのは心情重視型ではなく，論理的思考型道徳科授業を積極的に容認する発想なのである。

《心情重視型から論理的思考型道徳科授業へ》

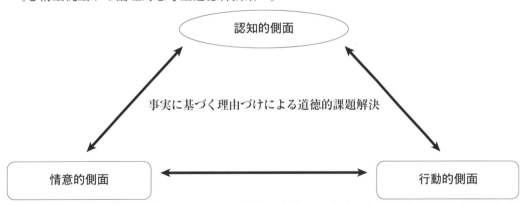

生徒の心の動きをよく考えてほしい。生徒が感動し，自我関与する際の心の動きはどうなのであろうか。道徳的問題やその道徳的状況をしっかりと認知的に把握しているから情意的側面が揺り動かされ感動するのである。認知的側面が機能するから生徒は自ら「こうしたい」「こんなふうに考えて生きていきたい」と道徳的行為をイメージできるのである。

情意的側面のみに終始する授業では，結局最後までそこから抜け出せないこととなる。生徒の道徳的ものの見方・感じ方・考え方を拠り所に，どう認知的側面に働きかけていけるかが「考え，議論する道徳」の実現を左右する大きなポイントなのである。

中学校「道徳科」の新展開

道徳教育及び「道徳科」の目標と「道徳科」の特質

京都産業大学教授　柴原　弘志

Q　道徳教育及び「道徳科」の目標に示されている道徳性とは，どのようなものなのでしょうか。また，「道徳科」における学習指導の特質を，どのように捉えておくことが求められているのでしょうか。

A　「中学校学習指導要領」において，道徳教育の目標は，「教育基本法及び学校教育法に定められた教育の根本精神に基づき，人間としての生き方を考え，主体的な判断の下に行動し，自立した人間として他者と共によりよく生きるための基盤となる道徳性を養う。」と示されている。

「道徳科」の目標は，「(前略) よりよく生きるための基盤となる道徳性を養うため，道徳的諸価値についての理解を基に，自己を見つめ，物事を広い視野から多面的・多角的に考え，人間としての生き方についての考えを深める学習を通して，道徳的な判断力，心情，実践意欲と態度を育てる」ことと規定されており，共に「道徳性」を養うことを目標としている。

「道徳性」については，「中学校学習指導要領解説　総則編」において，「人間としての本来的な在り方やよりよい生き方を目指して行われる道徳的行為を可能にする人格的特性であり，人格の基盤をなすものである。それはまた，人間らしいよさであり，道徳的諸価値が一人一人の内面において統合されたものといえる。個人の生き方のみならず，人間の文化的活動や社会生活を根底で支えている。道徳性は，人間が他者と共によりよく生きていく上で大切にしなければならないものである。」と説明している。

「道徳科」の目標では，これまでの「道徳の時間」の目標に比べ，より具体的な授業イメージがもてる表現になっている。通常，教科の目標は，どのような学習活動を通して，どういう資質・能力を育むのかという形で示されることが多い。今回の改訂では，道徳科において求められる具体的学習活動をよりイメージできるように表現し，そうした学習活動を通して，よりよく生きていくための資質・能力としての道徳性を育てるという趣旨をより明確化するために，あえて道徳性の諸様相である「道徳的な判断力，心情，実践意欲と態度」を育てるという示し方になっている。今回，道徳科における評価として新たに盛り込まれた「学習状況」の把握と評価という趣旨からも，道徳科の特質を踏まえた効果的な学習活動を工夫し，生徒一人ひとりの確かな学びとなるように意を用いることが大切である。そのためにも，それぞれの時間のねらいが，中核となる学習活動とともに，これまで以上により具体化・明確化される必要がある。

また，そのことを受けて，「道徳科」における学習指導の特質は，「生徒一人一人が，ねらいに含まれる一定の道徳的価値についての理解を基に，自己を見つめ，物事を広い視野から多面的・多角的に考え」「道徳的価値に関わる考え方や感じ方を交流し合うことで」

「人間としての生き方についての考えを深める学習を通して，内面的資質としての道徳性を主体的に養っていく時間」であり，「生徒が道徳的価値を自覚できるよう指導方法の工夫に努めなければならない」(「中学校学習指導要領解説　特別の教科　道徳編」以下「解説」)と示されている。

　さらに，学習指導要領の「指導計画の作成と内容の取扱い」において，「生徒が自ら道徳性を養うなかで，自らを振り返って成長を実感したり，これからの課題や目標を見付けたりすることができるよう工夫すること。その際，道徳性を養うことの意義について，生徒自らが考え，理解し，主体的に学習に取り組むこと」が求められている。

　以上のことから，ここでは，「道徳的諸価値についての理解を基に，自己を見つめる」ということについて共通理解したい。生徒一人ひとりには，授業以前にその時間のねらいに含まれる道徳的価値(「節度・節制」「友情」「遵法精神」「生命の尊さ」等々)について，一定の理解(宿題等による事前の「診断的評価」も可能)がある。すなわち，そこでは授業以前のレディネスとしての自分なりの「友情とはこういうものだ」といったような一定の理解を基に自己を見つめることもあるだろう。さらに，教材などにより提示された道徳的問題について考えていく学習等を通して，生徒一人ひとりの理解に変容が生まれ，そこで得られた新たな「理解を基に」再び自己を見つめることも考えられる。したがって，「自己を見つめる」学習活動は，その時間内に一回限りとは限らないということである。ある道徳的価値について，それぞれの時点での理解を基に自己を見つめるということでの「メタ認知」が求められる学習活動が，その学習指導過程によっては複数回存在するということである。こうした学びが，道徳性育成の基盤となる。

　「解説」においては，「自立した人間として他者と共によりよく生きるための基盤となる道徳性を養うには，道徳的価値について理解する学習を欠くことはできない」と規定している。「道徳の時間」と同様に，「道徳科」の授業においても，道徳的価値を真正面に据え，その価値理解に加え，人間理解，他者理解，自己理解の深まる学習を工夫したい。

　また，「解説」では，「特別の教科　道徳」の「内容」について，「教師と生徒が人間としてのよりよい生き方を求め，共に考え，共に語り合い，その実行に努めるための共通の課題である」と説明している。こうした「内容」の捉え方は，「道徳の時間」が特設された昭和33年(1958年)以来一貫したものとなっており，重要なことである。ここでは，「話し合う」という表現ではなく「語り合う」と示されていることに注目したい。「語る」とは言偏に「吾」と書くが，「吾」を言葉化することと捉えてみよう。ある教材のなかに描かれた状況での登場人物を自分に置き換えて，そのときの考えや行動を自分事として考え，その内容を言葉にして交流し合う。そうした学習活動が求められている。仮に，「登場人物は，どんなことを考えたのだろう」という発問であったとしても，答えは，「道徳科」の教材のどこにも示されてはいまい。生徒一人ひとりは，これまでの自分自身の体験などを思い起こし，登場人物と同じ状況で自分はどんなことを考えるかと，「自分が自分に自分を問う」しか答えが見出されないのである。答えは，自分の中にしかなく，自分自身と対話するしかないのである。すなわち，「自己内対話」が求められているのである。道徳科における発問では，主体的かつ対話的な学びとなる「自己内対話」が重要であり，「自分が自分に自分を問う」ことのできる問いを工夫することが求められている。

中学校「道徳科」の新展開

「道徳科」における「物事を多面的・多角的に考える」学習

京都産業大学教授　柴原　弘志

Q　「道徳科」における「(道徳的諸価値についての理解を基に)，物事を広い視野から多面的・多角的に考える」学習とは，具体的にはどのような学習であり，いったい，どんな意義があるのでしょうか。

A　「道徳科」の目標に示されている「(道徳的諸価値についての理解を基に)，物事を広い視野から多面的・多角的に考える」ということについて共通理解しておこう。小学校で「多面的・多角的に」と示されており，中学校ではさらに「広い視野から」という文言が加えられている。小学校1・2年生にはむずかしいように思えることでも，発達の段階に応じてより多面的・多角的な考察は可能となっていくものである。

　人間が生きていくうえで出会う道徳的な場面，すなわち，善悪が問われる場面というのは，何らかの「道徳的価値」が介在している場面である。道徳の内容に示されている「道徳的価値」の価値たる所以・根拠やその具体的な行為に見られる姿は，けっして一面的なものではなくさまざまな面，すなわち，多面性を有している。

　たとえば，友情であれば，その人間間の関係性において「仲よくする」「助け合う」「理解し合う」「信頼し合う」「学び合う」という側面，さらには「励まし合う」「高め合う」，すなわち「切磋琢磨する」といったような多様な側面があり，それぞれの側面から友情というものを捉え理解させることができ，友情を価値づけている根拠について考えを深めさせることもできる。このように，道徳科で扱う学習内容としての「道徳的価値」がその特質として本質的に有している多様な側面から考えさせようとすることを，「多面的に考える」と表現しているのである。小学校1・2年生では，「高め合う」「切磋琢磨」という側面から友情について考えさせることはむずかしいかもしれないが，中学生では十分に理解できる側面であろう。このように，発達の段階という点も考慮しつつ，友情という道徳的価値が本質的に有している「高め合う」「切磋琢磨」という，これまでと異なる友情の側面からも考えさせようとすることが，すなわち多面的に考えさせるということなのである。

　生命の尊さについて考えるならば，生命（いのち）が，有限であるということ，連綿とつながってきているということ，唯一無二であるということなどは，生命それ自体が本質的に有している，生命そのものを規定している多様な側面，いわゆる多面性である。

　そうした多面性を有する生命について，あるいはそうした生命が関わる物事や事象について多角的に考えさせるとはどういうことであろう。たとえば，それは法的保障問題に関連させて「いのちに値段があるか」と，生命そのものの本質とは異なる，言い換えれば本質的には有していない側面や観点から考えさせることであり，ここでは経済的な角度から考えさせたりすることである。

　また，現代的な課題として，臓器移植などを教材として取り上げ，自分だったらと自分

の立場から考えさせたり，家族の立場だったらと自分以外の立場だったらどうかと考えさせたりすることもできよう。あるいは，いま，この時点であればそれは正しいかもしれないが，過去の時点，未来のある時点だったらどうだろう。さらには，この地域だったらそうでも，他の地域や国だったらどうだろうと時間軸や空間軸で考えることも工夫できよう。

　その時々の学習対象である道徳的価値の本質的な側面（多面性）からだけでなく，それ以外のさまざまな角度から，考える立場や条件・観点を多様に変えてみる，すなわち，多角的な観点からも考えさせようということである。そうした学習を通して，ある「道徳的価値」についてより深い学びが生まれ，その時間のねらいの実現に効果的な学びとなることが期待できるのである。教材の開発・活用や中心発問等を考えるうえで，大いに参考とすべき視点であり，より質の高い授業づくりへの可能性を広げてくれよう。

　さらに，学習指導要領の「指導計画の作成と内容の取扱い」には，「生徒が多様な感じ方や考え方に接する中で，考えを深め，判断し，表現する力などを育むことができるよう，自分の考えを基に討論したり書いたりするなどの言語活動を充実すること。その際，様々な価値観について多面的・多角的な視点から振り返って考える機会を設けるとともに，生徒が多様な見方や考え方に接しながら，更に新しい見方や考え方を生み出していくことができるよう留意すること」が示されている。

　ここに一部示されているような，生徒個々にとって，自分とは異なる多様な見方・考え方や価値観が存在しているという環境は，「物事を広い視野から多面的・多角的に考える」ことを可能にする条件の一つと言えよう。そこでは，必然的に他の人は何故そのように捉えたり，考えたり，行動したりするのだろうという疑問をもつこととなる。すなわち，生徒一人ひとりのなかに，「疑問」という「問い」が立っているのである。授業における発問は，基本的には指導者から発せられるものであるが，ここには自らの「疑問」という主体的な「問い」が生徒のなかに立っているということである。主体的な「問い」であるがゆえに，いつも以上に意欲的に，その「問い」に対する答えを見出そうとすることになる。したがって，自分とは異なる他者の考えや行動の理由を，その他者から聴き出し確かめようとするであろう。ここに，今日求められている「主体的・対話的で深い学び」へとつながる可能性が見出されるのである。

　最近は，他者との対話的学びを意識するあまり，どんな場合でも直ぐにペアワークやグループワークをさせようとする取り組みのなかで，確かな学びが成立していない生徒の姿を目にすることも多い。ここでは，まず「道徳的諸価値についての理解を基に，自己を見つめ」自問・内省し考えるといった学習活動がおろそかになってはならない。他者との対話の前に，しっかりとした道徳科における「一人学び」「個人ワーク」での「自己内対話」が為されてこそ，他者との対話によって，学びはより深いものへと導かれるのである。

　まさに，「多様な価値観の，時には対立がある場合を含めて，誠実にそれらの価値に向き合い，道徳としての問題を考え続ける姿勢こそ道徳教育で養うべき基本的資質であるという認識に立ち，発達の段階に応じ，答えが一つではない道徳的な課題を一人ひとりの生徒が自分自身の問題と捉え，向き合う」（「学習指導要領等の改善及び必要な方策等について（答申）平成28年12月21日」）ことのできる「道徳科」の授業づくりに励みたいものである。

中学校「道徳科」の新展開

道徳的価値に基づいた人間としての生き方

東京都豊島区立西池袋中学校統括校長　江川　登

Q 道徳科の目標には、「道徳的諸価値についての理解を基に、……人間としての生き方についての考えを深める学習を通して……」とありますが、「道徳的価値に基づいた人間としての生き方」とはどのようなことなのでしょうか。

A 道徳的価値

　自分との関わりを大切にして内省し、多面的・多角的に考え、道徳的判断力、心情、実践意欲と態度を育てるという趣旨を明確化するため、新学習指導要領「第3章　特別の教科　道徳」の第1目標では、従前の「道徳的価値及びそれに基づいた人間としての生き方についての自覚を深める」ことを、学習活動を具体化して「道徳的諸価値についての理解を基に、自己を見つめ、物事を広い視野から多面的・多角的に考え、人間としての生き方についての考えを深める学習」と改めた。

　「道徳的価値とは、よりよく生きるために必要とされるものであり、人間としての在り方や生き方の礎となるものである」さらに、「学校教育においては、これらのうち発達の段階を考慮して、生徒一人一人が道徳的価値観を形成する上で必要なものを内容項目として取り上げている。」（『中学校学習指導要領解説　特別の教科　道徳編』平成29年7月、文部科学省）とある。

　中学校では、「自主、自律、自由と責任」「思いやり、感謝」「生命の尊さ」など22の内容項目を扱うが、これらは生徒の発達段階を考慮して、一人ひとりが道徳的価値観を形成するうえで必要なものを取り上げているもので、道徳的価値とは22の内容項目だけで構成されているものではない。ここに挙げられている内容項目は、中学校の3学年間に生徒が人間として他者と共によりよく生きていくうえで学ぶことが必要と考えられる道徳的価値を含む内容を短い文章で平易に表現し、内容項目ごとにその内容を端的に表す言葉を付記しているものである。これらの内容項目は、生徒自らが道徳性を養うための手掛かりとなるが、指導に当たっては、内容を端的に表す言葉そのものを教え込んだり、知的な理解にのみとどまる指導になったりすることがないよう十分留意する必要がある。

　人間としてよりよく生きるために必要とされているものには、たとえば、努力したり、感謝したり、ルールを守ったり、家族を大切にしたり、自然を大切にしたり……と、多くのものがある。また、複数の道徳的価値が混在する場面や、時には対立する場面にも直面する。

　道徳的価値とは、今までよりももっと充実した生活を送る、よりよく生きるための礎となる価値であり、人間としてのよさを表すものなのである。

道徳的価値を自分のこととして明確に意識する

　道徳的価値について理解するとは、一般的には、道徳的価値の意味を捉えること、また

その意味を明確にしていくことである。思春期にかかる中学生の発達の段階においては、ふだんの生活においては分かっていると信じて疑わないさまざまな道徳的価値について、学校や家庭、地域社会におけるさまざまな体験、道徳科における教材との出会いやそれに基づく他者との対話などを手掛かりとして自己との関わりを問い直すことによって、そこから本当の理解が始まるのである。

　例えば、普段の生活のなかで何気なく行っている行動でも、その基となる判断による選択があるはずである。自己を見つめてその根拠を改めて考えてみたり、他者との対話などのなかから、物事を多面的・多角的に考えてみることで、人間としての生き方について考えを深めていくのである。

　また、時には複数の道徳的価値が対立する場面にも直面する。その際、生徒は、時と場合、場所などに応じて、複数の道徳的価値のなかからどの価値を優先するのかの判断を迫られることになる。その際の心の葛藤や揺れ、また選択した結果などから、道徳的諸価値への理解が始まることもある。

価値理解、自己理解、他者理解、人間理解、自然理解

　上記のようなことを通して、道徳的諸価値が人間としてのよさを表すものであることに気付き、人間尊重の精神と生命に対する畏敬の念に根ざした自己理解、他者理解、人間理解、自然理解へとつながっていくようにすることが求められる。

価値理解……道徳的価値を人間としての生きるうえで大切なものだと理解する。
自己理解……短所も自分の特徴の一面であることを踏まえつつ、かけがえのない自己を肯定的に捉える。優れた古典や先人の生き方との感動的な出会いなどから自己との対話を深めつつ、自分の良さを伸ばしていく。自己の優れている面などの発見に努める。
他者理解……道徳的価値を実現したり、実現できなかったりする場合の感じ方、考え方は人それぞれ違う場合がある、多様であることを前提として理解する。
人間理解……道徳的価値は大切であっても、なかなか実現することができない弱さもあるのが人間であることなどを理解する。
自然理解……自然には、人間の力が及ばない畏れがあることや、人間は自然のなかで生かされていることなどを理解する。

人間としての生き方についての考えを深める

　人間にとって最大の関心は、人生の意味をどこに求め、いかによりよく生きるかということにあり、道徳はこのことに直接関わる。人間としての生き方の自覚は、人間とは何かということについての探求とともに深められる。生き方についての探求は人間についての深い理解と、これを鏡として行為の主体としての自己を深く見つめることの接点に、生き方についての深い自覚が生まれていく。そのことが、主体的な判断に基づく適切な行為の選択や、よりよく生きていこうとする道徳的実践へつながっていくこととなる。

　人生に関わるいろいろな問題について関心が高くなる中学生の時期に、生徒が人間としての生き方について考えを深められるようにさまざまな指導法の工夫をしていく必要がある。

中学校「道徳科」の新展開

道徳的判断力，心情，実践意欲と態度の育成

東京都豊島区立西池袋中学校統括校長　江川　登

Q 道徳科の目標には，「道徳的な判断力，心情，実践意欲と態度を育てる」とありますが，具体的にはどのようなことなのでしょうか。

A　道徳性を構成する諸様相

　道徳教育の目標は，「道徳性を養うこと」である（中学校学習指導要領（平成29年3月）第1章　総則）。さらに，道徳性を構成する諸様相は，「道徳的判断力，道徳的心情，道徳的実践意欲と態度」とある。これが，道徳科の目標としても示されている。

　平成20年告示の「中学校学習指導要領」第3章道徳の目標にあった「道徳的実践力を育成する」ことを明確にするために，平成29年度告示の学習指導要領では，「道徳的判断力，心情，実践意欲と態度を育てる」と改めた。「道徳的判断力」と「道徳的心情」の順序が入れ替わったが，その前の学習指導要領では「道徳的判断力」が先にあったので，元に戻った形となった。なお，「これらの道徳性の諸様相には，特に序列や段階があるということではない」と説明されている。

道徳的判断力
- それぞれの場面において善悪を判断する能力
- 人間として生きるために道徳的価値が大切なことを理解し，さまざまな状況下において人間としてどのように対処することが望まれるかを判断する力
- 的確な道徳的判断力をもつことによって，それぞれの場面において機に応じた道徳的行為が可能。

道徳的心情
- 道徳的価値の大切さを感じ取り，善を行うことを喜び，悪を憎む感情。
- 人間としてのよりよい生き方や善を志向する感情。
- 道徳的行為への動機として強く作用。

道徳的実践意欲と態度
- 道徳的判断力や道徳的心情によって価値があるとされた行動をとろうとする傾向性。（道徳的実践意欲）
- 道徳的判断力や道徳的心情を基盤とし道徳的価値を実現しようとする意志の働き（道徳的態度）
- 道徳的実践意欲に裏付けられた具体的な道徳的行為への身構え。

道徳的判断力，心情，実践意欲と態度は内面的資質

　道徳的な判断力，心情，実践意欲と態度は，行為・習慣のもとにあるもの等，道徳力の

諸様相は，生徒の具体的な行動を支える内面的な資質であり，目に見えないものである。意欲や態度は目に見えるものと捉える場合もあるが，ここでは，「行動をとろうとする傾向性」「意思の働き」「行為への身構え」と考えているため，目に見えないもの（内面）として扱っている。

　道徳科の目標が，「道徳的な判断力，心情，実践意欲と態度を育てる」ということであるため，授業のねらい（本時の目標）や評価（本時の評価）は，……（道徳的価値についての）判断力を育てる（育ったか），……（道徳的価値についての）心情を育てる（育ったか），……（道徳的価値についての）実践意欲と態度を育てる（育ったか）となるのは当然のことであるが，以下に示すようにそれぞれが独立した特性ではないことを意識して，とくにその様相に重点を置いた指導と評価であることに注意したい。（道徳性の諸様相を観点として評価するのは妥当ではない）。また，実践意欲と態度も内面的な資質の育成を目指しているため，行為や行動そのものを目標や評価にすることがないよう注意が必要である。

諸様相の関係性

　道徳性の諸様相は，それぞれが独立した特性ではなく，相互に深く関連しながら全体を構成しているものである。したがって，これらの諸様相が全体として密接な関連をもつように指導することが大切である。道徳科においては，これらの諸様相について調和を保ちながら，計画的・発展的に指導することが重要である。

　電車やバスで席を譲ろうとした場合，思いやりの気持ち（心情）をもったり，相手の立場になって考えてみたり（心情・判断）する。断られたら恥ずかしい等という気持ち（心情）に打ち勝ち，周りの状況等から席を譲ることが，相手にとっても自分にとっても価値があることだと勇気をもって（心情）席を譲る決心をする（判断）。そのことを行動に移そうとする（意欲と態度）。一人の人間が，同時にいろいろなことを考える。諸様相は明確に分けられるものでもなく，相互に深く関連しているのである。

道徳性（道徳的判断力，心情，実践意欲と態度）を養う道徳科

　道徳性の諸様相には，とくに，序列や段階があるということではなく，一人ひとりの生徒が道徳的価値を自覚し，人間としての生き方について深く考え，日常生活や今後出会うであろうさまざまな場面及び状況において，道徳的価値を実現するための適切な行為を主体的に選択し，実践することができるような内面的資質を意味している。

　道徳性を養うことを目的とする道徳科においては，その目標を十分に理解して，教師の一方的な押し付けや単なる生活経験の話し合いなどに終始することのないようにとくに留意し，それにふさわしい指導の計画や方法を講じ，指導の効果を高める工夫をすることが大切である。道徳性は，徐々に，しかも，着実に養われることによって，潜在的・持続的な作用を行為や人格に及ぼすものであるだけに，長期的展望と綿密な計画に基づいた丹念な指導がなされ，道徳的実践につなげていくことができるようにすることが求められる。

　つまり，即実効性のある行動面を目標においているのではないが，いじめ問題など待ったなしの状況のものもある。道徳的判断力，心情，実践意欲と態度の育成が道徳的実践（行動面）に繋がっていることを意識して指導していく必要がある。

中学校「道徳科」の新展開

道徳教育の全体計画の作成

岐阜大学大学院准教授 **柳沼　良太**

Q　新学習指導要領における道徳教育の全体計画は，どのようなものでしょうか。道徳教育の全体計画には，どのような内容が含まれるのでしょうか。道徳教育の全体計画を作成するうえで，どのようなことに留意すべきでしょうか。

A　1．道徳教育の全体計画とは

　道徳教育の全体計画とは，学校における道徳教育の基本的な方針を示すとともに，学校の教育活動全体を通して，道徳教育の目標を達成するための方策を総合的に示した教育計画である。こうした道徳教育の全体計画は，学校の教育活動全体を通して，どのような道徳的内容を指導してどのような道徳的資質・能力を育成するかを計画的・系統的に示すものである。

　学習指導要領の総則の第6―1によると，各学校においては「道徳教育の目標を踏まえ，道徳教育の全体計画を作成し，校長の方針の下に，道徳教育の推進を主に担当する教師（以下「道徳教育推進教師」という。）を中心に，全教師が協力して道徳教育を展開すること」と記している。

　さらに，「道徳教育の全体計画の作成に当たっては，生徒や学校，地域の実態を考慮して，学校の道徳教育の重点目標を設定するとともに，道徳科の指導方針，第3章特別の教科道徳の第2に示す内容との関連を踏まえた各教科，総合的な学習の時間及び特別活動における指導の内容及び時期並びに家庭や地域社会との連携の方法を示すこと」とある。

　このように，道徳教育の全体計画は，学校全体の教育目標や研究テーマと総合的に関連づけ，生徒の実態をふまえながら，学校の特色を生かした重点目標を設定する。校長が基本方針を打ち出し，道徳教育推進教師がリーダーシップを発揮して，目標や指導内容だけでなく，指導方法や評価方法も提示し，生徒のどのような資質・能力を道徳性として育成するかも明確に提示していく。

　こうした全体計画を作成する段階で，全教職員や保護者，地域の人々にも協力してもらい，学校の教育活動全体と関連づけるとともに，共通理解を得ながら各自が積極的に参画できるように配慮する。

　道徳教育は，学校全体の教育活動で行うため，各学校が掲げた学校教育目標に基づいたそれぞれの特色を生かしながら，計画的・意図的・発展的に取り組んでいくことが大切になる。その中で，「道徳科」の授業は道徳教育の要となっていくように指導方法などに工夫をこらしていく。

　このため，主題を年間にわたって配列し，季節に合ったものを指導時期に応じて配列することが必要である。また，学校行事の実施時期なども考慮することが期待される。さらに，同じような指導法が何時間も連続することのないように，指導内容とともに学習指導

法についても考慮して配列する。

　また，道徳教育の全体計画では，学校教育目標や研究テーマと関連させた道徳教育の重点目標を設定する。学校教育目標や研究テーマは，生徒の実態をふまえながら，全教職員の思いや願いが集約されたものであり，教育活動全体を通して達成すべき目標にする。

2. 道徳教育に含まれる内容

　道徳教育の全体計画は，各学校が全教師の参加と協力のもとで行うため，広範な内容が含まれる。以下に，全体計画に書くべき内容の重要事項を記載する。

① 基本的把握事項……全体計画の作成に当たっては，次の事項を含めることが望まれる。
　（ア）教育関係法規の規定，時代や社会の要請や課題，教育行政の重点施策
　（イ）学校，地域社会の実態，教職員や保護者の願い
　（ウ）生徒の実態と発達段階等

② 具体的計画事項
　（ア）学校の教育目標，道徳教育の重点目標，各学年の重点目標
　（イ）道徳科の指導方針……年間指導計画を作成する際の観点や重点目標にかかわる内容の指導の工夫，校長や教頭の参加，他の教師との協力的な指導等を記述する。
　（ウ）各教科，特別活動，総合的学習の時間等における道徳教育の指導方針……重点的な指導との関連や各教科等の指導計画を作成する際の道徳教育的観点等を記述する。
　（エ）特色ある教育活動や豊かな体験活動における指導の方針……学校や地域の特色を生かした取り組みや，ボランティア活動，自然体験活動，職場体験活動などの体験的，実践的な活動の計画等を記述する。
　（オ）学級，学校の人間関係や環境の整備，生活全般における指導の方針……日常的な学級経営を充実させるための具体的な計画等を記述する。
　（カ）家庭，地域社会，他の学校や関係機関との連携の方法……協力体制づくりや広報活動，保護者や地域の人々の参加や協力の計画等を記述する。
　（キ）道徳教育の推進体制……道徳教育推進教師の位置付けも含めた全教師の推進体制を示す。
　（ク）その他……たとえば，教員研修の計画や重点的指導に関する添付資料等を記述する。

3. 全体計画を作成する上で留意すべき点

　道徳教育の全体計画を作成するうえでの主な留意点は，以下のどおりである。
（ア）校長を中心として全教師の指導体制を整えて全体計画を作成する。
（イ）全教師が学校の教育目標，道徳教育と道徳科の特質を理解し，具体的な取り組みを明確にし，教師の意識の高揚を図るようにする。
（ウ）各学校の特色を生かして，重点的な道徳教育が展開できるようにする。
（エ）学校の教育活動全体を通じた道徳教育の相互の関連性を明確にする。
（オ）家庭や地域社会，学校間交流，関係諸機関などとの連携に努める。
（カ）計画の実施及び評価・改善のための体制を確立する。
　以上，道徳教育の全体を計画し，実施し，評価し，改善するPDCAサイクルを回す。

中学校「道徳科」の新展開

「道徳科」の年間指導計画の作成

岐阜大学大学院准教授　**柳沼　良太**

> **Q**　道徳科の年間指導計画とは，具体的にどのようなものしょうか。道徳科の年間指導計画はどのように作成すればよいのでしょうか。道徳科の年間指導計画を作成するうえで，どのような点に留意すべきでしょうか。

A　1．道徳科の年間指導計画とは

　道徳科の年間指導計画とは，道徳科の指導が，道徳教育の全体計画に基づき，生徒の発達の段階に即して計画的・発展的に行われるように組織された，全学年にわたる年間の指導計画である。「道徳教育の全体計画」をより具体化し，指導内容を時期的に配列したものが，道徳科の年間指導計画である。年間指導計画では，毎回の道徳科の授業が，生徒の発達に即してどの指導内容をどの指導方法で行うかまで計画する。

　学習指導要領の第3章の第3には，「指導計画の作成と内容の取扱い」について，以下のように示されている。「各学校においては，道徳教育の全体計画に基づき，各教科，総合的な学習の時間及び特別活動との関連を考慮しながら，道徳科の年間指導計画を作成するものとする」。

　年間指導計画は，系統的かつ発展的に行われるように，主題を年間にわたって配列するとともに，季節や各教科等の内容や学校行事に応じて配列する。ただし，同じような指導内容や方法が連続しないように，順番や多様化に配慮すべきである。どの時期までにどのような指導内容や指導方法を用いて，どのような資質・能力を養い，どのような評価を行うべきかまで記しておくのが望ましい。

　指導内容は，内容項目に示された道徳的諸価値をはじめ，今日的課題（いじめ，規範意識，情報モラルなど）や重点的課題（自主・自立や思いやりなど）にも配慮し，指導方法と共に提示する。ただし，留意事項として年間指導計画を作成するに当たっては，「内容項目について，各学年において全て取り上げることとする」とある。そのため，中学校では道徳科の内容項目の22項目をすべて取り上げることになる。それゆえ，道徳科の授業で年間に取り扱える内容は各項目が基本的に1回で，重点項目が複数回となる。

　年間指導計画を作成するに当たっては，「生徒や学校の実態に応じ，3学年間を見通した重点的な指導や内容項目間の関連を密にした指導，一つの内容項目を複数の時間で扱う指導を取り入れるなどの工夫を行うものとする」とある。生徒の発達段階に即して，道徳科で扱う内容が3学年を見通して示されている。道徳科の指導が各担任の任意に任せられてしまうと一貫性を欠いた指導となりかねないため，この年間指導計画に基づいて各担任が日々の道徳授業を進めていくことになる。年間指導計画は，各教師が学校の特色や行事，学級の課題も踏まえて柔軟に組織することも重要になる。

　こうした年間指導計画は，生徒，学校，地域の実態に応じて年間にわたり重点的な指導

や内容項目間の関連を密にした計画的・発展的な指導を可能にする。また，年間指導計画は，各学級において道徳科で学習指導案を作成するよりどころにもなる。

2. 道徳科の年間指導計画の作り方

道徳科の年間指導計画に記述すべき内容を以下に示す。

①各学年の基本方針

道徳教育の全体計画に基づき，道徳科における指導について，学年ごとの基本方針を具体的に示す。

②各学年の年間にわたる指導の概要

- （ア）指導の時期……実施予定の時期を記入する。
- （イ）主題名……ねらいと教材で構成した主題を示し，授業の内容を概観できるようにする。
- （ウ）ねらい……道徳科の内容項目を基に，ねらいとする道徳的価値や道徳性の様相を示す。
- （エ）教材……教科用図書や副読本等の中から，指導で用いる教材の題名を示す。
- （オ）主題構成の理由……ねらいを達成するために教材を選んだ理由を簡潔に示す。
- （カ）学習指導過程と指導方法……ねらいを踏まえて，教材をどのように活用し，どのような学習指導過程や指導方法で学習を進めるのかについて示す。
- （キ）他の教育活動等における道徳教育との関連……関連する教育活動や体験活動，学級経営でどのような配慮がなされるかを示す。

3. 年間指導計画作成上で留意すべき点

道徳科の年間指導計画を活用しやすいものとし，指導の効果を高めるために，その作成にあたっては，以下の点に留意する必要がある。

- （ア）主題の設定と配列の工夫……主題の設定では，生徒の実態と予想される心の成長，興味や関心を考慮し，その配列では，主題の性格，他の教育活動や学校行事に配慮する。
- （イ）計画的・発展的な指導……4つの視点を生かし，内容相互の関連を考慮した指導や中学校3年間を見通した計画的・発展的な指導が行えるよう心がける。
- （ウ）重点的指導……学年の重点目標を実現するために，主題を選定し，月ごとに配列する。学校が重点的指導をしようとする内容項目は，指導時間を増やして取り上げる。
- （エ）各教科等，体験活動等との関連的指導……主題によっては各教科等と関連を図り，年間指導計画に位置付ける。集団宿泊活動やボランティア活動などと関連付け，道徳的価値の理解を道徳的実践と関連づける。
- （オ）複数時間の関連を図った指導……主題の内容によっては複数の時間の関連を図る。一つの主題を2単位時間で行い，複数の教材や指導法で行うことなどが考えられる。
- （カ）とくに必要な場合は他学年の内容を追加……当該学年の内容を指導したうえで，必要に応じて学校の特色や生徒の実態や課題に応じて他学年の内容を加えることができる。
- （キ）計画の弾力的な取り扱いについての配慮……必要に応じて，時期や時数の変更，ねらいの変更，教材の変更，学習指導過程や指導方法の変更を行うことができる。
- （ク）年間指導計画の評価と改善……授業実施の反省に基づき，上記により生じた検討課題を踏まえて，年間指導計画の評価と改善を行う。

中学校「道徳科」の新展開

「道徳科」と各教科，総合的な学習，特別活動との連携

武蔵大学客員教授　賞雅　技子

> Q1 「道徳科を要として行う道徳教育」を，どのようにとらえたらよいでしょうか。
> Q2 年間指導計画や全体計画をどのように活用したらよいでしょうか。
> Q3 カリキュラム・マネジメントを進めるにあたってポイントはありますか。
> Q4 各教科，総合的な学習，特別活動のそれぞれに指導目標がありますが，道徳科との連携を実りあるものにするにはどうしたらよいですか。

A1　「道徳科を要として行う道徳教育」

今回の改正の要点として「学校における道徳教育は，道徳科を要として教育活動を通じて行う」とされている。

教育活動全体を通じて行うことについての配慮事項
- 全体計画を作成して全教師が協力して道徳教育を行う
- 各教科等で道徳教育の指導の内容及び時期を示す
- 各学校で指導の重点化を図るために，生徒の発達の段階や特性を踏まえる
- 職場体験など体験の充実とともに，道徳教育がいじめの防止や安全の確保等に資するよう留意する
- 学校の道徳教育の全体計画や道徳教育に関する諸活動などの情報を積極的に公表する

以上のような配慮事項を実践することによって，「要である道徳科」として週に1回の道徳科の授業を通じて，生徒が道徳的価値について考え，理解を深めることが必要である。道徳科の授業での自己自身を見つけ，考えを深める学びが積み重ねられるなかで，道徳教育の重点目標や育てたい生徒像を教師が共有し，さまざまな場面で実践されることが可能になるのである。生徒の日常生活や体験活動が生徒の成長に資することが可能になる。

A2　年間指導計画や全体計画の活用

今後は，教科書を用いての授業となる。各教科書会社は，年間指導計画，全体計画，その別葉も書式を提供している。年間指導計画だけでなく全体計画と全体計画の別葉（全体計画を教科・領域で時系列に表現したもの）を用いて，全教科・総合・特活における道徳科の指導との関連を具体的に示すことで，学年・学校の活動との関連が明確になる。

別葉は，冊子に綴じるだけでなく，学年掲示をすることで，道徳科・道徳教育の全体像が常に見え，教師の意識を喚起できる。また，実施したこと，積み残したことを共通の方法で記入（二重丸やマーカーで色付け）することで，教師は他の活動での進捗状況を見ることができる。道徳・総合・特活それぞれに年間指導計画があり，その目標は異なるものだが，別葉を作成することで，教師は指導の要となる道徳の重要性を踏まえた指導を様々な場面で展開することが可能になる。集団活動や総合探究的な指導において，それまで学習した知識や技能だけでなく，目標に向かう粘り強さ・役割と責任などの道徳性の指導を

意図的・計画的に行えるのである。

A3　カリキュラム・マネジメントのポイント

　カリキュラム・マネジメントについては，教師も保護者も，共に関心が高い話題である。しかし，目新しいことではなく，そもそもすべての教科学習の根幹に「人間力の向上」という共通した軸があり，その育成のために，人格形成期の中学生への学校教育は，教科の内容を学習することだけにとどまらないことは周知のとおりである。

　学校・学年として道徳教育の目標を設定することは，様々な計画を結びつけ，連携する重要な軸になる。学校評価等を参考に道徳教育の目標を設定し，明確にすることは，教師が教科を超えて連携することにもつながる。道徳教育推進教師を中心に学校の内外に道徳教育の目標を通知することを推奨したい。

　また，道徳教育の目標とは別に，4つの視点から重点指導項目を選び，重点指導項目を設ける。生徒育成の柱は学力だけでなく，道徳的価値に焦点を当てることで，教科の指導者の意識も高まる。

　また，道徳科の年間指導計画にある内容項目に対して，教科指導内容や教材に共通点を指摘できる。ここでも別葉を活用し，教員相互の連携を図ることができる。

A4　「道徳科」と各教科，総合的な学習，特別活動との連携

　前述の回答と重なる部分が多いため，ここでは学校教育の中での幅広い連携という視点から補足する。

　今回の改訂では，教師が「教える」ということについて見方・考え方を転換する，基調の転換，刷新を迫られている。特に「人間力」の育成という道徳教育というグランドの上に，各教科，総合，特別活動の指導者が集まって生徒を指導している。道徳科という湧水を使って，教師は様々な教科の樹木を育てていると考える。

　それぞれの指導目標があり，教科ごとに教師の工夫がなされることで，その樹木は大きく成長していく。

　すべての教科・総合的な学習の時間・特別活動においても，人間としての成長に期待して授業や指導を行うのである。あらゆる場面で共通して「人間としての生き方」を求める態度を育てようとする，教師の意思が強固であり，チーム学校の統一した根っこをもつことが，連携を形式ではなく，生徒の心と実践への意欲を育てることになるのである。

中学校「道徳科」の新展開
「道徳教育推進教師」を中心とした全教師による指導

上越教育大学副学長　林　泰成

Q　各校には「道徳教育推進教師」がいますが，道徳科授業は学級担任が行います。では，両者はどのように連携して，道徳科授業や，学校の教育活動全体を通じての道徳教育を行えばよいのでしょうか。

A　道徳教育の指導体制

　中学校学習指導要領の第1章第6の1には，「道徳教育の全体計画を作成し，校長の方針の下に，道徳教育の推進を主に担当する教師（以下「道徳教育推進教師」という。）を中心に，全教師が協力して道徳教育を展開すること。」と記されている。

　道徳教育の方針については，校長が示し，全教員がその重点や方向性を共通理解することになるが，道徳教育を進めるうえで，「道徳教育推進教師を中心とした全教師による協力体制の整備」が求められている。

　『中学校学習指導要領解説　総則編』第3章第6節「道徳教育推進上の配慮事項」によれば，「道徳教育推進教師には，学校の教育活動全体を通じて行う道徳教育を推進する上での中心となり，全教師の参画，分担，協力のもとに，その充実が図られるよう働きかけていくこと」が期待されている。また，道徳教育推進教師の役割として，以下の8つが例示されている。

　「●道徳教育の指導計画の作成に関すること」「●全教育活動における道徳教育の推進・充実に関すること」「●道徳科の充実と指導体制に関すること」「●道徳用教材の整備・充実・活用に関すること」「●道徳教育の情報提供や情報交換に関すること」「●道徳科の授業公開など家庭や地域社会との連携に関すること」「●道徳教育の研修の充実に関すること」「●道徳教育における評価に関すること」など。

　しかし，これらのことだけをやっておけばよいという話ではない。道徳教育推進教師を中心とした協力体制は，各学校で工夫することが求められている。たとえば，「学校の実態に応じて人数等に工夫を加えること」や，「道徳教育推進教師の研修や近隣の学校の道徳教育推進教師との連携等」についても記されており，また，「道徳教育を推進する上での課題にあわせた組織を設けたり，各学年段階や校務分掌ごとに分かれて推進するための体制をつくったりするなど」のことも記されている。つまり，「機能的な協力体制を整える」ことが求められているのである。

　「機能的」という言葉は，「それぞれの機能が有効に働くさま」（『広辞苑』第7版）である。こうでなければならないという形に合わせて設置するのではなく，目標や基本方針，全体計画などに示された道徳教育が有効に機能するように工夫することが大切なのである。

全教師による組織的指導

　道徳科授業は，学級担任が行うのが原則である。しかし，同一学年では同一の教科書を

用いて行うことになるので，全体計画を立てる際には全教員が協力し，また，年間指導計画を立てる際には，それぞれの学年ごとに全学級担任等が協力しながら作成することが重要である。さらに，道徳教育は他教科や特別活動などでも行われることになっているので，道徳科の指導計画を立てながら，他教科との関連を洗い出し，マネジメントすることも重要である。こうした活動をリーダーシップを発揮して調整することも，道徳教育推進教師の役割である。

また，道徳科授業を他の教師と連携しながら進める場合，ティーム・ティーチングや，学年全体での授業などが考えられる。

加えて，「ローテーション道徳」と呼ばれるものも提案されている。これは，それぞれの学級担任が，それぞれ得意とする教材を用い，各学級を回って指導するやり方である。たとえば，3クラスあれば，3人の学級担任が，教材を一人11～12本ずつ担当し，各クラスを回って同じ授業を3回行う。同じ授業を3回行えるので，教材理解も進み，授業のコツもつかみやすい。校長や教頭など学年団以外の教員にも入ってもらえれば，新しい教材を用いて授業を行う回数は減る。働き方改革にも資すると言える。道徳科授業は学級担任が担当するのが原則であるが，こうした「ローテーション道徳」で道徳教育が活性化するのであれば，問題はないと考えられる。時間割上，道徳科の授業を同一曜日の同一時間にしておけば，教師のローテーションはやりやすくなる。とはいえ，学級担任が自学級の生徒に接する時間が少し減ることになるという点は，教師によってはデメリットであると感じるかもしれない。

こうした工夫についても，道徳教育推進教師を中心にして，学年で，また全教員で十分に議論して取り組まなければならない。

教材の差し替え

教科化にともなって，教材の差し替えが可能かどうかが大きな話題になっていた。教科書には使用義務があるので，使用しなければならない。しかし，一方で，学校教育法34条4項に「教科用図書及び第2項に規定する教材以外の教材で，有益適切なものは，これを使用することができる」（これは小学校の規定であるが，49条の規定で中学校にも準用される）と記されており，学習指導要領でも，「地域教材の開発や活用」について記されているので代替は可能だと解釈できる。

『中学校学習指導要領解説　特別の教科　道徳編』第4章第1節2の（6）「ウ　教材の変更」には，「主題ごとに主に用いる教材は，ねらいを達成するために中心的な役割を担うものであり，安易に変更することは避けなければならない。変更する場合は，そのことによっていっそう効果が期待できるという判断を前提とし，少なくとも，同一学年の他の教師や道徳教育推進教師と話しあったうえで，校長の了解を得て変更することが望ましい」と記されている。授業を実施するのは学級担任であるが，担任が独自の判断で教材を差し替えることがあってはならないと考えるべきである。ここでも，道徳教育推進教師の役割がある。同一学年の学級担任や他の教師と十分に検討したうえで，校長の判断を仰ぐことが求められている。

―中学校「道徳科」の新展開―
道徳教育の推進と校長・教頭の指導

武蔵大学客員教授 　賞雅　技子

Q　道徳教育を本校はやっていますが，道徳教育推進のための校長・教頭の役割とは，どのようなものですか。また，道徳教育の課題を共有するための方策はありますか。

A　道徳教育の目標に照らして再点検を

　道徳教育の目標について，学習指導要領では，「略……道徳科はもとより各教科，総合的な学習の時間及び特別活動のそれぞれの特色に応じて，生徒の発達の段階を考慮して，適切な指導を行うこと」と示された。

　これまでも，道徳教育は，全教育活動で行うとされ，校外学習や運動会，合唱コンクール，奉仕活動などの行事では，道徳的価値に関わるねらいを設定し，意図的・計画的な指導を行ってきた。中学生という重要な人格形成期に，人間としての生き方についてきちんと考える態度を養うことは，学校教育の「要」である。

　これまでの教科では，内容を教えることに時間をかけ，一方的な教え込む授業があり，生徒の主体的な学びを促す視点は不足していたため，学校として大きな転換点に立っているという，さらなる意識改革が必要となる。これからの学習は，教科の特質に応じて，生徒が人間としての生き方について考え，他者とともに生きる素晴らしさを実感できるように教科指導について，校長からの明確な言葉が必要になる。

　たとえば，国語科では「わが国の伝統文化に関わり，国語を尊重してその能力の向上を図る態度を養うことは伝統と文化を尊重し，それらをはぐくんできた我が国の文化と伝統を愛することに……」などの記述が道徳教育を行う際の配慮として示されている。すべての教科・総合的な学習の時間・特別活動にこのような道徳教育との関連が明確に示されたことから，より重層的な道徳教育を行うことを強く打ち出す必要がある。

　重点指導項目を掲げ，35時間の道徳科授業を実施するとともに，教科・領域においても道徳的価値について考えが及び，生徒が自覚を深めるといった骨太の道徳教育をもう一度組織的に展開してほしいものである。

道徳教育推進のための校長の役割とはどのようなものであろうか。
学習指導要領「指導計画の作成と内容の取扱い」について

　上記の記述は，「学級担任の教師が行うことを原則とするが，校長や教頭などの参加，他の教師との協力的な指導などについて工夫し，道徳教育推進教師を中心とした指導体制を充実すること」となっている。

道徳科授業の出発にあたって

　道徳教育推進教師は，道徳教育・道徳科の指導方針や年間指導計画・全体計画・別葉の

作成及びその進捗状況の把握と教員間，学年間の調整をとることなど，けっして軽い役割とは言えない。この担当者を軽視することは，道徳についてあまり関心がないと言っているに等しいといえる。

学校教育が組織として，教師全員が道徳教育と道徳科の授業に直接・間接にかかわるためには道徳教育推進教師を軸に，進行管理や情報交換が行われるよう，全体へのアナウンスが必要である。校長の方針を実現する立場の道徳教育推進教師には「何の権限もなく，もち時数の措置もない。それだけに，校長からの方針や道徳教育・道徳科授業への方針が重要である。

道徳教育の課題を共有するための方策はあるのか。
道徳教育推進教師の立ち位置
　実は，道徳教育推進教師には権限が付与されていない。非常に熱心な教師や強いリーダーシップをとれる人がその役割を担うならば，任せることができるかもしれない。しかし，組織表に道徳教育推進教師担当者を記載すること，同時にその役割について外部に広報すること，運営委員会への参加，など組織の中で存在が生かされるよう計画的に進める必要がある。

ローテーション授業
　中学校での学年・学校体制での組織的ローテーション授業は，道徳教育の課題を共有するために効果的だと言える。小規模校であれば，担任だけではなく校長・教頭も含めた授業を展開するなど，計画的に授業を進めるなかで，その学校の生徒に不足している面を教師が共有し，教科や領域，集団活動等で的を絞った指導が可能になる。

学校長からの発信
　学校長は，学校の顔である。
　地域の会合や保護者会，新入生説明会，さまざまな機会に生徒の状況を説明する。「道徳教育の目標は〇〇〇です。その根拠は△△△です」と広報を行うとともに，学校で行おうとしている道徳教育への理解を促すことが重要になる。
　1年後，教科の学習や特別活動，道徳科の授業はどのように変化したのか，道徳教育の狙いに照らして成長したことを説明する。
　以上のように，校長から道徳教育推進の具体的な目標（重点指導項目）や方針が公表されることが道徳教育の推進力になる。
　また，懸念される評価については，保護者に向けて，「学習状況を評価します」とはっきり述べて，教師が迷いなく評価できるような基礎づくりを行う。さらに，保護者の意見を加えた重点指導項目の設定をすることで，誰もが地域の生徒の育成に携わることでき，学校・保護者・地域が一体となった道徳教育が実現でき，そのことは開かれた教育課程づくりに直結するものである。

中学校「道徳科」の新展開
道徳性の涵養と生徒の主体的な学習態度の育成

麗澤大学大学院准教授　鈴木　明雄

> **Q**　道徳性の涵養は，生徒の主体的な学習態度の育成にプラス成果があると言われます。とくに，中学校では，教科等横断的な問題解決的な道徳科等の学習を通して，生徒の主体的な学びや道徳性を養うことが求められています。具体的な実践事例を紹介して下さい。

A　**1．中学校経営の重点は，規範意識のある豊かな道徳性と主体的な学習態度**

現在，表には見えにくいが，情報モラル等に係わる規範欠如の問題行動が続出し，学校における道徳科授業の機能が十分でないという指摘がある。また，生徒が人間として主体的に問題意識をいだき，自ら問題解決を図っていく態度の育成が不十分とも言われる。教育再生実行会議や道徳教育の充実に関する懇談会，中央教育審議会等で議論が重ねられ，平成29年度告示の学習指導要領「特別の教科道徳（以下，道徳科）」では，いじめの根絶・規範意識の

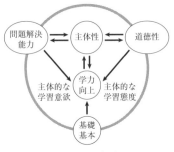

カリキュラム・マネジメント
（教科等の横断的目標管理）

育成や安全確保・持続可能な社会等の喫緊課題が道徳科の教科書検定基準として提示された。これは，「考え，議論する道徳科」として生徒の実態に即した主体的・対話的で深い学びを重視した実践力を伴う問題解決的な能力や主体的な実践意欲や態度への期待である。

前任の中学校に赴任した当初，健全育成の課題を抱え，授業の抜けだし，喫煙や器物破損も続いた。授業も活気がなく居眠りの生徒も多く，教員は日常の対処的な問題に追われ疲弊していた。しかし，学年や個々の教員にヒアリングを実施すると，ワクワクドキドキするような魅力的で楽しい授業や温かい人間関係に溢れた学校生活により，生徒は必ず主体的で意欲的に学ぶはずと強く望んでいた。生徒たちやPTA役員等の保護者の声も同じであった。そこで，新しく目指す学校カリキュラム構想の中心を，生徒の主体的な学習意欲や態度を生み出す学習指導過程の開発，温かい人間関係に根ざした道徳性の育成とした。そして，生徒の主体性や自分で考え仲間と議論できる主体的な学習を組み入れた教科等横断的なカリキュラム・マネジメントを構想し，実行していくことにした。（**図参照**）。

2．「考え，議論する道徳科」を中心に，チーム学校で組織的に学校を変える

中学校は，教科担任制であることから，教科等の横断的な指導体制が重要である。そこで，学校マネジメントとして，主体的な学習態度から道徳実践ができる内面の資質・能力の基盤である豊かな道徳性の指導開発を最初に試みた。しかし，急がば回れである。道徳が教科になっても不易の授業の特質がある。道徳科授業の特質は，①計画継続的・発展的な指導，②各生徒の道徳的価値の自覚，③道徳性の内面的資質・能力の向上，④補充・深化・統合等である。自己の生き方を考え，人間としての生き方について自覚を深め，他律から自律へと向かう主体的な学びが求められている。そこで，道徳科授業の充実とともに，

教科等横断的なカリキュラム編成を工夫し，汎用的な能力育成の根幹として「主体的な学習態度の育成」の開発を喫緊課題とした。生徒が教材や日常の生活体験から多様な問題を発見し，自分の問題として，主体的に考え議論し，さらに人間として自分の在り方・生き方を熟考し深めていくような「考え・議論する道徳科授業」の指導を日々積み重ねた。

3. 主体的に考え，議論するための「問題解決型4ステップ学習指導過程」の開発

生徒が主体的な学習態度で，生き生きと問題発見・問題追究ができる問題解決的な道徳や教科授業，主体的な学びや話し合い活動ができる学習指導過程を開発した。とくに，新しい学習指導要領の目指す資質・能力の中心である「学びに向かう力，人間性等」の育成を目指し，「主体的に学習に取り組む態度」や「人間としての生き方を考える」ための授業転換を図った。そのため，道徳科と全教科で「問題発見・把握→自力解決→集団検討→個人でまとめ」という問題解決型4ステップ学習指導過程」を開発し，改善を繰り返した。

暗中模索であったが，全国学力調査は全国トップレベルとなり，道徳性検査（図書文化 HUMAN Ⅲ）でも大きな改善が見られた。現在，中学生が他律から自律へ向かうためには，考え，議論できる道徳授業や対話的な話し合い活動が重要と確信している。

4. 問題解決型授業を活用した主体的な学習能力の育成

道徳科や各授業では，生徒にとっての問題発見があり，「見つけた」「なるほど」「分かった」など，感動や達成感を重視した。説明中心の授業から脱却し，生徒の自ら学ぶ意欲や知的好奇心を喚起することから，真に身に付いた質の高い学力育成のための具体的な授業として問題解決型授業があると考えた。そのため，研究のねらいを2点定めた。

（ねらい1）道徳科及び教科等における主体的な学習能力及び態度の育成

今日，教えることと学ぶことと，バランスのある指導が大切とされているが，実態は不十分である。そのため，主体的な論理的思考や学習習慣の習得等を基礎・基本として徹底した。そして，年間計画でバランスを取り，問題解決的な授業を積極的に取り入れた。

（ねらい2）豊かな心等の道徳性にかかわる問題解決能力の育成

豊かな心等の道徳性を，学習指導要領の価値内容の主体的な自覚と考えた。内容項目の育成は豊かな人間性の基盤と考えると，すべての教科や領域で育てるべき教育の価値といえる。問題解決的な道徳科授業では，特質を踏まえ，行動の判断や善悪の判断に終わることなく，十分に自分を振り返り（＝メタ認知），自分は人間としてどうあるべきかと考え，時には悩み苦しむながら判断していくような問題解決能力を育てたいと考えた。

5. 主体的な学習態度は，深い学びや道徳実践へ発展

生徒がアクティブ（主体的・能動的）にラーニング（学習）し，実践力を培う学習指導過程が主体的な学習態度を生み出す。

具体的には，道徳科授業では，生徒は教材の問題を主体的に発見・熟考し，さらに，仲間とペアやグループで考えを出し合い議論をする。常に自分の問題として，自己を振り返り考えを深める。さらに，人として道徳的な価値を自覚し，道徳実践への意欲を高めていく。このような主体的な学習態度は，生徒個々の深い学びだけでなく道徳実践に発展している。道徳性と主体的な学習態度は，実践として地域社会へ開かれたものに発展している。

（参考文献）東京都北区立飛鳥中学校『問題解決型授業を活用した主体的な学習能力と自己評価能力の育成～教科・道徳科指導（4ステップ＆メタ認知）～』2012.12

中学校「道徳科」の新展開
議論する言語活動と多様な見方・考え方の理解

國学院大學教授　田沼　茂紀

> **Q**　これからの道徳科授業では，生徒一人ひとりが道徳的価値について一面的ではない多様な視点から捉える見方・考え方が必要であると言われています。一つひとつの価値に対する多様な捉え方を容認すると，生徒の価値観が混乱してしまわないでしょうか。

A　中学校学習指導要領解説「特別の教科　道徳編」第2節3には，生徒が「自己を見つめ，物事を広い視野から多面的・多角的に考え，人間としての生き方についての考えを深める」ことの重要性が述べられている。その理由は，道徳科で育成を目指す道徳性は，①道徳的判断力，②道徳的心情，③道徳的実践意欲と態度という諸様相によって構成されるからである。これらの諸様相は，一つひとつが明確に線引きされるような性質のものではないし，それぞれが独立しているわけではないので，複合的かつ緊密に関連し合ってそのような固有の人格的特性を形作っていると捉えるべきなのである。

それゆえ，このような道徳的諸価値を形式的・固定的に捉えさせるような道徳科授業では，生徒の主体的な道徳的価値自覚を促すような学習を実現することができないのである。ここでは，以下に示した3側面から「多様な見方・考え方」を鍛えることの意味とその具体的な指導の在り方を検討していくこととする。

1. 言語活動としての他者対話と自己内対話の必要性

生徒の価値観形成という視点から検討するとき，どうすればそれが可能なのかという方法論を裏づける理論抜きには考えることができない。

日常生活における自分の姿をイメージしてほしい。子どもであろうと，大人であろうと，誰かに言われたからと言って自分の道徳的なものの見方・感じ方・考え方を容易に捨てて従うであろうか。まずそんなことはあり得ないし，考えにくいことである。自らの道徳的なものの見方・感じ方・考え方としての道徳的価値観は，本人自身の主体的な意志と自覚によって形作られているのである。よって，それを拡大したり，大きく転換したりするとき，つまり，道徳性発達が促進されるような場面では何らかのきっかけが必要なのである。

まず大きな役割を果たすのは，読む・書く・話すといった言語活動による対話である。他者と対話することで自分が考えもしなかったような異なる捉え方，自分とは異なるものの見方や意味づけの仕方を知るのである。それによって，自らの価値観が揺らいだり，修正を迫られたりすることは，往々にして起こることである。いわゆる，「目から鱗」といった学びである。しかし，自らの道徳的価値観を簡単に変更するといったようなこと自体はそんなに多くあるとは言えないであろう。むしろ，自分が他者と対話するときに同時進行的に展開する自己内対話でこそ，これまでの自らの道徳的価値観を問い直し，必要に応じて「自ら求めるべき望ましさ」や「よりよい在り方や生き方」を自らの意志で納得して取り入れる契機にできるのである。つまり，納得解としての価値観形成である。よって，

個の価値観形成プロセスにおいて，他者対話と自己内対話での「議論」は不可欠なのである。

《道徳的価値観創造を促進する他者対話と自己内対話》

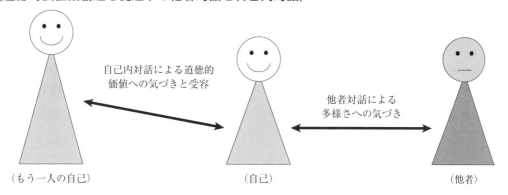

2. 道徳科で「議論する」ことの意味と多様な見方・考え方の視点

　ここまで述べたように，生徒の価値観形成を促進するためには他者対話と同時進行的に展開される自己内対話をより明確に意識化できるようにすることが不可欠であり，そのための場をどう授業のなかで位置づけられるかが大きなポイントとなってくる。

　この解決には，学習活動のなかで他者との対話量を多くするための時間をきちんと設定したり，発言量を多くするための問いかけを工夫したりするといった教師側の授業改善努力が想定されよう。しかし，それは「議論する」＝語り合うことで視野を広げるといった定量的な捉え方であって，その質を問う定性的な語り合いという本質を意図した具現化を図っているわけではない。大切なのは，「語り合う」ための自己課題意識の明確化である。

　教師は，道徳科授業のなかで生徒一人ひとりの道徳的問題追究のための課題意識をどれくらい大事にしているのであろうか。教師が生徒に語らせようとすればするほど，その発問数は多くなり，話したり書いたりさせる言語活動の場に費やす時間は多く配分されることとなる。しかし，それは生徒個人の自発的意志ではない。つまり，生徒が他律的にパフォーマンスさせられているだけのことである。そんな他律的な語り合いのなかで主体的な自己内対話による個の道徳的価値観形成など促進されはしないのである。道徳科授業では，生徒一人ひとりの自己課題意識設定を他教科指導以上に重視しなければならないのである。

3. 多面的・多角的に物事を捉えられるようにするための方法とは

　道徳的価値ついての多様な理解やその運用としての自分の在り方・生き方をより広い視点から身につけていくことは，すなわち，人間としての豊かさに反映されることでもある。とくに，人間の在り方や生き方に根ざした幸福感や満足感といったことは十人十色なのである。ならば，A君の道徳的なものの見方・感じ方・考え方，B子さんの道徳的なものの見方・感じ方・考え方，C夫君の道徳的なものの見方・感じ方・考え方，それぞれが否定されることなく語り合えるような学習の場を可能にする良好な関係性づくりが第一歩となろう。

　自分とは異なるものの見方・感じ方・考え方が尊重される支持的風土，一人ひとりが「損在」として扱われるのではなく，あくまでも「尊在」として尊重される支持的風土づくりこそが毎時間の道徳科授業のなかで実現されていかなければならないのである。

中学校「道徳科」の新展開
生徒の発達段階・「道徳科」の特質と指導方法の工夫

埼玉県幸手市教育委員会教育長　山西　実

> **Q**　生徒が主体的に授業に参加しなかったり，進んで発表や対話をしなかったりする現状で悩む教員は多い。生徒の発達段階を踏まえ，かつ「道徳科」の特質を生かした指導は，どんなことに留意したらよいでしょうか。

A　担任教師として生徒の内面理解に努める

　道徳科の授業に限らず，生徒の発達段階や特性に応じた，心に響く充実感のもてる指導を展開することは不可欠のことである。とくに，道徳科の授業は，学年が進むにつれて生徒の受け止め方がよくないという指摘は，久しいものがある。その要因として，生徒の発達の段階をしっかりと受け止め，その特性に応える指導が展開されていなかったということが挙げられる。生徒理解は，生徒の内面理解だということをまず認識し，その内面に働きかけることを意識して授業を構想することが大切になる。担任教師として，青年前期特有の思春期の心の揺れをしっかりと把握し，そのうえで人間としてよりよく生きようとする指針や価値を実現することのむずかしさ等を指導していくことが大切になる。

　中学生は，心身の著しい成長に伴い，自我の芽生えとともにさまざまな葛藤に揺れ動きつつも確かな手応えや生き方の指針を模索し始める。時には，一時の衝動や感情に突き動かされたり，人間の弱さや誘惑に流されたりすることもある。また，正義感に燃えたり，自己の理想の実現に努力しようと模索しようとしたりする時期でもある。また，生徒一人ひとりの個人差が激しいことも理解しておきたい。このような複雑な心理状態を理解し，生徒の内面に根ざした道徳性の育成が図られるよう配慮することが大切になる。中学校道徳の面白さは，ここにあると言っても過言ではないと思う。

人間の内面や共感・葛藤などを踏まえた追及の視点を大切にする

　前述のように，中学生の時期は，激しい心の揺れを経験しながら，自己を確立していく。さまざまな道徳的価値について自分事としてとらえ，自分との関わりも含めてどう考えるかなど，生徒の内面と重ね合わせ，人間としての生き方について考えを深められる学習になるよう工夫することが大切になる。実は，道徳科の目標や特質もここにある。教材に描かれた生き方や諸事象に真摯に向き合い，自分との関わりで改めて道徳的価値をとらえ，多面的・多角的に考察し，自己理解を深めていけるよう指導することが肝要である。導入でどのような問題意識を図るか，発問は，生徒が真摯に向き合い，じっくりと考えられるように配慮し，丁寧に生徒の反応を聴き分けるかなど，生徒が主体的に価値の追及が図れるよう工夫することが大切である。

　また，中学生は，自らを語り，よりよい生き方を求めて議論する過程で，自己を見つめる作用も同時におきる。発言の背景にある生徒の内面や深奥を見極めながら，生徒の戸惑いや葛藤を大切に考えさせるよう工夫すると生き方の彫りが深まる。道徳科が「教師と生

徒が共によりよい生き方を求めて語り合う」授業になるためにも，ぜひ，心がけたい点である。よく，道徳科の話し合いが「単なる方法論や批判にならないよう」と指摘されるゆえんもここにある。

表現活動を促し，物事を広い視野から多面的・多角的に追及する

　「中学生は，話し合いに参加しない」とか，「発表しない」とかという話を聞く。学級経営にもかかわる大きな問題で，その要因はいろいろ考えられるが，私は，中学校にお邪魔して授業をする機会をいただくが，話し合い活動や議論を促すために，次の5つの段階に留意している。

①「紡ぐ」……最初の発言者の考えをどう紡ぎ出し，引き出すか。第一発言者の発言を待ち，その発言を称賛するとともに，学級に広げる。

②「つなぐ」……最初の発言を学級に広げ，その第一発言をもとに自分の考えを発表させていく。

③「積み上げる」……二人，三人の発言の内容を積み上げていく。「こういう考えが多そうだ」「少し違った考えもある」というように考えを類別したり，積み上げたりしていく。

④「突き返す」……意見がでそろったところで，「本当にそう言い切れるだろうか」など，再度生徒自身が吟味し直せるような広い視野からの問いや具体的な事例から問いかける。

⑤「突き止める」……「今日の話し合いから言えることはどんなことか」「みんなの意見をまとめるとどういうことになるか」など，話し合いや議論から道徳的価値の把握につながるようまとめる。話し合いの生産性を見える化することで，そこに内在する道徳的価値を見極めることが大切である。

　また，動作化，役割演技等は，模擬体験，追体験を深め，話し合い活動だけでは得られない表現を顕出させることができ，言語活動を促すきっかけともなる。学習をアクティブにするためにも効果的な方法である。とくに，教師が黒子役になって考える視点を与える「独白法」や相手の立場から多面的・多角的に考えさせるには，「再現構成法」が有効になるので，目的に応じて多様な工夫が望まれる。

価値を実現することのむずかしさと価値のもたらす喜びの側面を重視する

　中学生が道徳科を楽しみにする授業は，心の深奥で深く受け止めたり，納得のうえで新たな知見に触れたりする授業であり，表面的・表層的な授業ではないことは確かである。そのためには，まず道徳的価値を実現することの難しさ等を教師が理解することが大切である。ねらいとする道徳的価値が利害得失や快・不快の感情が作用し，教師にとってもそう簡単に実現できないこと，しかし，よりよく生きるためにはそれだけでは人間として寂しく，自分の生き方の問題として納得のできる，自己を肯定できる考え方や感じ方は何なのかに気づかせ，道徳的価値を実現する喜びに着目することを基底におくことが大切だと思う。「友だちは，大切だ」「規則は，必要だ」と言った紋切り型や画一的・強要的な授業も散見されるが，学んだ内容の意義を考えるまでには届かないし，とても自らの生き方の課題や思いをもたせる指導にはほど遠い感がする。人間性との関わりのうえで道徳的価値の自覚が深まるよう留意し，問題解決的な授業や考え，議論する授業に挑戦することが大切だと思う。

中学校「道徳科」の新展開

生徒の発達段階の特性とSNS等の情報モラルに関する指導

麗澤大学大学院准教授　鈴木　明雄

Q 生徒の発達段階の特性は，世代により異なっています。しかし，情報モラルに関する道徳科の指導は，教科書検定基準となり，全児童・生徒を対象に，いじめや非行の中心的な問題です。道徳科で求められる指導は，どのように考えたら良いのでしょうか。

A 1. 主体性を軸に「考え，議論する」情報モラルの道徳科が求められる情勢

ソーシャル・ネットワーク・サービス（以下，SNS）の進歩は，想像を絶する状況である。この進歩に伴ういじめや生徒指導の問題は激増。東京都中学校道徳教育研究会調査2019.2では，全校長の道徳科指導の重点は，いじめと情報モラル問題が突出している。

ある教育委員会は，小・中学校でのスマートフォン（以下，スマホ）の学校持ち込みを原則解禁とし，文部科学省は，スマホに関する指針を変更した。また，教育映像でも児童が災害時に自分のスマホから安全情報を的確に得て迅速避難する啓発教材が生まれている。都内中学校区の小学校5年生のスマホの所有率を調査したところ70％を超え，中学生はほぼ100％の時代である。私立中・高等学校では，全生徒にタブレットが配布され，宿題やレポート，日記，話し合い活動等にも日常的に使用している。塾では入塾と同時にスマホが配られ，時間割や課題等もそこから発信される。また，県レベルでスマホを授業のツールとして使用する指針を出している所も出始めている。東京都S区では，学校内のWi-Fiでなく，携帯電話回線を使用するタブレットを全児童・全教員に配布し，持ち帰り自由，全国の旅先でも使用可とした。

しかし，SNSの普及による問題発生は，時代の流れを待つことでは解決できる状況ではない。今日の情報機器・機能の発展は，青少年に多大な情報モラルの欠如を招いている。

小・中・高校のいじめや死に至るような事件・事故は，ほぼSNSを通して起きていることに注目しなければならない。また，中・高校生の進路希望調査ではICT関連への希望が多い。情報モラルへの対応は，ハウツー問題ではなく，人としてのどう生きるべきかという重大な問題と認識したい。

2. 道徳科で指導すべき情報モラルに関する価値内容と実際の事件・事故

新しい道徳科の内容項目の視点B「公正，公平，社会正義」は，前回まで，視点2「公正・公平」という道徳的価値で，小学校高学年と中学校のみで指導されて来た。これは，教科等も含めて，子どもが公正・公平の内容理解は小学校低・中学年では困難という考えであった。しかし，今回，内容は簡単な表現，たとえば，「自分の好き嫌いにとらわれないで接すること（小学校低学年）」「誰に対しても分け隔てをせず，公正，公平な態度で接すること（小学校中学年）」と定め，すべての小・中学校で指導する内容となった。

実は，いじめは良くないということは多くの生徒は理解している。しかし，いじめはなぜ起きるのか，人間社会でいじめはなくならないものなのか，といったいじめの本質につ

いては考えが十分に及んでいない実態がある。
　次に，SNSに関する中学生のいじめの事件・事故の事例を紹介する。
(1)　ライン（企業商標）等の無料コミュニケーション・アプリケーション（以下，**無料通信アプリ**）は，世界中で使用されている。相手に誹謗中傷と取られネット上で炎上し，大喧嘩に発展，複数の生徒を巻き込んだ傷害事件まで発展した事案がある。
(2)　無料通信アプリの特性で，悪口や中傷が仲間関係だけでなく，連絡ツールを通して知らない他者に拡散し，見知らない集団もからんだ思わぬ事件に発展した。
(3)　現在多くの生徒はメールを使わない。無料通信アプリで1対1，1対複数，グループ・会社等の組織を設定している。この不特定多数の交流による事件・事故が多い。
　以上のような事案では，中学生でも，多数の人と無料通信アプリを設定している。高校生以上では数百から千単位の設定をしていると聞く。理由は，素早いメール交換と共に写真や映像交換が迅速だからである。メールは多様なものが入ってくるため見ないで，削除もしないのだそうである。
　本来，人は信じるべきという教育の根幹を守りながらも，「自分は自分で守る，安易な人とのかかわりに気を付ける，自分で考え判断する」道徳科の指導が重要な時期である。

3. 無料通信アプリは危険だから使用しないではなく，考え，議論する教材が重要

　情報モラルを道徳科で指導する基本は，**子どもの主体性の育成**につきると考えている。具体的には，道徳科教科書には検定基準として，情報モラルと安全がある。
　生徒は，すでに危険度も仲間の事件・事故も知っている。この実際の事件や事例を通して，「**なぜこの問題は起きたのか，防ぐ方法はなかったのか，何を考えて行動すべきか**」等，よく考え，仲間と議論するような学習指導過程が大切である。教材は，生徒がよく体験する無料通信アプリで生じた問題，教科書のSNSに関する情報モラル教材を活用したい。

(1) 読み物教材から，情報モラルの本質的な問題を考え，議論

　文部科学省『私たちの道徳』にネット将棋というSNS情報モラルの教材がある。主人公は，ネットで相手の顔が分からない将棋対戦を楽しんでいる。相手が分からないだけに，「負けました」等，正しい礼儀を大切にしている世界である。ところが，負けて悔しいと自分の負けを認めるどころか，途中で回線を切ってしまう。このような言動について，自分で考えたり，級友と議論したりしながら，ネット社会こそ情報モラルを大切にしなければならないと個々の生徒が気付いていく内容である。

(2) 無料通信アプリの映像教材を積極的に活用

　道徳科の映像教材では，情報モラルの指導に関する無料通信アプリを使用した教材が積極的に開発されている。千葉県教育委員会の道徳科用映像教材「手のひらの小さな世界」では，無料通信アプリのリアルタイムのやり取りを実際見ることができる。臨場感があり，主人公が仲間と組んだアプリで，軽く掲載した誹謗中傷が多くの仲間を傷つけていく。主人公は，自分で考え，家族にも相談しながら問題解決に向かうが，生徒は自分事として議論し，深い学びが見えた。現代の中学生は，身近な学校・学級仲間での問題だけでなく，やがて世界の情報通信ネットワークと対峙する。SNS情報モラルに関する道徳科の指導は，個々の生徒の真の公正・公平で正しい生き方として根付くような指導が求められている。
　（参考教材）千葉県教育委員会道徳教育映像教材「手のひらの小さな世界」

中学校「道徳科」の新展開

「道徳科」の授業公開と家庭や地域との連携

埼玉県幸手市教育委員会教育長　山西　実

Q　道徳教育を充実させるために，「道徳科」の授業公開等を効果的に行うために，どのような工夫をしたらよいでしょうか。また，家庭や地域との連携をどのような方法で図るとよいでしょうか。

A　授業参観から進めて，保護者等の積極的な協力と参加を得る

　道徳科は，学校における教育活動全体を通して行う道徳教育の要であるので，学校は，その取り組みをホームページや学校だより・道徳だより等の広報活動を通して，絶えず啓発活動を行っていくことが大切になる。その中でも最も理解を得やすいのは，学校の道徳科の授業公開である。年間にわたって計画し，たとえば，授業参観の機会に全校一斉に公開する方法，参加しやすい土曜授業で公開する方法，学校で道徳教育充実期間を設けてその期間に公開する方法，学校行事の前後に関連した内容で公開する方法，講演会などと合わせて行う方法などが考えられる。道徳教育推進教師を中心にPTA等とも連携したり，学校運営協議会に働きかけたりしながら，英知を出し合い，できるところから進め，持続可能なものへと進めていくとよいと思う。

　また，授業を公開し，意見交換や協議をする他に，直接，授業に関与・協力していただくと授業も魅力的になる。たとえば，授業への協力として，事前のアンケート，生徒への手紙，保護者の体験談などを頂戴しておき，授業に活用することなどが考えられる。その際には，個人情報にかかわる問題もあるので，生徒一人ひとりの生育歴や家庭環境等を十分把握したうえでの協力と活用が必要となる。

　さらに，積極的な方法として保護者等に直接，授業に参加・参画していただき，共に考える道徳授業を展開する方法も考えられる。たとえば，教材の読み聞かせの際に，担任教師と保護者で役割分担する，あるいは，音楽の堪能な保護者にBGMの生演奏を依頼する，話し合いの途中で保護者の意見を求める，グループでの話し合いの間に保護者に入っていただく，終末で，説話等をしていただくなど，教材やねらいとの関連において構想していくと授業がいっそう効果的になると同時に，保護者等もよりよい生き方について考える機会となったり，生徒理解が深まったりする。因みに，筆者の実践では，とくに，家族愛，生命の尊重，粘り強さの内容項目にかかわる指導が，取り組みやすく，感動的な授業であり，生徒，保護者とも人間としての生き方を考える絶好の機会となる。

地域の人々や外部人材の参画を促す

　学校の情報発信は，地域に向けて絶えず行われることが必要であるが，コミュニティ・スクール等の指定校も増えているので，学校で設置した学校運営協議会で校長の経営方針や教育課程の編成，校務分掌等の承認を得る際に，道徳教育の推進の在り方，道徳科の意義と位置づけ，道徳教育推進教師の役割，地域への協力依頼など，道徳教育の推進方針に

かかわる内容などについてもしっかりと説明をし，承認を得ておくことが重要であり，校長は，この場を有効に活用すべきだと思う。古来，「家庭のしつけで芽を吹き，学校の教えで花が咲き，地域の教えで実を結ぶ」というように，学校，家庭，地域の役割の確認や連携方策などについて理解を共有することも大切である。家庭や地域社会において生徒の健全な成長を願い，豊かな心を育むために積極的に寄与する気運を醸成するよう働きかけることも肝要となる。

そのうえで，地域に存在する専門家などの人財を積極的に発掘したり，情報提供を得たりするなど，積極的に働きかけることが重要である。

たとえば，郷土に伝わる芸能の保存活動に携わっている人，郷土の歴史研究家や昔遊びなどの伝承者，スポーツ界で活躍しているアスリート的な存在，その道一筋に活躍している方，自然保護・環境や福祉にかかわるボランティア活動に携わっている方など，特技や専門知識を生かした話題で参画していただくと，生徒が人間としての生き方を学ぶ絶好の機会になる。また，専門家でなくても会社の仕事に追われる一父親から，子どもや家庭への思いを改めて語っていただくなど，ねらいに応じて活用することも可能である。道徳科にあっては，ねらいを達成することや道徳的価値の自覚を図ることが目的となるので，ゲストティーチャーとしてお願いする場合には十分な打ち合わせが必要になる。郷土歴史家に郷土への思いを語っていただくつもりで計画したが，打ち合わせが不十分なために，郷土の神社の説明を長々と解説され，生徒の方が辟易していたという事例も見られる。

地域教材の開発をもとに地域を学ぶ場にする

地域教材には，郷土の発展に貢献した人物，郷土に伝わる伝説や民話，郷土の文化や慣習，郷土の自然や風土等，私たちの祖先や先人の生活やものの見方・考え方・感じ方を学んだり，探究したりする素材が多く見られる。また，その素材も動物を擬人化したり，人間の生きる知恵を笑い話風にさらっと言ってのけたりするよさがあり，生き方を考える手がかりを与えてくれる。ある特定の時代の特定の地域の話でありながら，それらを超えて今の時代に，自分の身近な生き方の問題として受け止められる魅力を有している。道徳の教材は，ねらいとする道徳的価値が内包されていることが大切になるが，しかし，それが望ましい形でこうあるべきだと明確に描き出されていればそれでよいということではない。生徒が自らの生き方の切実な問題として，深く考え，納得できるような授業に役立つよう工夫することが大切である。

地域教材の開発や作成にあたり，地域の文化に造詣の深い人等に協力を得ることを通して道徳科への理解を深めるとともに，実際の授業に際しては，解説や実演をしていただいたり，関係ある資料を提示していただいたりするなどを通して積極的に関与していただくことができる。生徒側もこのような学びを通して，人間としての生き方の深まりだけでなく，地域への関心や愛着が深まり，地域との相互理解が深まる。また，学校に地域教材のコーナーを作成し，展示や掲示することなど道徳的環境づくりなどをしておくと生徒の道徳性の育成に役立つだけでなく，地域の人の学校への参画意識も高まる。さらに，生徒が地域教材にかかわる自然や歴史・産業などに関心をもって調査・研究したり，郷土資料館や図書館に出かけたりするなど，地域が生徒の学びの場になる。道徳科を要として，地域ボランティア活動，職場体験学習などが相乗的な効果をあげ，地域は生徒の学ぶ場になる。

中学校「道徳科」の新展開

感動を覚える充実した教材の開発

武蔵野大学教授　貝塚　茂樹

Q 道徳科では，「感動を覚える充実した教材」が必要であると言われます。しかし，生徒が感動する教材とはどのようなものでしょうか。また，「感動を覚える充実した教材」を開発する際の留意点について教えて下さい。

A **道徳科における多様な教材の開発**

「特別の教科　道徳」（以下，道徳科）においては，多様な教材の開発が求められる。「中学校学習指導要領」（「第3章　特別の教科　道徳」の「第3　指導計画の作成と内容の取扱い」の3）は，「生徒の発達の段階や特性，地域の実情等を考慮し，多様な教材の活用に努める」とし，「生徒が問題意識をもって多面的・多角的に考えたり，感動を覚えたりするような充実した教材の開発や活用を行うこと」と明記している。これに該当するものとしては，生命の尊厳，社会参画，自然，伝統と文化，先人の伝記，スポーツ，情報化などの現代的な課題に対応する教材が例示されている。

たとえば，「生命の尊厳」では，「生命ある全てのものをかけがえのないものとして尊重し，大切にすることであり，生徒が発達の段階に応じて生命の尊厳について，人間としての生き方と関わらせながら考えられるような教材」が想定できるとされている。また，「自然」を扱う教材では，「自然の美しさや偉大さ，不思議さなど，感性に訴え，人間の力を超えたものを謙虚に受け止める心を育てるもの」であるとしている（『中学校学習指導要領（平成29年告示）解説　特別の教科　道徳編』）。

道徳における教材は，生徒が道徳的諸価値の理解を基に，自己を見つめ，物事を多面的・多角的に考え，自己の生き方についての考えを深める学習に資するものでなければならない。また，生徒が人間としての在り方や生き方をなどについて多様に感じ，考えを深め，互いに学び合う教材であることが必要である。そのため，道徳科の教材には，次のような要件を具備することが求められる。

①生徒の発達段階に即し，ねらいを達成するのにふさわしいものであること。

②人間尊重の精神にかなうものであって，悩みや葛藤等の心の揺れ，人間関係の理解等の課題も含め，生徒が深く考えることができ，人間としてよりよく生きる喜びや勇気を与えられるものであること。

③多様な見方や考え方のできる事柄を取り扱う場合には，特定の見方や考え方に偏った取扱がなされていないものであること。

感動を覚える充実した教材とは何か

道徳科の学習では，道徳的価値の理解に基づき，自己を見つめ，内省し熟慮することで「いかに生きるべきか」という生き方の問いを考えることが大切である。そのためには，生きることの魅力や意味の深さについて考えることのできる教材や生徒の感性に訴え，感

動を覚える教材であることが不可欠である。

　とくに、「感動を覚える充実した教材」については、先人の多様な生き方を通して、生きる勇気や知恵、人間としての弱さと葛藤が織りなされた人物教材は大きな役割を果たすと言える。言うまでもなく、道徳教育は、道徳的な判断力、心情、実践意欲と態度の諸様相から構成される道徳性を養うことを目的としている。しかし、道徳的な認識や判断、実践意欲が育成されるには、情緒、憧れ、共感といった感受性が基盤となる。つまり、道徳的な心情に裏打ちされない道徳的認識や判断は十分に機能せず、時に危険な場合さえある。

　一般に、自己を見つめ、内省し熟慮することを促す自己形成のエネルギーは、「こうありたい」「こんなふうに生きて見たい」という生き方のモデルを身近に実感することで発揮され、機能する。理想的な偉人や魅力的な人物との出会いは、自己をみつめるための具体的な視点を提供することになるからである。生徒が憧れの対象を持つことは、自身のアイデンティティを獲得することであり、「自分のよりどころ」を持つことで生徒は自らの生き方を見定め、確立することができる。また、道徳科には道徳的諸価値を直接の学習の対象とするという特徴がある。しかし、私たちは道徳的諸価値それ自体に感動を覚えるわけではなく、道徳的な価値を体現した人物の生き方に強く感動する。

　「感動を覚える充実した教材」とは、いたずらに生徒の興味を引くことに終始した教材を意味するのではなく、道徳科の教材として具備すべき要件を踏まえ、「その人物の生き方から人間としての生き方を考えさせる場面を設定できることが重要である」(『中学校学習指導要領（平成29年告示）解説　特別の教科　道徳編』)。道徳教育は、すべての人に共通する善さを具体化した道徳的諸価値を概念として理解するだけではなく、道徳的諸価値に基づいて自分がどう生きるかを問うことが重要である。したがって、道徳授業では、資料に登場する人物と内的な対話を交わすことで、そこに形成される道徳的価値を自覚させ、新たな自分を創造する過程に目を向ける必要があり、そうした教材開発が必要となる。

感動を覚える充実した教材開発の留意点

　以上のような人物教材に限らず、「感動を覚える教材」には、多様な教材の種類が考えられる。しかし、前述したように、単に生徒の関心を重視するだけの、いわば「ちょっと良い話」の類の教材は注意が必要である。実際に、生徒が感動を覚える度合は生徒それぞれに違いがあり、同時にそれは教師の考える感動とは必ずしも重なり合わないからである。

　もちろん、授業者である教師が感動しなければ「感動を覚える教材」とは言えないことも間違いないが、それだけでは十分ではない。重要なことは、「感動を覚える教材」が単に心動かされるものではなく、道徳科の目標や道徳科の特質を踏まえて「この教材で何を考えさせるのか」という授業のねらいの観点から教材を選択・開発することである。

　その際、とくに留意すべきことは、教材を通じて生徒に見えてくる事柄が具体的なリアリティを持つと同時に、教材を通して提示される道徳的諸価値は、生徒の現実と日常性に照らしてより高い価値を有していることである。生徒の日常性を超えたより高い価値に触れ、これを自覚する時に生まれる感動こそが、「感動を覚える充実した教材」としてめざすべき内容であると言える。

　なお、そのためには年間35時間しかない授業時数の制約を受けながら、「カリキュラム・マネジメント」の視点を踏まえた教材開発が積極的に検討される必要がある。

中学校「道徳科」の新展開

偏らない教材の開発

武蔵野大学教授　**貝塚　茂樹**

> **Q** 教科書を含めて，学校で使用する教材には中立性が求められています。道徳的諸価値に関わる道徳科では，特にこの点が重要と思います。「偏らない教材」を開発するためには，どのような点に留意すれば良いでしょうか。

A　教科書検定基準と「偏らない教材」

「特別の教科　道徳」（以下，道徳科と略）では，教科書が使用される。教科書とは，「小学校，中学校，義務教育学校，高等学校，中等教育学校及びこれらに準ずる学校において，教育課程の構成に応じて組織排列された教科の主たる教材として，教授の用に供せられる児童又は生徒用の図書であって，文部科学大臣の検定を経たもの又は文部科学省が著作の名義を有するものをいう」（「教科書の発行に関する臨時措置法」2条1項）と定められている。したがって，道徳科における主たる教材は，教科書である。

学校教育法に基づく現行の教科書検定制度は，適切な教科書を確保することをねらいとしたものである。そのために，「義務教育諸学校教科用図書検定基準」が設けられ，「知・徳・体の調和がとれ，生涯にわたって自己実現を目指す自立した人間，公共の精神を尊び，国家・社会の形成に主体的に参画する国民及び我が国の伝統と文化を基盤として国際社会を生きる日本人の育成を目指す教育基本法に示す教育の目標並びに学校教育法及び学習指導要領に示す目標を達成するため，これらの目標に基づき，第2章及び第3章に掲げる各項目に照らして適切であるかどうかを審査するものとする」（総則）と規定されている。

この基準に照らして，教科書検定では，学習指導要領への準拠，中立性・公平性，正確性などの観点から教科書の適格性が審査される。中でも，「偏らない教材の開発」に直接関わるのは，「中立性・公平性」に関わるものであり，具体的には政治的中立性と宗教的中立性として集約される。「義務教育諸学校教科用図書検定基準」においても，「政治や宗教の扱いは，教育基本法第14条（政治教育）及び第15条（宗教教育）の規定に照らして適切かつ公正であり，特定の政党や宗派又はその主義や信条に偏っていたり，それらを非難していたりするところはないこと」（第2章「各教科共通の条件」）と明記されている。

教育基本法における政治的・宗教的中立性

教育基本法14条2項は，「法律に定める学校は，特定の政党を支持し，又はこれに反対するための政治教育その他政治的活動をしてはならない」と規定し，15条2項では「国及び地方公共団体が設置する学校は，特定の宗教のための宗教教育その他宗教的活動をしてはならない」と規定している。一般に，政治的・宗教的中立性については，いずれも第2項の禁止規定が強調される傾向がある。そのため，ともすれば道徳科の教材において，政治的な内容や宗教的な内容に触れないことが，あたかも「中立性・公平性」を意味するものであるかのように理解されがちである。

しかし、こうした理解は正しいとは言えない。なぜなら、教育基本法14条1項では、「良識ある公民として必要な政治的教養は、教育上尊重されなければならない」と規定されており、同じく同法15条1項では、「宗教に関する寛容の態度、宗教に関する一般的な教養及び宗教の社会生活における地位は、教育上尊重されなければならない」と規定されているからである。つまり、政治的・宗教的に中立であるというのは、政治的・宗教的な問題に触れない、言及しないということではなく、「特定の政党や宗派又はその主義や信条に偏っていたり、それらを非難していたりするところはないこと」を意味しており、この要件を具備するような教材開発が必要となる。

学習指導要領解説での「偏らない教材」

「中学校学習指導要領」「第3章 特別の教科 道徳」の「第3 指導計画の作成と内容の取扱い」の3では、道徳科の教材が教育基本法や学校教育法その他の法令に従うこととしたうえで、「ウ 多様な見方や考え方のできる事柄を取り扱う場合には、特定の見方や考え方に偏った取扱がなされていないものであること」を観点の一つとして明記している。道徳科では、人間としての生き方や社会の在り方について、多様な価値観の存在を前提として、他者と対話し協働しながら、物事を広い視野から多面的・多角的に考えることが求められる。そのため、時に対立のある場合を含めて多様な見方や考え方のできる事象や、多様な生き方を体現した人物を取り扱うことが大切である。しかし、一方で公教育として行われる道徳科では、授業で活用される教材が特定の価値観に偏しないことが重要であり、また、多様な見方や考え方のできる事柄を取り扱う場合には、特定の見方や考え方に偏った取扱いがなされていないか検討することが不可欠である（『中学校学習指導要領（平成29年告示）解説 特別の教科 道徳編』）。

生徒は、政治的・宗教的な問題に対して、正確で適切な判断をすることは簡単ではない。そのため、教師の影響力は大きくなるために、教師が自己の信奉する政治的信条や宗教的信仰を生徒に押し付け、またその反対の考え方を否定することは法的にも禁止されている（「義務教育諸学校における教育の政治的中立性に関する臨時措置法」など）。

ただし、何が偏っているか、何が偏っていないか、を判断することは困難である。したがって、「偏らない教材」を開発するためには、教師自身に政治的・宗教的な知識と判断力が求められる。そもそも、政治的・宗教的な知識がなければ、何が中立で「偏らない」内容であるかを判断できない。

したがって、「偏らない教材」の開発にあたっては、教師自身が常にさまざまな事象について研究し続ける姿勢を持つことが何より重要である。それは、政治的・宗教的な中立性に係る問題のみではなく、脳死、死刑制度、出生前診断、安楽死などの現代社会が直面している多様で複雑な課題についても同様である。多様な価値観の、時に対立がある場合を含めて、誠実にそれらの価値に向き合い、道徳としての問題を考え続ける姿勢は、生徒のみでなく、教師自身において切実に求められる基本的な資質である。

なお、「偏らない教材」についての捉え方は、教科書だけでなく副教材においても同様であるが、教科書検定基準に基づいて編集された教科書以上に副教材の開発にあたっては注意される必要がある（文部科学省初等中等教育局長通知「学校における補助教材の適切な取扱いについて」、平成27年3月4日）。

中学校「道徳科」の新展開

「道徳科」に関する評価の基本的な特徴

麗澤大学大学院准教授 富岡　栄

Q　一般的に評価というと，1，2，3のような数字等による評価が思い出されます。道徳の教科化により評価を行うことになりますが，その意義はどのようなことなのでしょうか。また，評価すべき内容や方法についてはどのように行えばよいのでしょうか。

A　(1)　評価の意義

　評価には二つの意義が考えられる。一つは教師にとっては指導目標や計画，指導方法の改善に役立てるために行うものであり，生徒にとっては学習した内容がどれだけ定着し，どれだけ成長しているかを確認して意欲向上につなげていくものである。

　このように評価には二つの意義が考えられるが，道徳における評価に関しては，生徒の道徳性について単に値踏みやラベリングするのではなく，生徒が自分自身の道徳的成長を確認でき自ら向上していこうとする意欲が持てるような評価にしていくことが重要である。なぜならば，教育は人格の完成を目指して行われる営みであり，この人格の基盤を成すものが道徳性だからである。教育の目的が人格の完成を目指している以上，道徳性の育成は不可欠であり確実に育んでいかなければならない。人としてよりよく生き，前向きな姿勢で未来への夢や希望を持った生徒の育成を願ったとき，その評価は，生徒を認め，勇気付け，それを内発的動機として生徒自身が自らの道徳的なよさを伸ばしていくものでありたい。

(2)　評価は授業における指導やねらいとの関わりで捉える

　これまでの学習指導要領解説編にも道徳の評価は求められていたが，実際はほとんど行われてこなかった実態がある。それだからこそ，道徳の教科化に伴い評価が必須事項になったとき，多くの教師が評価について関心を寄せることになった。だが，道徳科に限らず，評価は評価自体単独で存在するものではない。授業もせず評価だけを行うことは考えられず，評価は授業の質とも深く関わってくる。授業があっての評価であることを忘れてはならない。

　評価は，教師がねらいを達成していくために授業を構想し，それをもとに実際授業をしたうえで行うものである。つまり，評価は授業におけるねらいや指導との関わりで捉えなければいけない。すると，ねらいに関する根本的なことを明確に押さえておかなければならない。道徳科の目標は，「道徳的諸価値についての理解を基に，自己を見つめ，物事を広い視野から多面的・多角的に考え，人間としての生き方についての考えを深める学習を通して，道徳的な判断力，心情，実践意欲と態度を育てる」と示されている。このように，道徳科の根本的なねらいはこの目標を達成することにある。もちろん，個々の授業については具体的に設定されることになるが，道徳科の評価は，この道徳科の目標の達成に向け

行われる学習過程のなかで行うことになる。

(3) 具体的な評価方法

　道徳科の評価方法には道徳科のための特別な方法があるわけではないので，これまで用いてきた評価方法を生かしながら評価していくことになる。一般的に，次のような方法が考えられる。

①観察による方法

　観察による方法とは，あるがままの言動を観察し記録する方法である。生徒の様子を記録するためのファイルなどを作成し，一人ひとりの言動を観察し積み上げていくことが大切である。

②面接による方法

　面接による方法とは，生徒と面接を行うことで感じたことや考えたことを直接聞き取る方法である。向き合って面接を行うことで，表情からも読み取ることができるので，面接が深まっていくと内面まで理解することが可能となる。

③質問紙による方法

　質問紙による方法とは，事前に調査したい事柄に関する質問事項を準備しておき調査する方法である。この方法は，知りたい情報をピンポイントで調査することができる。一般的には選択肢のなかから，最も自分の考えに近いものを選ぶ方法や自由記述の方法がある。

④ノート，ワークシートによる方法

　ノート，ワークシートによる方法とは，ノートなどに記述された文章から評価する方法である。この評価方法は生徒が感じたことや考えたことを自由に記述させる方法であり，考えたことや感じたことが客観的に記述されるので内面的意識を理解しやすい。

⑤ポートフォリオ評価による方法

　ポートフォリオ評価とは，ノートや役割演技等を収録した映像，プレゼンなどの学習成果物をファイルし確認することを通して，学習で学んだことを理解し成長の様子を明らかにしていく評価方法である。

(4) 評価すべき内容とその方法

　学習指導要領には，「生徒の学習状況や道徳性に係る成長の様子を継続的に把握し，指導に生かすよう努める必要がある」とある。つまり，評価すべき内容は，学習状況や道徳性に係る成長の様子を見取り評価していくことになる。そして，中学校学習指導要領解説道徳編には「個々の内容項目ごとではなく，大くくりなまとまりを踏まえた評価とすることや，他の生徒との比較による評価ではなく，生徒がいかに成長したかを積極的に受け止めて認め，励ます個人内評価として記述式で行うことが求められている」と示されている。このことから，評価の方法については，次のことを前提とし評価していくことになる。

①大くくりなまとまりを踏まえる

　道徳科の一時間で深い学びがあったとしても，それで道徳性が育まれたと断定することは軽率である。また，道徳性が育まれたか否かを見取ることもむずかしい。よって，ある程度の長いスパンで見取っていくことになる。大くくりなまとまりとは，端的に言えば，

指導要録では、一年間行った道徳科全体を通して学習状況や道徳性に係る成長の様子を見取っていくことである。もちろん、通知表では各学期全体を通して見取っていくことになる。

②個人内評価

　道徳科の目標は、道徳性を育んでいくことである。道徳科の評価は、各教科のような到達目標があり、その目標に対してどれだけ達成できたかを評価していくことではない。たとえば、数学で一次方程式の知識や解法について理解できれば、目標を達成したことになるが、道徳科は異なる。道徳科の目標は方向目標であり、個々人が道徳性を育むために自分磨きを生涯努めていくことになる。他者と比較することではなく、これまでの自分と比べどれだけ成長したかを見取っていくことになる。

③数字等などの評価でなく記述式

　一般的に各教科の評価は、知識の定着度や技能の習熟度についての観点別評価や総括的な評定でおこなっている。だが、道徳科ではこのような評価方法は馴染まない。なぜなら、道徳科で育むべき道徳性は人格の基盤を成すものであり、人格を数字等により評定していくことは不適切だからである。よって、道徳科における評価は、数字等による評価ではなく記述式で行うことはごく当然なことだと言える。

④認め褒め励まし、勇気付ける評価

　人は、皆よりよく生きたいと願っている。道徳科で育むべき道徳性とは、人間としてよりよく生きようとする人格的特性であり、道徳科はこのよりよく生きたいという願いを育んでいくことになる。生徒が前向きによりよく生きていって欲しいと願ったとき、それを指導する教師は、生徒のよりよく生きたいという思いや願いを大切にし、生徒の良さを認め励まし、よりよく生きようとする肯定的な評価をしていくことが求められる。道徳科の評価は、よりよく生きたいという思いや願いに対して勇気付けていく役割を担っている。

中学校「道徳科」の新展開

学習状況や道徳性に係る成長の様子を指導に生かす

麗澤大学大学院准教授　富岡　栄

Q 指導と評価の一体化を図っていくことが大切だと言われています。では，学習状況や道徳性の成長に係る様子を把握したとしても，その後の道徳科の指導において評価したことをどのように生かしていけばよいのでしょうか。

A　(1) 道徳科の評価における観点と視点の相違

　これまで，各教科の評価は，「関心・意欲・態度」などの観点別評価と総括的な評定で行われてきた。したがって，評価に際して観点という文言は一般的に使用されてきたし，観点別評価も馴染み深い。もちろん，道徳科の評価においても**観点**という文言は使われている。だが，同時に**視点**という文言も使われている。道徳科の評価を行っていくうえで観点と**視点**との使い分けがなされているので，この点について留意したい。

　学習指導要領解説道徳編には，授業に対する評価の基本的な考え方として「明確な意図をもって指導の計画を立て，授業の中で予想される具体的な生徒の学習状況を想定し，授業の振り返りの**観点**を立てることが重要である」と述べられている。観点という文言が使われ，観点設定の重要性が示されている。一方，同書には，個人内評価として見取り，記述により表現することの基本的な考え方として「道徳的価値の理解を自分自身との関わりの中で深めているかどうかという点についても，（中略）自らの行動や考えを見なおしていることがうかがえる部分に着目したりする**視点**も考えられる。」と示されている。この文章では視点という文言が使われている。このことから，道徳科の評価に関しては観点と視点とを区別して使っていることが分かる。つまり，**観点**は教師側の立場から授業改善等を図っていくために設定された評価項目であり，**視点**は生徒の学習状況や道徳性に係る成長の様子を見取っていくために設定された評価項目である。

(2)　学習状況を把握し指導に生かす

　学習状況は，生徒が道徳科の授業のなかで見せる学習活動の様子である。当然のことながら，外見的に挙手や発言のように確認できる学習状況がある。また，道徳科は深く考えることを求められている学習であることから，沈思黙考している場合のように外見的に活発な様子が見られないとしても，これは，明らかに深く考えている学習状況と言える。好ましい学習状況の一例を示せば，以下のようなものが考えられる。

○他者の意見に耳を傾け自律的に思考するなかで発言を積極的に行っている。
○教材中の道徳的な問題に対して友だちと協働思考しながら深く考えている。
○判断の根拠や理由を明確に述べることができる等々。

　また，学習指導要領解説道徳編では，「学習活動において生徒が道徳的価値やそれらに関わる諸事象について他者の考え方や議論に触れ，自律的に思考する中で，一面的な見方から多面的・多角的な見方へと展開しているか，道徳的価値の理解を自分自身との関わり

の中で深めているかといった点を重視することが重要である」と述べられている。すると，
○一面的な見方から多面的・多角的な見方ができるようになっている。
○道徳的価値を自分自身との関わりで捉え深めている。

　これらのことも学習状況の評価の視点として考えられる。ただ，多面的・多角的な見方ができるようになることや道徳的価値を自分の事として捉え深めていこうとすることは，道徳性に係る成長の様子とも捉えることができよう。

　では，以上のような好ましい学習状況はどのような指導により生ずるのだろうか。一般的に，道徳は学級経営が大切である，ということが言われている。生徒が考えたことを安心して言えるのは，教師と生徒，生徒相互の温かい人間関係が醸成されていることが前提条件であることは言うまでもない。そのうえで，座席や板書，教材提示等の工夫が考えられるが，何と言っても，生徒が真剣に考え活発に議論するために最も重要なのは発問であると思われる。教師の問いが決まりきったことを言わせるような限定的な問いであったり，興味・関心から外れたような問いであったりしては思考が深まらない。深まりのある，外見的にも生徒がしっかり考える授業にしていくためには発問が重要であり，以下のような発問にしていくよう心掛けるべきである。
○生徒が興味を示し考えたくなる，あるいは，考えざるを得ない問い。
○友だちの意見や考えを聞きたくなる問い。
○自分自身のこれまでの言動を振り返り自問したくなる問い。
○自分の生き方，人間としての生き方について深く考えられる問い。

(3) 道徳性に係る成長の様子を把握し指導に生かす

　留意しなければならないことは，道徳性そのものを評価しようとすることではない。あくまでも，道徳性に係る成長の様子を把握し評価することである。

　道徳性とは，「人間としてよりよく生きようとする人格的特性」「道徳的判断力，道徳的心情，道徳的実践意欲と態度を諸様相とする内面的資質」「道徳的行為を可能にする内面的な資質・能力」等と捉えられている。したがって，その成長の様子を把握していくためには，以下のような視点から見取っていくことが考えられる。
○道徳科の授業で学んだことをこれからの生活のなかで生かそうとしている。
○道徳的価値について多面的・多角的に考え，自分の言動を省察している。
○道徳的価値に照らして自分を見つめよりよく生きようとする姿勢がみられる。

　では，このような道徳性に係る成長の様子が見られた場合，どのように指導に生かしていったらよいかについて，筆者の実践例をもとに紹介する。筆者は，以前から終末に「今日の道徳で学んだことを書いてください。」と問い，記述文を生徒に書かせていた。生徒が書いた記述文を，ルーブリック（自作の評価基準）を基に評価していけば，授業改善の観点が明らかになるのではないかと考えた。道徳科の目標である道徳性の育成とは，ねらいとする道徳的価値を自分自身の事として捉え，実践への意欲化を図っていくことである。このように，道徳的価値を自分自身の事として捉え，実践していこうとする意欲を記述していたすべての生徒に対して個別に次のような質問をした。「○○さんは，自分の書いた文章のなかで単に道徳的価値を理解するだけでなく，道徳的価値を自分自身のこととして受け止め，日常生活のなかで実践していこうと書いています。このように，実践しようと

いう意欲まで高まったのはどうしてですか？」と。すると，その理由を即答する生徒もいたが，大半の生徒は考え込んでしまった。このような場合は，後日改めて聞くことを約束したうえで再度確認を行った。このことを授業ごとに繰り返し行い，得られた回答をカテゴリー化した。その結果，回答は4つに大別することができた。

① 授業で扱っている道徳的価値についての先行体験をしており，その道徳的価値について今まで考えたり感じたりしている。
② 親や先生（特に学級担任）が，その道徳的価値の大切さを常日頃から説いている。
③ 授業中の友だちの発言が参考になり，その考えに納得し自分の中に取り入れることができた。
④ 教材自体が感動的で深く考えさせる内容であった。

　これらのことを授業のなかで工夫し実践していけば，より望ましい学習状況が実現できるし，生徒の道徳性の成長が図られるであろう。

中学校「道徳科」の新展開

数値などによらない個人内評価の工夫

麗澤大学大学院准教授　富岡　栄

Q　各教科においては，一般的に単元が終了した時や定期的に実施するテストなどにより，達成度を確認し評価しています。では，道徳科は数値ではないうえに個人内評価を行うのですから，どのような工夫をしていけばよいのでしょうか。

A　(1) 自己評価を生かす

　学習指導要領解説道徳編には，「生徒が行う自己評価や相互評価について，これら自体は生徒の学習活動であり，教師が行う評価活動ではないが，生徒が自身のよい点や可能性に気付くことを通じ，主体的に学ぶ意欲を高めることなど，学習の在り方を改善していくことに役立つものであり，これらを効果的に活用し学習指導を深めていくことも重要である」と述べられている。確かに，生徒による自己評価や相互評価は教師による評価ではないので，それをそのまま指導要録や通知表に記入すべきではない。だが，自己評価を取り入れていくことは，生徒の主体的な学習を促すきっかけとなり得るものである。そして，自己評価は，外見的な言動については第三者でも観察等により知り得ることができるが内面的なことは把握しにくい部分もあるので，内面を把握していくには有効な方法と言える。自分自身を一番知っているのは本人である。生徒一人ひとりの道徳的な成長を見取り，個人内評価をおこなっていくうえで，自己評価の活用は有効である。

　それでは，具体的な自己評価の活用例を以下に紹介する。一時間の道徳科における学習状況に関して自己評価を行う場合は次のような例が考えられる。授業の終末に「話し合いに積極的に参加し，挙手や発言をしていたか」「友だちの意見に耳を傾けていたか」「教材中の道徳的な問題に対して深く考えることができたか」などを質問紙法の形でアンケートを行えばよい。また，道徳性に係る成長の様子を確認していくためには，同様に「道徳科の授業で学んだことを自分との関わりで捉え，これからの生活のなかで生かそうと思ったか」「道徳的な問題について多面的・多角的に考えられ，自分の見方や考え方が広がったり深めたりすることはできたか」「授業で学んだ道徳的価値に対して，これまでの自分の言動を見つめ直すことができたか」などを問うてみる。これらのアンケートを積み重ねることで個々の道徳的な成長を見取ることができる。

　上述のアンケート項目は道徳科の授業における学習のポイントでもある。これらを学期の初めに生徒に公表しておいて，学期末に自己評価を行うことも考えられる。たとえば，生徒に対して「道徳科の授業では，自分の考えを持ち表明すること，授業における道徳的な問題や道徳的価値を自分自身の事として捉えること，などが大切です」と評価の視点を年度初めに示しておく。そして，これらの項目に関して，学期末に尺度法などを用いたアンケートを実施する。このことで生徒一人ひとりの学習状況や道徳的な成長を把握することが可能となる。

(2) 相互評価を生かす

　自分自身の考えや心の変化を一番把握しているのは自分であるから，評価を行っていく際に自己評価を活用することは有効な方法である。だが，自己評価は欲求水準が高すぎると過小評価になったり自分に甘い評価だと過大評価になったりし，適正な評価になり得ないこともある。たとえば，自分では当たり前で何気ない行為だと思っていたことが他者から見れば立派な行為で高い評価を受けるようなこともあるであろうし，他者の見方や考え方に触れることで，自分の考えの偏狭さに気がつくことがあるかもしれない。このように相互の関わりのなかで，より適正な評価が可能になってくる。よって，評価する際は，自己評価も活用しつつ他者の視点からの相互評価も取り入れたい。

　相互評価の具体例としては，グループ活動で，お互いの意見に対してコメントを述べたり書いたりすることが考えられる。あるいは，学期の終わりなどに，道徳科の授業において心に残る発言をした人やその内容などについて取り上げる方法もある。

(3) 評価において重視すべき視点

　学習指導要領解説道徳編には，「評価に当たっては，特に，学習活動において生徒が道徳的価値やそれらに関わる諸事象について他者の考え方や議論に触れ，自律的に思考する中で，一面的な見方から多面的・多角的な見方へと発展しているか，道徳的価値の理解を自分自身との関わりの中で深めているかといった点を重視することが重要である」と述べられている。このことから評価においては，一面的な見方から多面的・多角的な見方へと発展しているかと道徳的価値の理解を自分自身との関わりのなかで深めているかについて重きが置かれていることが分かる。そこで，この二点について評価していく際の視点について考えてみたい。

　生徒が一面的な見方から多面的・多角的な見方へと発展させているか，という点については次のような視点から見取っていけばよい。道徳的な問題に対する判断の根拠やその時の心情を様々な視点から捉え考えようとしていること，自分と違う意見や立場を理解しようとしていること，複数の道徳的価値の対立が生じる場面において取り得る行動をあらゆる立場や角度から考えようとしていること，これらの姿がみられる場合は，多面的・多角的な見方へと発展していると言えよう。また，道徳的価値の理解を自分自身との関わりのなかで深めているかどうか，という点については次のような視点で見取っていけばよい。教材中の登場人物を自分に置き換えて考えたり自らの生活や考えを見直したりしていること，道徳的価値の理解をさらに深めていること，道徳的価値を実現することの難しさを自分事として捉え考えようとしていること，このような姿が見られる場合は，道徳的価値の理解を自分自身との関わりのなかで深めていると言えよう。以上のような視点で，生徒の発言内容，感想文や質問紙の記述等から見取り，累積していくことで個人内の道徳的成長を見取ることができる。

(4) 個々の生徒の実態に配慮した評価

　道徳科の評価は，授業中に見せる様子や発言内容，ノートやワークシートの記述文など

から評価していくことになる。このような方法で評価していくことになるが，自分の思いや考えを上手く表明できなかったり文章に表すことが苦手であったり，他者の気持ちを推し量ることに困難さを感じていたりする生徒には，一律の方法で評価を行うことは適切ではない。このような生徒には，その生徒の実態に応じた配慮が必要になってくる。たとえば，発言があまりない生徒は，外見的に表出する言葉が少なく評価が難しくなることが考えられるので，このような場合は，教師の話や他の生徒の話に聞き入り考えを深めようとしている姿に着目するなど，発言や記述ではない形で表出する生徒の姿に着目するよう心掛けたい。あるいは，授業後に面接や会話により道徳的学びを確認する方法もある。また，相手の気持ちを想像することが苦手であったり字義通りの解釈をしてしまったりするような生徒には，他者の心情を理解するために役割演技で役割交代などの工夫が考えられる。このことにより，少しでも相手の気持ちが分かったとすれば大きな進歩であり，その生徒にとっては道徳的な成長が見られたことになる。このように，生徒の実態に応じた配慮をすることで一人ひとり評価していくことが大切である。また，グローバル化に伴い帰国子女や外国人，国際結婚で外国につながる生徒が増加しており，これらの生徒は異なる言語や文化的背景を持っていることから，それぞれの置かれた状況を把握したうえで評価していくことも重要である。

「道徳科」の評価文例

1. 指導要録と通知表の性格の違いと「道徳科」

2. 指導要録の評価文例

3. 通知表の評価文例

■「道徳科」の評価文例■
指導要録と通知表の性格の違いと「道徳科」

麗澤大学大学院准教授　**富岡　栄**

(1) 指導要録と通知表について

　指導要録は，学校教育法施行規則にその作成の義務が明記されており，法的な拘束力をもった表簿である。その記載内容については生徒の学籍並びに指導の過程及び結果の要約を記録し，その後の指導や外部に対する証明等に役立たせるためのものである。もちろん，指導要録に記載すべき内容は定められているが，様式については各教育委員会が決めることになっている。だが，文科省が示した参考様式に準じている場合がほとんどである。これまでの指導要録には，道徳の時間の記載欄は存在しなかったが，これからは，「特別の教科　道徳」の欄が設けられ，そこに学習状況及び道徳性に係る成長の様子を記述していくことになる。

　これに対して，通知表は法定表簿である指導要録とは異なり，その作成自体も含めどのような内容を記載するのかも学校（校長）に任せられている。一般的には，各教科の成績や生活の記録などが記載され，学期ごとに生徒を通じて保護者に渡される。通知表の目的は，保護者に対しては生徒が学習面や生活面で努力したり成長したりしたことを伝えることである。そして，生徒に対しては，学習の成果を伝え，今後の励みとなるようにしていくことである。

(2) 指導要録と通知表の記述の違い

　指導要録の「特別の教科　道徳」の欄には，一年間の道徳科での学びを見取り，年度末に学習状況とともに道徳性に係る成長の様子を記述していくことになる。記述の分量については，指導要録の様式が教育委員会により異なるので記述の文字数も当然異なってくるわけだが，各教育委員会が指導要録を作成する際の拠り所とする文科省の示した指導要録の参考様式の「特別の教科　道徳」の欄はさほど広くないように感じる。参考様式では字の大きさにも左右されるが，100文字程度の記述欄と思われる。

　記述すべき内容や方法については，学習状況や道徳性に係る成長の様子を記述することになる。学習状況は，生徒が道徳科の学習で見せる様子であり，外見から判断できることだけでなく，内面的な思考も含めて把握していくことが大切である。そして，方法については大くくりなまとまりを踏まえた個人内評価とし，生徒の道徳的な成長を褒め励まし勇気付けるような記述式で行う。大くくりなまとまりを踏まえるということは，個々の内容項目や一時間の道徳科に焦点をあてるということではなく，ある程度の長期的なスパンで捉えていくということである。

　では，通知表についてはどのように記述していけばよいのだろうか。通知表については，前述のとおり，学校に任せられていることから，学校の創意工夫が大切である。通知表の性格上，学校での学習の様子を保護者に伝えていく必要がある。そのため，分かりやすく

具体的に伝えることが期待される。指導要録に記載する評価文は，一年間の道徳科の学習を全体的に捉えていくので，どうしても抽象性を帯びやすくなってくる。もし，抽象性の高い評価文を通知表に記載し伝えたとしたら，保護者が我が子の道徳科の学びについて把握しにくいという危惧が生じてくる。つまり，保護者には，抽象性の高い文章では道徳科でどのような学習をしているのか具体的に伝わらないということである。通知表の役割が保護者への連絡簿であることや道徳が教科化になり保護者の関心も高いことから，保護者としても道徳科でどのような学びをしているのか知りたいだろうし，学校としても分かりやすく実態を伝えたいところである。もし，仮に抽象的な評価文を保護者が受け取ったとしたら，「これでは道徳科の学習の様子が分からない。先生は子どものことをしっかり見てくれているのだろうか？」という疑念を持たれかねない。これでは，通知表が保護者との信頼関係を築く役割を担っているにもかかわらず，かえって，逆効果になってしまう可能性がある。通知表では，学びの様子がよく分かるように工夫していくべきであろう。

　道徳教育に係る評価等の在り方に関する専門家会議の『「特別の教科 道徳」の指導方法・評価等について（報告）』において「道徳科については，指導要録上，一人一人の児童生徒の学習状況や道徳性に係る成長の様子について，特に顕著と認められる具体的な状況を記述する，といった改善を図ることが妥当であると考えられる」と述べられており，この考え方は，通知表にも反映していくべきだと考える。そこで，通知表に任意性があることやより具体的に分かりやすく伝わるようにするために，生徒の学びが深かった学習の具体例をあげるなどして記述していくことが大切であろう。指導要録では，おおくくりなまとまりを踏まえた評価を行っていくが，保護者向けの通知表に関しては，保護者との信頼形成という視点からも学校が創意工夫を凝らし，とくに学びの深かった道徳科について具体性をもって伝えていく必要があると考える。

(3) 道徳科について評価する

　これまで，指導要録には**「行動の記録」**の欄があり，学校生活全般の様子から判断して評価してきた。それらの項目には「自主・自立」「責任感」「思いやり・協力」のような道徳的価値そのものが含まれているが，これはあくまでも，生徒の学校生活全体を観察して評価していくものである。よって，ある意味では道徳の評価をこれまでも行ってきた。あるいは，総合所見欄にも学校生活のなかで道徳的な行為が表出した具体的な事例などをあげながら称賛してきたはずである。このように，道徳科の教科化により評価が注目を集めることになったが，これまでも生徒の道徳的なよさを認め，励まし，道徳的な成長を願い評価を行ってきた。この姿勢を大切にして，道徳科において，その学習の様子や道徳性に係る成長の様子を見取り評価していけばよいのである。

■「道徳科」の評価文例■
指導要録の評価文例

麗澤大学大学院准教授　富岡　栄

中学校1年評価文例

◎教材中に含まれている道徳的な問題に対して自分のこととして捉え，生活体験とも重ね合わせながら考える姿が見られた。このように道徳的価値を自分事として捉える学習を重ねていくことで，よりよく生きたいという思いが強まっている。

◎友だちの発言に対して相槌を打ったりうなずいたりしながら傾聴していた。友だちから学ぼうとする姿勢が見て取れる。友だちの意見を参考にし，自分の考え方に取り入れてより高い価値観を志向していこうとする姿がみられた。

◎活発に挙手をして発言する場面はあまり見られなかったが，友だちの発言に聞き入る態度や記述文の内容から深く考えていることが分かる。道徳科で学んだ道徳的価値を自分自身に照らし合わせて考え，その価値を実践していこうとする意欲が見られる。

◎どの教材でも，主人公に自分を置き換えて考えることができた。いろいろな見方や考え方で物事が捉えられるようになってきた。多面的・多角的に考える力が育まれている。授業で考えたこと学んだことを，これからの生活のなかに生かそうとしている。

◎グループや学級での話し合い活動では考えをしっかりと表明している。主人公の判断の是非を，いろいろな視点から考察し根拠や理由を明確にして述べていた。自律的に思考するなかで多面的・多角的に考えられるようになってきている。

◎自分の考えや意見を的確に伝えることができるとともに，友だちの意見にもしっかりと耳を傾けていた。相手を尊重する態度がうかがえる。授業で学んだ道徳的価値を自分なりに咀嚼し意味づけして，これからの自分の生活に生かそうとしている。

◎自分にはない考え方や感じ方に出会えるので，友だちの意見が聞ける道徳科の時間を楽しみにしている。道徳科で学ぶ価値はどの価値も大切だと分かっているけれど，実現することの難しさも感じている。よりよく生きていくためには価値実現が必要であることを理解し，道徳的価値を生活のなかで実践していこうとする意識が高まっている。

◎道徳科の授業に新鮮な気持ちで取り組んでいた。道徳科で取り上げる道徳的価値について，その大切さが理解でき実践しようとする意欲が高まっている。道徳科は，人間として生きていくうえで多くのことが学べる大切な時間と捉えていた。

◎道徳科のテーマについて，多面的・多角的に考えている。なかなか気がつかないような視点からの発言があり，級友もその意見を参考にしていた。自律的に思考し，道徳的価値について深く考えている。

◎学級やグループでの話し合い活動では意見交換を活発に行っていた。教材中の道徳的な問題に対して「自分だったらどうするか」について考え，自分との関わりで語る姿がみられた。主人公と自分を比較しながら，自分の生き方について考えている。

◎教材中の主人公に自分自身を置き換え，考えようとしている。実際の生活のなかに道徳科での教材と同様な場面を見出し，道徳科で学習した内容を生かそうとしていた。人と

して，よりよく生きたいと願っている。
◎毎時間話し合われる道徳的な問題に対し，友だちの意見を参考にしながら自分なりの考えを持つことができた。道徳科は友だちと学ぶ大切な時間だと考えており，ここでの学びをこれからの生活のなかで大切にし，生かしていこうとする気持ちが高まっている。
◎年度初めは，発言の回数やノートに自分の考えを書く分量も少なかったが，一年間の道徳科の授業を重ねることにより発言回数や記述量が増えてきた。道徳的価値の大切さを理解し，その価値を実践していこうとする意欲が高まってきている。
◎道徳科の時間は考えの及ばないような意見やいろいろな視点からの考えが表明されるので，道徳科の時間を楽しみにしていた。クラスメートの意見も参考にしながら，自分の考えを再構成し生活のなかに生かしている。
◎毎時間，主人公になりきって自分だったらどうするのか，どのように判断するのかについて考えていた。自分のこととして捉えているので考えが深い。道徳科で学んだことをこれからの自分の生き方にどのように生かしていったらよいかについて考えている。
◎授業に積極的に関わっている。回を重ねることにより，道徳科の主題に対して自分の考えを持つことの良さや素晴らしさを感じるようになってきた。このことは，よりよい生き方の基盤となることである。また，本人も自分自身が成長していると感じている。
◎道徳的な問題に対して，これまで一面的な見方の傾向があったが，学級やグループでの話し合い活動を通じて自分と異なる見方や考え方に触れることができ，これらを受け入れることで，多面的・多角的に考えられるようになってきた。
◎授業に主体的に関わり挙手や発言を積極的に行っていた。教材中の道徳的な問題に対して自分のこととして捉え考えていた。根拠や理由を明確にして自分の考えを述べていた。道徳科の授業を通して考察する力が身につき，道徳的な問題や道徳的価値について深く考えられるようになってきている。
◎一年間の道徳科の学習を通して，自分と異なる意見や考え方を尊重するようになってきた。相手の立場や気持ちが理解できるようになってきていることがわかる。道徳科の学習を楽しみにしており，そこで学んだことをこれからの生活に生かしていこうとしている。

中学校 2 年評価文例

◎自分と異なる感じ方や考え方を謙虚に受け止めようとしている姿勢がみられる。これらの意見や考え方に触れたことで新たな価値観に気づくことができた。そして，この価値観に照らしこれまでの自分を振り返っていた。新たに得た知見や価値観を生活のなかに生かしていこうとする意欲がみられる。
◎授業に関する記述文には，教材中に含まれている道徳的な問題に対して，登場人物のそれぞれの立場を理解したうえで心情を推し量ったり，倫理的な側面から考察したりしている文章がみられる。このことから，道徳的価値について深く考えていることが分かる。
◎友だちの考え方や感じ方に触れ，多面的・多角的に考えることにより，ねらいとする道徳的価値の理解を深めることができた。さらに，これらの道徳的価値を自分自身のこととして受け止め，発展させ，自分の生活のなかに生かそうとしている。
◎自分では思いつかない見方や考え方に接することができる道徳科を楽しみにしている。

他者から学ぼうとする姿勢がみられる。自分では考えつかなかった見方や考え方を参考にして，自分の価値観を再構成することができた。
◎自分を登場人物に投影したうえで道徳的な問題について考えていた。道徳的価値は大切だと分かっているが，人間の心の弱さから実現することのむずかしさも認識している。その人間の心の弱さを乗り越えて価値を実現していこうとする意欲が感じられる。
◎グループでの話し合いでは，中心となり友だちと議論を交わしていた。道徳的価値が対立するような場面では，それぞれの立場に立って考察していた。多面的・多角的に考察する力が育っている。
◎年度当初は授業の学びについての文章が一行程度であったものが，一年間の学習を通して友だちの意見などを参考にしながら考えることで，自分の意見が持てるようになり記述量が増えた。道徳的な問題について考えが深められるようになってきている。
◎教材中に含まれている答えが一つではない道徳的な問題に対して真摯に向き合い，深く考え，自分なりの納得解や最善解を表明することができた。このことが，学級全体での道徳的価値追及の深化に役立っている。また，道徳科での学びをこれからの生活に生かそうとしている姿が見られた。
◎道徳科を毎時間楽しみにしており，挙手や発言も意欲的に行っていた。とくに，役割演技を取り入れた学習ではその役になり切って自分の気持ちを吐露していた。役割演技を行うことで共感的な理解が高まり，他者の気持ちが理解できるようになってきている。道徳的な成長がみられる。
◎道徳科で扱うテーマについて年度当初は客観的に価値を分析するのみであったが，しだいにその価値を自分のこととしてしっかりと受け止め考えることができるようになってきた。その学んだ価値を生活に生かし実践化しようとする意欲がみられる。
◎積極的に挙手や発言を行っていた。発言のなかには友だちから称賛される発言もあった。このようなことからも学習への意欲が喚起され，さらに意欲的に取り組んでいた。道徳科で学んだことをこれからの生活のなかに生かそうとしている。
◎道徳科で考えるテーマについては，あまり身近でなかったものでも，自分のこととして捉えて真剣に考えていた。いろいろな道徳的価値について触れて考えることにより，さまざまな視点から考察する資質・能力が育まれている。
◎道徳科は，人間の生き方について考える学習であり，大切な時間だと受け止めていた。道徳的価値に照らして，これまでの自分はどうであったのかを振り返っていた。人間としてよりよく生きることを願っており，これからの新しい自分の姿を模索している。
◎授業中の発言は控えめであるが，友だちの意見を傾聴する態度や教師への視線から深く考えていることが分かる。登場人物に自分を置き換えて考え，授業で学んだことや新たに考えたことを自分の生活場面で実践していこうとしている。
◎教材中の道徳的な問題で主人公が悩む場面では，主人公になりきって考えていた。主人公に共感しつつも，もし，自分がその立場だったらどうするべきなのかについて思いを巡らせていた。これまであまり考えてこなかった自分自身の生き方について，よりよい生き方とはどのような生き方なのかを真剣に考えるようになってきている。
◎教材中の道徳的な問題に対して，自分の取るべき行動を明確な根拠を示したうえで発言

していた。また，その問題に対して別の角度から検討するなど，いろいろな視点から熟考していた。多面的・多角的に考察する力がついてきている。
◎級友の意見や考えを聞くことで新たな視点に気づき，多様な価値観に触れるなかで，見方や考え方が広がった。自分と異なる考えや感じ方を理解し受容しようとしている。道徳科で学んだ道徳的価値を大切にして，これからの生活のなかで生かそうとしている。
◎道徳科で取り上げる道徳的価値について体験と関連させて考えていた。小集団での話し合いでは自分と友だちの考えを比較しながら他者の発言を聞いていた。道徳科の授業を重ねるなかで，道徳的価値の大切さを理解し価値を実現させていこうとする意欲が高まっている。
◎一年間の道徳科の時間のすべてにおいて，授業に主体的に関わり道徳的な問題について深く考え積極的に発言していた。道徳科から多くのことを学び，それを生活のなかに生かし，実際によりよい行動へつなぐことができた。
◎道徳的な問題に対して友だちと積極的に意見交流をしていた。友だちの考え方に触れることで，新しい見方や考え方に触れることができた。これからの生活のなかで自分の大切にしていきたいことを見出そうとしている。
◎一年間の道徳科の学習に主体的に関わり，道徳的な問題に対して深く考えることができた。その問題を自分との関わりで捉え，自らを振り返り自分を深くみつめていた。よりよい自分やよりよい生き方を思い描き，実践していこうとする意欲が高まっている。

中学校3年評価文例

◎教材中の道徳的な問題に対して，異なる意見と対立するときもあるが，それらを受容しつつ，自分の判断の根拠や理由を明確にしたうえで述べていた。この発言は説得力があり学級での話し合いの深化に役立っている。人間としてのよりよい生き方について考えている姿がみられた。
◎年度始めの頃は挙手をして発言する場面はあまり見られなかったが，授業を重ねていくなかで発言することが増えてきた。道徳的な問題について意見交換をすることを通して，道徳的価値の大切さと価値実現の重要性や必要性を感じていた。
◎道徳的価値について改めて再考することで，その価値の大切さを理解することができた。道徳的価値は，実現していくことのむずかしさはあるが，社会のなかで他者と共によりよく生きていくためには必要不可欠なものであることを理解している。それだけに，道徳的価値の実現の必要性を感じており，自らも実現に向けての意欲が高まっている。
◎毎時間「自分だったらどう判断するだろう？どのように考えるだろう？」と自問自答していた。道徳科の授業を通して，新たになった自分の思いをこれからの生活に生かしていこうとしている。
◎学級やグループでの話し合い活動では，自分の意見を積極的に述べ，意欲的に取り組んでいた。道徳的な問題に対して自分が取り得る行動について根拠を明確にして述べていた。道徳科で学んだことから人間としての望ましい姿をイメージしていた。
◎教材中の主人公に自分を重ね合わせ，主人公の置かれた状況や立場を理解して自分の考えを述べていた。深い思考のもとに発せられた発言はクラスメートの参考になることが多かった。道徳的な問題に対して多面的・多角的に考えられている。

◎主題に対して，友だちの意見や考え方を聞いたうえで，自分のなかで整理し再考していた。このことにより，新たな知見や考えを持つことができた。この新たな知見や考え方をこれからの生活のなかに生かしていこうとしている。

◎学級やグループでの話し合いでは，積極的に挙手をして自分の考えを述べていた。答えが一つではない道徳的な問題に対して，多面的・多角的に検討し，じっくりと考えたうえで自分なりの最適解や納得解を導き出していた。

◎友だちの発言にうなずきながらしっかりと聞いていた。友だちの考えに触れることで見方や考え方が広がり，道徳的な価値について深く考えることができるようになってきた。自己を見つめ，これからの自分の生き方について考えることができるようになってきている。

◎道徳科の学習では，友だちとの話し合いを通して自分と異なった見方や考え方に出会い受容するなかで，道徳的な問題について深く考えることができた。人間は，心の弱さから道徳的価値を具現化することが困難なときもあるが，それを乗り越えていく人間の強さもあることを自覚している。気高い生き方をしていきたいという願いが高まっている。

◎自分と異なる友だちの意見や考えに真摯に向き合い，しっかりと聞いていた。自分とは異なる見方や考え方に触れ，物事を多面的・多角的にみるよさや大切さを知ることができた。異なる考えや意見を理解し参考にすることで，見方・考え方を広げることができた。

◎教材中の解決すべき問題について，自分の経験を重ね合わせ，自分自身のこととして受け止めて考えていた。道徳科の授業を通して自分自身の生き方を見つめ，よりよい自分を思い描き，少しでもそれに近づけようと努力している様子が見られた。

◎話し合い活動を通じて，道徳的価値について深く考えられるようになってきた。道徳的価値は実現すべきだと分かっているが，それがむずかしいことも常に実践できない自分がいることも認識している。しかし，それを乗り越え，価値を実現していかなければならないことを強く感じている。道徳科の授業を通して人として何が大切かを学んでいる。

◎学級やグループでの話し合い活動では，友だちの意見を受容しつつ自分の考えを明確に述べていた。自分の体験を通して語る姿から，道徳的価値を自分との関わりで捉え考えていることが分かる。道徳科で学んだ価値の大切さを理解し，それを自分の生活のなかに役立てていこうとしている。

◎話し合い活動では挙手や発言を積極的に行っていた。道徳的な問題について考えることを通して，自分のよさと同時に課題についても考えることができた。深く自分を見つめ，客観的に自分自身を分析し理解している。自分自身を道徳的に高めようとしている。

◎道徳的な問題について議論する場面では，友だちの意見を傾聴したうえで，自分の考えについての判断の根拠や理由を明確にしながら述べていた。自律的に思考し，道徳的価値について深く考えるようになってきている。道徳科で学んだことを，これからの生活のなかで生かしよりよく生きたいと願っている。

◎道徳的価値に照らして自分のこれまでの言動を見つめ直していた。このことで，自分の道徳的なよさや改善を図っていかなければならないことを知ることができた。自分自身を知り，さらに道徳的なよさを伸ばしていこうとする姿勢がみられる。

◎教材中に含まれている答えが一つではない道徳的な問題を考えることで,物事に対して多面的・多角的に考える力が身についてきた。そして,何より,学んだ道徳的価値の大切さを理解し,その価値を自分との関わりで捉え,よりよく生きていきたいという思いが強まっている。

◎一年間の学習を通して,道徳的な問題に対して自分のこととして切実感を持って捉え,いろいろな視点から考察し,時には激しい議論を交わしてきた。道徳科の学習では,人間として生きていくうえで大切にすべきことやよりよい生き方について学ぶことができた。

◎これまで授業に主体的に取り組んできた。道徳科は,自分磨きをする時間と捉えている。道徳科の学習を通して,道徳的価値について考究し,人間としての生き方について考えてきた。このことにより,これからの自分の生き方指針を見出すことができた。

■「道徳科」の評価文例■
通知表の評価文例

麗澤大学大学院准教授　富岡　栄

中学校1年評価文例

◎グループの話し合いでは，自分の意見を言う前に，まず，相手の意見を聞こうとする姿が見られました。他者を受容する態度が立派です。友情を扱った授業では，日常生活での自分の体験と重ね合わせて友情のあり方について考えていました。友情に対する見方や考え方が深まりました。

◎挙手や発言を積極的に行っています。学級やグループ活動で友だちと意見交換をすることで，いろいろな価値観に触れることができました。「思いやり，感謝」について考える学習では，本当の思いやりについて深く考えていました。思いやりとは，一方的なものではなく相手の立場に立って考えることが必要なのだということを発表してくれました。

◎友だちが意見を述べているときは傾聴し，自分が話す場面ではしっかりと考えを伝えていました。教材中の道徳的な問題に対して，友だちの意見も参考にし，いろいろな視点から考察することができました。家族愛について考える学習では，家族への感謝の気持ちを深めることができました。家族のために自分でできることはする，とノートに綴っていました。

◎道徳科におけるねらいとする道徳的価値を追求していく場面では積極的に話し合いに参加していました。野球部に所属していることもあり，プロ野球選手が取り上げられている教材が印象に残ったようです。プロ野球に進むような人でも挫折や苦悩があることを知り，粘り強くやり抜くことの大切さや尊さを感じることができました。

◎話し合い活動では，自分の考えを発言するなど，積極的に授業に参加していました。いじめの話が扱われた授業では，被害者，加害者，観衆，傍観者の立場に立っていじめについて考えました。いじめの理不尽さについて改めて考えることができ，いじめをなくすように努力したいと表明してくれました。

◎グループの話し合いでは，自分の考えと比較しながら他者の意見にも耳を傾けていました。教材「裏庭の出来事」を扱った授業では正義と友情のはざまで葛藤する主人公の姿を通して，何が正しくて何が正しくないのかについて考えることができました。自分の行為に責任を持つことの大切さを感じ，誠実に対処していこうとする意欲が高まりました。

◎友だちが意見を発言するとき聞く態度がとても素晴らしいです。相手をしっかり見て，うなずきながら聞いています。このことから他者を尊重する姿勢がうかがえます。「自然愛護」に関する学習が印象深く，自然がつくり出す美しさや不思議さに感動していました。自然を守るために自分ができることから行っていきたいとノートに書いていました。

◎年間を通して授業に積極的に参加していました。命について考える授業では，自分の命

はかけがえのないものであることや両親や祖父母等のつながりのなかで現在の自分の命があることを感じることができました。つながり続ける命を大切にしていこうとする意欲が高まりました。
- ◎教材「自然教室での出来事」を扱った授業での学びが深かったと話しています。主人公が自分の不摂生で目的を達成できなかったことから，自分自身の生活のリズムを見つめ直していました。この学習から，これまでの自分の生活は不規則であったと感じたようです。規則正しい生活習慣への意欲が高まりました。
- ◎授業で学んだ道徳的価値を，自分の生活のなかで実現させていこうとする意欲が見られます。教材中の主人公の個性を生かした生き方に触れ，自分の個性について考えることができました。これまで，自分には長所などはないと思っていたようですが，自分を見つめ直すことで自分のよさに気づくことができました。その長所を生活のなかで生かしていこうとする意欲が高まっています。
- ◎「勤労」について考える学習では，当初働くことの意義はお金を得て生活していくことと考えていましたが，話し合いを通じ多面的・多角的に考えるなかで，働くことはお金を得るだけでなく自分の個性を生かすこと，それがひいては生きがいにつながることを理解しました。この学習を通して，働くことへの意識が高まりました。
- ◎地域のお祭りを扱った教材で話し合いをしました。この地域教材の学習で，お祭りの運営に携わっている人たちの地域への思いの強さを知ることができました。そして，地域の人々が相互連携を大切にしていることが分かりました。これまで，あまり考えてこなかった地域や郷土を大切にしていきたいという気持ちが育っています。
- ◎真理の探究について考える学習では，疑問に思ったことを探究していくことや未知のものを明らかにしようとする意欲，そして，新たなものを創造していこうとする態度の大切さに気づくことができました。この考えは自分たちの日々の生活にも生かしていけるのではないかと発言してくれました。
- ◎道徳的価値に照らして自分自身を見つめ，よりよい自分を目指していこうとする意欲が感じられます。一年間の学習を通して道徳的に成長したと思います。礼儀について考える学習では，時と場所に応じて適切に行っていくことは大切だけれど，礼儀の根本には相手に対する敬意が必要だとノートに書いていました。これまでの自分の礼儀の在り方について考えるよい機会となりました。
- ◎一年間の道徳科の学習が大いに役立ったとノートに書いています。「遵法精神，公徳心」の学習では，これまで法や規則というものは窮屈で制限を強いるものと捉えていましたが，個人の自由や安全を保障するものであるとの捉え直しをすることができました。このことで，学校の決まりを守っていこうとする意欲が高まりました。

中学校2年評価文例

- ◎友だちの意見をしっかりと聞いていました。その意見を参考にして自分の考えをさらに深めることができました。自由について考える学習では，自分の判断で自由に決断したことについては責任をとる必要性があることを理解しました。自主的に考え，結果を予測し，誠実に実行しようとする意識が高まっています。
- ◎教材に含まれる道徳的価値について，毎時間，自分のこととして捉えて考えています。

自分の学校をよりよくするために努力している教材中の主人公に自分自身を重ね合わせて考えていました。実生活でも生徒会活動などで頑張っています。さらに，よりよい学校づくりをしていこうとする意欲が高まっています。

◎道徳科が楽しみだと語ってくれました。とくに心に残った授業は「克己と強い意志」に関する授業でした。主人公は，挫折や苦悩に出会っても，それを乗り越えて目的を達成していきます。この主人公と自分を比較したとき，前にある壁がさほど高くないことや自分の意志の弱さに気づきました。粘り強くやっていこうとする意欲が高まっています。

◎教材中の登場人物に自分を置き換えて真剣に考えている姿が見られました。思いやりについて考える学習では「思いやりは単なる親切の押し売りではなく，相手の立場や気持ちを考えて行動することが本当の思いやりだと思う」と発言してくれました。道徳的な成長を感じます。

◎自分の考えを明確に表現することができます。また，友だちの発言内容がよく分からないようであれば，今一度説明を求めています。しっかりと議論をしていこうとする姿勢で道徳科に臨んでいます。そして，これからの自分の生き方について，よりよく生きたいという思いが強くなっています。

◎教材中の主人公の立場に自分を重ね合わせて考えています。このことで，道徳的価値に対してより深く自分を見つめることができました。「相互理解，寛容」に関する学習では，相手を理解するためには自分自身の思いや考えを伝えることが大切で，そのうえで，相手の考えを真摯に受け止めることが大切だと気づきました。

◎授業に意欲的に関わり，役割演技を行うような場面でも真剣に取り組んでいます。家族愛について考える役割演技を取り入れた学習では，父母の立場になりきって即興的に演じていました。このことを通じて，家族が自分のことを支えてくれる愛情の深さに気づくことができました。そして，これからの家庭生活における自分の果たすべき役割の自覚と家族への感謝の気持ちが高まりました。

◎道徳科の授業で，道徳的な問題について考えることにより，自分自身の生き方を見つめるようになりました。道徳的価値に対して，これまでの自分はどうであったのだろう，これからの自分はどうあるべきなのか，と生き方について考えるようになりました。よりよい生き方への模索の意欲が高まっています。

◎教材中の主人公が道徳的な問題について悩む場面では，取り得る行動について多面的・多角的に検討することができました。杉原千畝を取り上げた教材でも，友だちともビザを書くべきか否かについていろいろな視点から考えていました。杉原千畝の生き方に深く感動し，国際貢献ができる人になりたいとノートに綴っていました。

◎「働く」ことをテーマにした学習では，働く意味について職場体験学習での経験をもとに考えていました。働くことは単にお金を得ることだけでなく，多くの人のためになることでもあり，何より，自分の生きがいにつながることを理解することができました。自分が働くときには，この考え方を大切にしていきたいと発言しました。

◎東日本大震災や阪神・淡路大震災でのボランティア活動の様子を扱った教材では，ボランティア活動についての理解を深めることができました。「私たちの生活は互いに支え合って成り立っているので，困っているときはお互いさま」と発言しました。社会のた

めに自分のできることは活動していきたいという意欲が高まっています。
◎「郷土の伝統と文化の尊重」について考える学習では，ゲストティーチャーとして招いた地域の方の話を聞き，地域の伝統芸能が先人たちの努力により継承され現在に至っていることを知りました。このことを知り地域に誇りを持つことができたのと同時に，自分にできることがあれば役に立ちたい，とノートに書いていました。
◎「生命の尊さ」について考える授業が心に残っていると話しています。ティーム・ティーチングとして参加した養護教諭の先生から出産時のことや我が子への思いを聞き，出産時の大変さや多くの人の思いや支えがあることを知りました。唯一無二の命を授かったのだという思いが高まり，自分の命を大切にしていこうとする意識がさらに高まりました。
◎自然保護に関する学習では，科学技術の発展は人間の生活に便利さはもたらすけれど自然破壊につながる可能性があることを知りました。人間も自然のなかで生かされているという自覚のもとに，社会の発展と自然環境の保持の両立の必要性を感じていました。生活を維持し人間と自然との共存を図るために，自分にできる自然環境の保全に努めようとする意識の高まりがみられました。
◎教材「さよならホストファミリー」での主人公が外国人から日本文化について問われてもうまく答えられなかったのと同様に，もし，自分が主人公の立場だったらうまく答えることはできないと発言してくれました。日本人であり日本で生活しているのに日本文化を知らないことを恥じていました。日本の文化や伝統について学んでいこうとする意欲が高まっています。
◎一年間の心の成長を感じ取れます。物事について多面的・多角的に捉えられるようになってきています。「二通の手紙」を教材とした授業が印象深かったと話しています。この学習を通して，社会のなかで法があるのは命や安全を守る側面があるのだということに気づきました。法を大切にしていこうとする意識が高まっています。

中学校3年評価文例

◎テーマに対する自分の考えを積極的に発言したり，友だちとの協働学習において新たな発見をノートに書き留めたりするなどの様子が見られました。道徳科の授業に主体的に関わっています。「克己と強い意志」の授業では，主人公と同様の体験があることで，より切実感をもって考えることができました。努力を忘れず粘り強く生きていきたいと力強く発言してくれました。前向きに頑張っていこうとする意欲が高まっています。
◎道徳科では，友だちの意見を参考にしながら自分の考えを深めています。法やきまりについて考える授業では，世の中の秩序を保ち互いの自由や安全を保障するためには法やルールは必要不可欠のもので守っていかなければならないものだ，だが，すべてのことが法でカバーしきれない部分もあるので，社会生活を気持ちよく過ごすためには法を遵守することと同時に公徳心を持つことが大切だ，と発言してくれました。
◎友だちの意見を聞き，それを自分なりに整理して生かせる部分は自分の考えのなかに取り入れ，自分の考え方を再構成していました。「思いやり，感謝」に関する授業では，毎日の生活は，多くの人の温かい思いやりの心に支えられて成り立っていることに気づきました。これまでの生活のなかで受けた思いやりを振り返り，感謝の言葉をノートに

書いていました。温かい思いやりの心で接していこうとする意欲が高まっています。
◎道徳的な問題に対して、いろいろな視点から多面的・多角的に考察することができました。「真理の探究、創造」について考える学習では真理を求めていく大切さを理解しました。この真理を求めていく姿勢が、新たな発見や創造につながり社会の発展や人間の幸福につながっていくことに気づきました。
◎授業は、常に積極的に参加していました。道徳的な問題に対して、自分事として捉え熱く語る場面が多々ありました。教材「二人の弟子」を扱った授業がとても印象深かったと話しています。物語中に出てくる上人の言葉「人は、皆、自分自身と向き合って生きていかなければならない」に深い感銘を受けたようで、この言葉を噛みしめるように考えていました。よりよく正しく生きていこうとする意識が高まっています。
◎相互理解や寛容をテーマに取り上げた学習では、教材中の主人公と同様に相手のミスを批判していた自分がいたことに気がつきました。視点を変えると自分も同じような間違いを起こしてしまう可能性があるし、悪意をもってミスしたのではないことも考えると寛大な気持ちで接していくことの大切さに気づくことができました。相手の立場を理解することや寛容の心が育まれてきています。
◎主人公がガンと宣告され余命半年と宣告される教材を扱った学習での学びが深かったと話しています。本人や家族、さらに医師や職場の同僚の立場に立って考え、時折涙ぐむ場面が見られました。今、生きていることや健康であることに感謝し、力強く命を輝かせて生きていきたいと決意をあらたにしていました。
◎東日本大震災について取り上げた授業で、震災が物心両面で多くの被害をもたらしたことや復興に向けて多くの人々が支援を行い互いに支え合う感動的な場面が数多くあったことを知ることができました。自然災害は、人知を超えており人間の力ではどうすることもできないけれど、それを乗り越えていく人間の偉大さに感動を覚えました。この感動こそが、人間の生きていく原動力になることに気づきました。
◎道徳科の授業のなかでは、教材「足袋の季節」が印象深かったようです。主人公の少年と同じような経験をしており、その時はおつりを返したけれど、おつりを余分にもらってしまった少年の気持ちは分かると語ってくれました。人間には心の弱さがあるけれど、それを乗り越える強さも持っているはずなので、心の弱さに負けず正しく強く生きていきたいとノートに綴っていました。
◎友情について深く考えることができました。最初友だちとは、苦しいときに支え合ったり悩みを分かち合ったりするものだと考えていました。この友情に対する考え方が、話し合いを通じて多面的・多角的に考えることで、互いに向上し合える間柄や時にはライバルともなり得るとの視点で捉え直しができるようになりました。高め合える友人関係を築いていこうとする意欲が高まっています。
◎「国際理解、国際貢献」に関する学習での学びが深かったと語っています。国籍や人種を超え、困っている人がいたら援助しなければならないという信念のもとに活動している国境のない医師団の医師の生き方に感動し、将来は、国籍や人種の区別なく困っている人々のために役立つ人間になりたいとノートに書いていました。
◎「公正、公平、社会正義」について考える学習では、この価値を実現させていくために

は，誰もが平等の関係にあることや誰もが幸せになりたいと願っていることを具現化していくことが大切だと気づきました。学級で，このことが実現されれば，いじめもなく皆が安心して生活することができると発言してくれました。

◎話をする相手に対して正対し，うなずきながら傾聴している姿が見られました。このことは，相手のことを尊重しているあらわれです。また，自分の意見も根拠を明確にして述べています。多面的・多角的で自律的に思考しているからこそ，自信をもって発言できるのだと思います。道徳科で学んだことを実践しようとしています。

◎3年間の道徳科の学習で多くの教材に出会いました。教材中に含まれる道徳的な問題について考究したり，友だちとの意見交流を通して新しい見方・考え方に触れるなかで自分の考えを再構成したりしました。多くのことを学び，人として何を大切にして生きていくべきかを深く考えることができました。道徳的な成長を感じます。

◎3年間道徳科の学習に真摯に取り組んできました。道徳科を通じて，人としての生き方について考え，多くのことを学びました。このことは，今後の長い人生の礎になってくれることでしょう。これからのよりよい自分を思い描き，よりよく生きていってください。

新学習指導要領の最重要3課題を解説！

「道徳科」評価の考え方・進め方

発売中！

管理職必須の知識から授業実践例・通知表文例まで

★評価方法、記録法、伝え方、カリキュラム・マネジメントの視点での組織的取り組みなど管理職必須の知識を解説。
★小・中学校の学年段階別通知表文例を掲載！

〔編集〕永田繁雄（東京学芸大学教授）　A5判／164頁／定価（本体1,800円＋税）

アクティブ・ラーニング「深い学び」実践の手引き

発売中！

新学習指導要領のねらいを実現する授業改善

★「主体的・対話的で深い学び」のとらえ方、授業づくりとグループワーク、カリキュラム・マネジメントまで、この一冊でバッチリわかる！
★全主要教科を押さえた実践事例や4コマまんがで学べる失敗事例も掲載。

〔著〕田中博之（早稲田大学教職大学院教授）　B5判／208頁／定価（本体2,200円＋税）

小学校英語教科化への対応と実践プラン

発売中！

時間割・指導・評価・研修…全面実施までの対応全て

★教科と活動の関係はどうなるのか？　時間割編成は？　4技能の指導のポイントは？　担任とALTの役割分担は？　CAN-DOリストは？
★先進校の実践も充実。まずは本書からお読みください！

〔編集〕吉田研作（上智大学特別招聘教授）　A5判／160頁／定価（本体1,800円＋税）

教育開発研究所　〒113-0033 東京都文京区本郷2-15-13　【送料無料・即日発送!!】

●本のご注文は無料FAX 0120-462-488 をご利用下さい。　★電話（03-3815-7041）／HPオンラインショップからもご注文いただけます。

第2編
主体的・対話的で深い学びを実現する中学校「道徳科」授業（23事例）

A．主として自分自身に関すること
  1.「道徳科」授業事例1（自主，自律，自由と責任）
  2.「道徳科」授業事例2（節度，節制）
  3.「道徳科」授業事例3（向上心，個性の伸長）
  4.「道徳科」授業事例4（希望と勇気，克己と強い意志）
  5.「道徳科」授業事例5（真理の探究，創造）

B．主として人との関わりに関すること
  6.「道徳科」授業事例6（思いやり，感謝）
  7.「道徳科」授業事例7（礼儀）
  8.「道徳科」授業事例8（友情，信頼）
  9.「道徳科」授業事例9（友情，信頼〈異性の理解〉）
  10.「道徳科」授業事例10（相互理解，寛容）

C．主として集団や社会との関わりに関すること
  11.「道徳科」授業事例11（遵法精神，公徳心）
  12.「道徳科」授業事例12（公正，公平，社会正義）
  13.「道徳科」授業事例13（社会参画，公共の精神）
  14.「道徳科」授業事例14（勤労）
  15.「道徳科」授業事例15（家族愛，家庭生活の充実）
  16.「道徳科」授業事例16（よりよい学校生活，集団生活の充実）
  17.「道徳科」授業事例17（郷土の伝統と文化の尊重、郷土を愛する態度）
  18.「道徳科」授業事例18（我が国の伝統と文化の尊重、国を愛する態度）
  19.「道徳科」授業事例19（国際理解，国際貢献）

D．主として生命や自然，崇高なものとの関わりに関すること
  20.「道徳科」授業事例20（生命の尊さ）
  21.「道徳科」授業事例21（自然愛護）
  22.「道徳科」授業事例22（感動，畏敬の念）
  23.「道徳科」授業事例23（よりよく生きる喜び）

■巻末資料
「道徳科」内容項目の指導の観点
「特別の教科　道徳」に関する動きと法令等

「道徳科」授業事例1

自主，自律，自由と責任

A

東京都武蔵野市立第二中学校長　菅野　由紀子

指導計画例

1. 指導計画

　主 題 名　「自分で判断し，自他に責任をもつ」
　内容項目　A　自主，自律，自由と責任　　対象学年　中学校第1学年
　教 材 名　「自然教室での出来事」
　出　　典　「中学校 読み物資料とその利用——主として自分自身に関すること——」
　　　　　　　　　　　　　　　　　　　　　文部省（現在の文部科学省）
　ね ら い　自分で考え，判断し，実行して，自他に責任をもとうとする態度を養う。

2. 主題設定の理由

(1) ねらいとする道徳的価値について

　私たちは，日常生活のさまざまな場面で，自分で考え，判断し，実行している。そして，その結果には責任を持たねばならない。「自分で考え，判断」するとは，他人の保護や干渉にとらわれずに，いくつかの選択肢のなかから自分で最終的に決めること，「その結果に責任をもつ」とは，ある行為から生じた自分が負うべき義務を良心的に忠実に果たすことである。自己の行為の結果に責任をもつことは，道徳の基本であり，自由な意志や判断に基づいた行動には責任が求められる社会生活の基本的なルールを身に付けるためには，自己の規範意識の向上や自らを律する強さを育てることが重要である。こうした背景から，ここでは，自分で判断し，自他に責任をもとうとする生徒を育てる道徳の授業を展開する。

(2) 生徒の実態について

　中学生になると，学年が上がるにつれて，自我に目覚め，自主的に考え，行動することができるようになる。そして，自由を求める傾向が強くなり，社会生活のなかでのマナーやルール等の意義やこれまでの自分の価値観をとらえ直そうとする。一方，自由を勝手気ままにすることと置き換え，規範を逸脱した行為に及んだり，自分の判断が自分や他の人にどのような結果をもたらすのかを深く考えたりせずに，無責任で勝手な言動をとってしまうことも少なくない。そこで，日常のどんな行為でも，自分で考え，判断し，実行して，自他に責任をもつとともに，自己の責任において結果を受け止める生徒を育てたい。

(3) 教材について

　主人公の公一は，自然教室の最後の行事である登山の前夜，夜更かしの習慣も影響して正典と明け方まで起きていた。公一は，登山の当日に体調不良となり，九合目で登山を断念し，公一が強引に揺り起こした正典も同じく頂上まで行けないという事態となった。登頂した同級生の感動と喜びの声を聴きながら，公一は自分がとった行動を深く後悔する。自然教室が終わると，公一は正典と一緒に球技大会に向けた早朝トレーニングを始め，「確かな一歩一歩」の大切さを思う。中学生にとって自分のこととして考えやすい教材であり，自他に責任をもつことの大切さを考えさせるというねらいに迫れる教材である。

授業事例

3. 学習指導過程

	学習活動	主な発問と予想される生徒の反応	指導上の留意点
導入 5分	1. 自分自身について考える。	○「毎日の生活で，続けていることはありますか。」 ・朝，必ず犬の散歩をしている。 ・部活動は，休まない。 ・時間を守る。	・資料への関連性を持たせる。 ・展開につなげる。
展開前段 38分	2. 道徳資料を読んで，考える。	・教材「自然教室での出来事」を範読する。 【発問1】頂上まで行けなかった公一のどんなところが問題だったのでしょうか。 ・明け方まで起きていたこと。 ・自分の体力を過信していたこと。 ・普段の生活が不規則だったこと。 【発問2】同級生が心配しているのに，なぜ公一はみんなの顔を見るのがつらかったのでしょう。 ・睡眠不足で頂上に行けない自分が恥ずかしい。 ・早く寝ればよかったという後悔。 ・みんなが心配するに値しない自分の不摂生な行為が情けない。 ・自分のせいで正典も頂上に行けなかったことへの申し訳なさ。	【発問1】明け方まで起きていた公一が頂上まで登れなかったことに注目させる。 【発問2】公一の考えの甘さが，正典も含めて最悪の結果を招いてしまったことに気付かせる。
	集団検討 ホワイトボードを活用する。	【発問3】「確かな一歩一歩の積み重ね」は，何を意味しているのでしょう。 ・普段から規則正しい生活を送ること。 ・自分の考えや行動が自分や友だちにどんな結果をもたらすのかをしっかり考えること。 ・正しいことと間違っていることを見極め，よく考えて行動すること。	【発問3】ワークシートを配布し，個人で考えた後，4人班を作り，議論させ，その内容を発表させる。 →自分の行為に責任をもつことの大切さを考えさせる。
終末 7分	3. 今日の学習を振り返る。	○今日の授業を通して，学んだことや感じたことを書く。	○授業を振り返ることで，道徳的価値の理解を自分との関わりで深めさせる。

4. 評価

① 自分で判断し，自他に責任をもつことについて，一面的な見方から多面的・多角的な見方へと発展させることができたか。

② 自分で判断し，自他に責任をもつことについて，道徳的価値の理解を自分自身との関わりのなかで深めていたか。

5. 授業構想の工夫

「頂上まで行けなかった公一のどんなところが問題か」→「同級生が心配しているのに、なぜ公一はみんなの顔を見るのがつらかったのか」→「確かな一歩一歩の積み重ねの意味は何か」という発問を中心に授業を展開する。とくに、【発問3】は主題である「自分で判断し、自他に責任をもつ」に迫る発問とした。この発問を通して、好ましくない生活習慣の改善だけでなく、自分の考えや行動が自分や友だちにどんな結果をもたらすのかをしっかりと考えることで自分の行為に責任をもつことの大切さを生徒に気付かせたい。また、4人程度の小集団で学び合う活動を通して、自分の考えを発信するとともに、他者の意見からさまざまな見方・考え方・感じ方を学び、自分の考えを深めていく時間のなかで人間としての誇りをもった、責任ある行動の大切さに気付かせたい。

6. 実践の手引き

(1) 授業づくりの工夫（主体的・対話的で深い学びを実現する「道徳科」の授業展開）

本教材では、「主体的・対話的で深い学び」を実現する道徳科の授業展開を工夫した。

展開最初の二つの発問は、登場人物への自我関与が中心の学習である。三つめの発問は、4人程度の小集団で学び合う活動を通して、自分の考えをまとめ他者に発信するとともに、他者の考えからさまざまな見方・考え方・感じ方を学び、一面的な見方から多面的・多角的な見方へと発展させ、終末で授業を振り返ることで、道徳的価値の理解を自分との関わりで深めさせた。生徒が学習内容を人生や社会の在り方と結び付けて深く理解し、これからの時代に求められる資質・能力を身に付け、生涯にわたって能動的に学び続けることは、「主体的・対話的で深い学び」の要であり、道徳科の授業でも重視したいことである。

(2) 板書計画

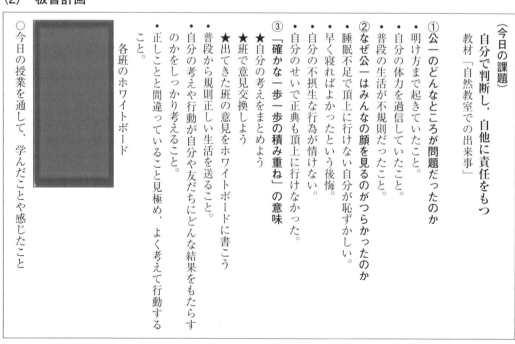

授業のポイント

　とくに主題に迫る3つ目の発問に時間をかけたい。ここでは，最初に個人で考えた後，4人班となってそれぞれの考えを交換し，班に1枚ずつ配布したホワイトボードに班員の意見を書き出して，学級全体で共有するという手法を用いている。考えを共有することで，生徒一人ひとりが自分の感じ方や考え方を伸び伸びと表現できる雰囲気のなかで，よりよい生き方について教師と生徒が共に考え，語り合う温かな交流の場をつくることができる。その際に留意すべきこととして，少人数の学習形態では，議論するテーマや場面を明確に設定すること，少人数での学習を導入することが目的化してしまうことがないように，ねらいに即してこうした学習形態を導入することが大切である。

　道徳科の指導においては，生徒一人ひとりがねらいに含まれる道徳的価値についての理解を基に，自己を見つめ，物事を広い視野から多面的・多角的に考え，道徳的価値や人間としての生き方についての自覚を深めることで道徳性を養うという特質を十分考慮し，それに応じた学習指導過程や指導方法を工夫することが大切である。また，道徳の授業の指導に際して，他の教職員とのティーム・ティーチングなどの協力的な指導を取り入れるなど，全教師が協力し合う指導体制を充実することも考えていくことが必要である。

評価のポイント

　今回の授業の評価は，ねらいである「自分で考え，判断し，実行して，自他に責任をもとうとする態度を養う」についての評価である。前述の「4．評価」にあるとおり「①自分で判断し，自他に責任をもつことについて，一面的な見方から多面的・多角的な見方へと発展させることができたか。②自分で判断し，自他に責任をもつことについて，道徳的価値の理解を自分自身との関わりのなかで深めていたか。」が，教師の見取りの根拠となる具体的な評価内容である。今回の授業では，【発問2】の「なぜ公一はみんなの顔を見るのがつらかったのか」と【発問3】の「確かな一歩一歩の積み重ねの意味」に注目して，発言やワークシートの記載内容，集団討論の場面での一人ひとりの生徒の学習状況を押さえて，評価につなげていくことが効果的である。

　とくに，評価①の「一面的な見方から多面的・多角的な見方へと発展させる」については，自分と違う意見や感じ方，考え方を理解しようとしていたり，道徳的価値に関わる問題に対する根拠やその時の心情をさまざまな視点から捉え，考えようとしていたりする生徒の学習状況を取り上げて，評価につなげたい。また，評価②の「道徳的価値の理解を自分自身との関わりのなかで深めている」については，読み物教材の登場人物を自分に置き換えて具体的に理解しようとしたり，現在の自分自身を振り返り，自らの行動を考え見直そうとしたりする生徒の学習状況を取り上げて，評価につなげたい。

　通知表の評価の記載については，教師が努力を認めたり，励ましたりすることによって，生徒が自らの成長を実感し，さらに意欲的に取り組もうとする所見が望まれる。また，保護者には，子どもの道徳科の時間の学習の様子が分かりやすく理解できる記載が大切である。

「道徳科」授業事例2

節度，節制

A

麗澤大学大学院准教授　鈴木　明雄

指導計画例

1．問題解決的な道徳科が主体的・対話的で深い学びができる生徒を育成

　本事例は，東京都北区立飛鳥中学校の第2学年の実践である。安全指導は，道徳科教科書の検定基準となった。本校は，学校バザーを生徒会が主催し，東日本大震災から宮城県岩沼市立中学校に，8年間継続して交流・支援を続けている。主体性は，問題解決能力と道徳性を養うことと連動し深まっていくという仮説から，問題解決能力の育成から主体的・対話的で深い学びを実践できる生徒の育成という研究主題を掲げ，総合的な人間教育を目指している。平成29年度北区教育委員会研究指定校（全教科・道徳科），文部科学省国立教育政策研究所学習指導実践研究協力校（道徳），東京都道徳教育推進拠点校として，生徒の主体的な企画・行動の基盤となった中学生ボランティアの道徳科授業を紹介する。

2．主体性を軸にした問題解決能力と道徳性の育成というカリキュラム・マネジメント

(1) 生徒の主体性を生かす問題解決型4ステップ授業構想の開発

　生徒の主体性を生かす学習指導過程として**「飛鳥中学校問題解決型4ステップ授業構想（問題発見・把握→自力解決→集団検討→自分でまとめ）」**を開発。生徒が常に知的好奇心を大切に，自分で問題を発見し，自分で考え，仲間と語り合い，そして自分の考えを追究し，たくましく生き抜いていく人間を育てたいと考えている。そして，学校マネジメントとして，授業だけでなく，道徳科による豊かな道徳性の育成とともに学校行事，生徒会の自治活動，部活動等でも積極的に主体性を育む教育活動を試みた。

(2)　汎用性のある学校マネジメントの実現

　研究の方向性を定めるために，主体性の育成を軸に，問題解決能力と道徳性の育成というカリキュラム・マネジメントを心掛け，教科等について横断的で汎用性のある問題解決能力の育成を目指して，研究授業と授業改善を繰り返した。教科・道徳科等の見方・考え方による授業改善は，少しずつ，汎用的に，学校・学年・学級マネジメントや生徒会自治活動そして部活動等の指導マネジメントにも応用され広がった。

3．アクティブ・ラーニングから，主体的・対話的で深い学びへ

　飛鳥中では，各教科等の特質に応じた「見方・考え方」を働かせた3視点，①解決，②形成，③創造の実現を「深い学び」としている。平成29年度，生徒の学習意欲や道徳性の実態調査から研究の検証を実施。調査対象は，①アクティブ・ラーニング（主体的な学び），②自尊感情，③家庭学習習慣の3本。平成28年7月から1年間の生徒の変容を調査。理由は，主体的な学びは，生徒の学びと意欲の根本として自尊感情や自分への確かな自信，本事例の「他者への貢献の心」等とリンクするという仮説で，生徒の具体的な実践として，学習への取り組み姿勢や習慣を測定（クロス集計は1％水準で統計的に有意差あり）。

○参考文献：東京都北区立飛鳥中学校研究紀要「主体的・対話的で深い学びを実践できる生徒の育成～問題解決的な教科及び道徳科の学習を通して～」2018.12

授業事例

内容項目「A節度,節制」の道徳的な価値を生徒が深く自覚するためには,取り扱う教材が自分事として捉えられ,実践意欲や態度にむすびつく必要がある。

「～だから,～するべき」という理解だけでは,実践に結び付かない。道徳科教科書検定基準である「健康・安全」に関して東日本大震災の実際の中学生たちの言動を通して,深く自分事として考えさせることができた事例である。

1. **主題名**　節度,節制の大切さ　　対象学年：中学校第2学年
2. **内容項目**　A　節度,節制
3. **教材名**　「避難所にて」（日本文教出版株式会社）
4. **主題設定の理由**

（1）　ねらいとする道徳的な価値について：地震や風水害など大きく自分の日常生活を変えてしまう出来事に見舞われるケースが増えてきた。その状況下では,他人の生き様を目にするので自分自身の生き方を見直す機会が多い。節度ある生活を送るとか節制を心がけるとか真剣に考える場面が否応なしにでてくる。非日常的な生活を通して望ましい生活の大切さを自覚し,それを実践していこうとする思いを感じとらせることができる。

（2）　生徒の実態について：活力と意欲に満ち溢れ,積極的な行動をとる反面,できれば規制やルールを嫌う傾向もみられる。しかし,他の人の行動や考えを参考に自分を振り返ることができる生徒が多いので,これまでの成長の過程で培われてきた基本的な生活習慣を振り返らせることを通して,節度を守り,節制に心がけることが自分自身の生活を豊かにするものであることを自覚させたい。

（3）　教材について：本教材は,阪神・淡路大震災で避難所生活を余儀なくされた人々の生活を取り上げ,日々の生活を送ることができにくい状況で,力を合わせることが生きるうえで欠かせないことに気付く中学生の思いについて考えさせるものである。身の回りに多くのボランティアの活動者が自己の生活を止めて神戸の人々の応援に駆け付けたことと自堕落な日々を過ごす私を比べ,節度ある生活が大切なことに気付かせることができる。

5. **板書例**

第一一回　道徳科授業
共に生きていくために（今日の課題）
教材『避難所にて』

大震災で活躍する中学生たち

・いろいろなボランティア活動がある…
・他人のためにどこまでやれる？
○この話の『問題』は？　考えてみよう。
・思いと行動のギャップの迷い
○「よろずボランティア相談所」に居づらくなって私たちがその場を離れたのはなぜ？
・揺れ動く気持ち……恥ずかしさや迷い
○弟がポリタンクを運んでいる姿に,「私」が心を揺さぶられたのはなぜ？
・行動できる事への迷い・葛藤等
○「私」たちが避難所の皆さんへの貼り紙で伝えたかったのはどんなこと？
○調和のある充実した生活を取り戻していきたい。
少しずつでも日常を取り戻していきたい。
○自分たちが避難所の皆さんが節度を守りたい。
・自暴自棄にならずみんなが節度を守りたい。
歌「しあわせ運べるように」の意味
※伝えたいことは何？
自分にプラスワン→新しい自分発見

6. ねらい

節度ある生活や節制に心がけるために、周りの人の生活を見つめることで自分の生活を見直し、思慮深く内省しようとする道徳的な態度を育てる。

7. 学習指導過程

	学習活動	主な発問と予想される生徒の反応	指導上の留意点
導入 5分	1. 災害時の奉仕活動について考える。	【発問1】この話の『問題』について、各自で、考えてみよう。 問題把握 自力解決 ・多様な思い、思いと行動のギャップの迷い	・中学生は生まれていない。身近な震災等から辛さや個人生活の難しさを理解する必要。
展開 40分	2. 教材「避難所にて」を読み、内容の問題点と主人公たちの実践意欲を考える。 ★まず自分の考えを確かめる。 3. ペア及び4人の議論 ※15分 4. 自分を振り返る	【発問2】「よろずボランティア相談所」に居づらくなって、私たちがその場を離れたのはなぜだろう。 ・見ず知らず人のためにできる事があるのか。 ・何もしないで炊き出しを食べてもいいのか。 ・毎日だらだら過ごしていて、恥ずかしい気持ち。 【発問3】弟がポリタンクを運んでいる姿に、「私」が心を揺さぶられたのはなぜだろう。 自力解決 ・弟はどうして自分から進んであの重いポリタンクを一所懸命に運んでいるのだろうかと考えた。 ・だらだらと生活を送っていてこのままでいいのだろうかと思った。 ◎【発問4】「私」たちが避難所の皆さんへの貼り紙で伝えたかったのはどんなことだろう。話し合ってみよう。 集団検討 ・避難所での大変な生活のなかだけれど、少しずつでも日常を取り戻していきたい。 ・共に力を合わせることが状況を乗り越えることになる。 【発問5】調和のある充実した生活を送るために、大切なことをまとめよう。 自分でまとめ ・自暴自棄にならず一緒に危機を乗り越えねば…。 ・みんなが節度を守って生きることが大切。	★飛鳥中問題解決型授業で展開 ・ボランティア活動において自分たちで必要なものを準備するなどの困難さや責任の重さを理解させておく。 ・大勢のボランティアががれきを片付けている姿と昨日までの自分たちの生活を対比させながら考えさせていく。 ・「私」たちが作成した注意書きを一つひとつ意識させることで子どもたちの思いを深めさせていく。
終末 5分	5. 歌「しあわせ運べるように」から各自の思いを深める	【発問6】歌「しあわせ運べるように」にはどのようなメッセージが込められているだろうか。 ※今日の学習から、自分をさらにプラスに捉える前向きな発見を「自分にプラス1」として、道徳ノートにまとめよう。	・「しあわせ運べるように」の歌詞を自分たちの生活に重ねて考え、自分にプラス1とする。

［参考文献及び教材］
- 阪神淡路大震災や東日本大地震等の震災写真や映像
- 歌「しあわせ運べるように」（CD等）
- 道徳ノート・振り返りシート

授業のポイント

東日本大震災は，現在の中学校2年生がまだ小学校入学前で，阪神・淡路大震災については過去の歴史として学ぶ世代である。そのため，学習指導過程の導入では，大震災等の災害の写真等で実際の中学生等のボランティア活動を紹介する丁寧な導入が必要である。

大震災への日頃の心構えなどについて，どのような経験があるか，どのような意識を抱いているか，生徒同士の考えを共有しながら，本授業で求められる道徳的な価値を考えていく導入が大切で，ねらいである節度ある生活や節制に心がけるために，自分の生活を見直し，思慮深く内省しようとする道徳的な態度を意識させていくことが求められた。

展開では，覚悟や決意がないとボランティア活動を実行することは難しいことを知ることができ，主人公たちが具体的に何をきっかけに何を実行しようとしたのか，自分の問題として考えさせ，ペアやグループで話し合いをすることが必要であった。主人公たちがよろずボランティア相談所を後にしたことから，ある生徒は「実際の大震災では，どのようなボランティアができたのか」と担任に聞き返した場面もあった。

また，弟の姿に心を揺さぶられた理由を考え，行為へのきっかけについて話し合うことができていた。たとえば，弟がポリタンクを運んでいる姿に「中学生ならば積極的な行動がしたい」「避難所の運営を手伝う気持ちをもちたい」と前向きな意見も多数あった。

終末で，積極的なボランティア活動への意志の大切さを自覚するとともに，いざ災害に遭った時に，節度ある生活や節制と調和のある生活を送ることが大切であると自分なりに納得し，理解し，実践力に結び付くことが求められる。視聴した歌「しあわせ運べるように」は，1995年の阪神・淡路大震災後に神戸復興を願い，当時神戸の小学校音楽教師が作詞・作曲した楽曲。歌詞は「地震にも負けない強い心をもって……毎日を大切に生きていこう」等，希望や絆の大切さが分かり易く心に響くものである（ネット検索可）。

災害時の実践への決意，健康で生き抜く節度，節制の生き方等について，余韻を感じながらも，口ずさむ生徒もいた。

評価のポイント

(1) ねらいについて：困難な状況を乗り越え生活するために力を合わせることに気づき，自分もそうした生き方を大切にしていこうとする発言や記述が見られたか。

(2) 指導方法について：写真や映像等の教材を提示することで，当時は幼くて何もできなかった人々の思いやボランティア活動に従事した人々の思いに共感させることができたか。

避難所の貼り紙について考え話し合った結果，「確かに節度ある生活や節制と調和のある生活の大切さを促す大切さは分かるが，避難所の一人ひとりに声かけをしたい」「もっと積極的に人々と触れあっていきたい」という発言があり，ねらいとする価値から自分の生き方として考える態度が見えていた。また，自分の実行したい意欲と実際の行動の難しさがあり，この思いは誰でも同じと今日皆と確認できたと発言した生徒がいた。しかし，「道徳ノート」には，「少しでも自分が納得できるような行動をしたい。そのため何が大切か，自分の今の生活も振り返り考えていきたい」という記述が「道徳ノート」にあった。ねらいに近づいた内容で，確認したい視点であった。

生徒の発言，記述，迷い等，言動を注意深く観察していく姿勢が大切と気付いた。

「道徳科」授業事例3　　　　　　　　　　　　　　　　　　　　　A
向上心，個性の伸長

埼玉県久喜市立久喜中学校長　堀内　俊吾

指導計画例

1. **主題名**　自己のよさを生かした生き方　　内容項目　[A　向上心，個性の伸長]
2. **ねらい**　自己を見つめ，多様な考えをもとに多面的・多角的に自己のよさをとらえ直すことを通して，自己の向上を図り，個性を伸ばして意欲的な生き方を追求する態度を育てる。

　　教材名　「トマトとメロン」　出典『中学道徳　あすを生きる』（日本文教出版）

3. **主題設定の理由**

(1)　ねらいや指導内容について

　人間は，他者との比較において自己を捉えがちであり，とくに中学校の段階では，劣等感にさいなまれたり，逆に周りと同一歩調で生活しようとする生徒も少なくない。また，他者と同じように扱われることを嫌うようになり，誤った方向で自己を表現しようとすることもある。

　指導に当たっては，短所も自分の特徴の一側面であることを踏まえつつ，かけがえのない自己を肯定的に捉え（自己受容・自己肯定）させ，周りの人からの助言をもとに自己の優れている面などの発見に努め（自己理解・自己有用）させることを通して，充実した人間としての生き方についての自覚を深めさせたいと考える。

(2)　これまでの学習状況及び生徒の実態について

　小学校の段階においては，長所を伸ばし，短所を課題として改善することを通して，自己を成長させていくよう学習を展開してきた。中学校に入学し，4月当初に学級活動で学級集団のあり方について学び，互いのよさを認め合う学級づくりを推進してきた。その結果，あたたかい雰囲気のなかで自己のよさを伸ばそうという風土が醸成されつつある。しかし，学習面の遅れや運動が苦手など，自己の一側面だけを捉えて自己肯定感や有用感を抱けないで，自分らしさを十分に発揮することができない生徒も少なくない。

(3)　教材の活用や特質について

　本教材は，相田みつを氏の作品を教材化したものである。トマトとメロンに思いを馳せることを通して「人それぞれがもっている人間的よさを認め自覚し，充実した人生を歩むことが大切だ」と考える作者の思いが伝わってくる作品である。

　私たち人間はとかく値段が高いという一側面からメロンの方が優れていると思ってしまう。トマトとメロンの具体的な優れた点を探りながら，それぞれによさがあり，比べることはナンセンスであることに気付かせる。これをもとに，作者が伝えたかった「生き方」を生徒一人ひとりが考え，話し合いを通して学び合い高め合っていく。そして，個々の生徒が授業前の考えをいっそう膨らますことにより，自他の個性を大切にし，充実した生き方を目指そうとする態度を育んでいきたい。

授業事例

	学習活動・主な発問	予想される生徒の反応	・指導上の留意点 ☆評価の視点
導入	1．課題意識をもつ 　まわりの人と自分を比べて，劣等感をもったことってあるかな？	・テストの点数や通知表の成績のこと。 ・運動が苦手なこと。 ・部活動でレギュラーになれなかったこと。 ・身長が低い（高い）こと。 ・思うように字や絵が上手に描けないこと。	・誰もが味わったことのある劣等感の辛さを思い出させ，本時の課題へとつなげる。 ・生きるうえでのマイナスの部分なので，暗い雰囲気にならないように配慮する。
	【学習課題（めあて）】 自信をもって生きていくために大切なことを探ってみよう！		
展開	2．学び合う (1)　教材からの学び① 　なぜ，トマトとメロンを比べてもしようがないと言っているのだろう。 （補）（下表を見ながら） 　それぞれの特徴を見て，どんなことがわかるか。	・もともと違うものだから。 ・それぞれによさ（特徴）があるから。 ・それぞれに素晴らしい栄養価がある。 ・トマトにもメロンと違った特徴があり，値段だけでメロンが優れていると比べるのはナンセンスだ。	・教材に書いてあることをなぞるだけでなく，生徒が自分の言葉で語れるようにする。 ・トマトとメロンのよさを実感としてつかむことができるように具体的な栄養価値等を示すことも有効である。
	【トマト】 ＊リコピンの抗酸化作用で生活習慣が改善し，痩せることにもなる ＊食物繊維が血糖値の上昇をおだやかにする ＊グルタミン酸が豊富でうまみ成分たっぷり ＊カリウムでむくみや血圧が改善し，元気パワーにつながる 【メロン】 ＊多くの糖を含んでいる ＊クエン酸が疲労回復に役立つ ＊カリウムでむくみや血圧が改善し，元気パワーにつながる ＊βカロテンが免疫力を高める		

	(2) 教材からの学び② 「トマトもメロンも　それぞれに　自分のいのちを百点満点に生きているんだよ」とは，筆者はどんなことを伝えたかったのだろう。	・トマトもメロンもそれぞれが自分のよさに自信をもって生きている。 ・他と比べることなんかしないで，自分らしく生きているんだ。 ・値段という人間が勝手につけた価値で比べるなんて意味がない。	・(1)をもとに，値段など一側面だけで優劣をつけるのではなく，トマトとメロンがそれぞれ自己のよさを生かして精一杯生きていることに気づかせる。
	(3) 教材と自己との結びつけ③ 教材を通して，私たち人間は，どのようなことが学べるだろうか。 ①自分の考えをまとめる。 ②グループでは話し合い，ホワイトボードにまとめる。 ③ホワイトボードを黒板に貼り，さらに学級全体で学び合い高め合う。	・勉強面や運動面など，自分より他の人の方が優れている面があると，すべてが優れていると考えるのは意味がない。 ・自分に弱い点があるからと言って，自信をなくして劣等感をもってしまう必要はない。 ・自分のよさが自分でわかり，自信をもって生活することが大切である。	・教材を自分と照らし合わせて考えるように導く。 ・②は意見を発表し合うだけでなく，他の級友の考えのよさをもとに自分の考えを膨らませるようにする。 ・③は，さらに同じ考え同士をまとめながら，学級全体で多様な意見を認め，学び合い高め合うようにする。 ☆教材や話し合いをヒントに，一側面だけをとらえて優劣をつけるのではなく，自分のよさを生かして自信をもって生きることの大切さに気づいたか。
	3．まとめと自己評価 　本時の学習で学んだことをもとに，学習課題「自信をもって生きていくために大切なこと」のあなたなりの答えを道徳ノートに書いてみよう。	・今までは運動が苦手で劣等感をもっていたけれど，自分らしいよさを見つけて自信をもって百点満点に生きていくことが大切だと思った。	
終末	4．教師の話を聞く。 　次時の学級活動で「級友のよいところ探し」をすることを確認する。	・○○さんの考えもいいな。 ・自分のよさは自分ではわからないから，学級活動の時間に，みんなから教えてもらおう。	・「3．まとめと自己評価」をもとに，数人の考えを学級全体に広め，実践欲へとつなげる。また，次時の学級活動を通して道徳的実践へと結びつける。

授業のポイント

1. 何を考えるのか

　生徒が自己受容や自己肯定感を抱くことができないのは，自己と他の人の一側面だけを捉えて比べてしまうからである。それは，私たち人間が値段だけでメロンの方が優れている食べ物であると考えてしまいがちであることと似ている。そこでまず，教材を通して，トマトとメロンの具体的な優れた点を多面的・多角的に探りながら，それぞれによさがあり，比べることはナンセンスであることに気付かせたい。これをもとに，相田みつを氏が伝えたかった「人間にも一人ひとりにかけがえのない人間的なよさがあること」を捉えさせ，これからの生き方に生かしていこうとする態度を育てることがポイントである。

2. どのように議論するのか

　主体的・対話的で深い学びとするためには，次の4つの段階をしっかりと踏まえることが大切である。

(1) めあて（学習課題）を明らかにする。本時は，新たに何を学び，何を追い求めればよいのかを理解する。

(2) 自分の考えをまとめ，表現する。発問に対して，今までの体験を生かして理由・根拠をもとに自分の考えをまとめるとともに，発言したり書いたりして級友に伝える。

(3) 級友の考えのよさを学び合う。級友の考えを聞き，自分の考えと同じ点や異なる点を多面的・多角的にとらえながら，自分の考えを膨らましていく。

(4) 振り返りで，めあて（学習課題）について，新たに気づいたこと・学んだことを確認する。これにより，生徒自身が自己の成長に気づき，自らの人生を自らの手で切り拓いていこうとする意欲を高めるようにする。

評価のポイント

(1) 生徒自身の評価の視点

　学習前の課題に対する考えと，学習後の考えの膨らみ（自己の成長）を自覚させることが大切である。

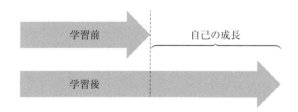

(振り返りによる「道徳ノート」への記述例)

　私は，学習前は運動が苦手で劣等感をもっていましたが，トマトとメロンの話やみんなとの話し合いから，自分らしいよさを見つけて自信をもって生きていくことが大切だとわかりました。そして，苦手な運動も頑張っていきたいです。

(2) 教師の評価の観点

　大きく2つの観点から授業を振り返りたい。

① 物事を多面的・多角的に考えている様子

　トマトとメロンのそれぞれの価値をさまざまな視点で捉え，私たち人間にも一人ひとりに固有の人間的よさがあることに結びつけて考えている。

② 道徳的価値についての理解を自分との関わりで深めている様子

　人間には皆それぞれよさがあり，それを生かして充実した生き方をしていくことについて自分とのかかわりで考えている。

「道徳科」授業事例4　　　　　　　　　　　　　　　　　　　　　　　A

希望と勇気，克己と強い意志

札幌市立東栄中学校長　鹿野内　憲一

指導計画例

1. **内容項目**　　A　希望と勇気，克己と強い意志
2. **教材**　　左手でつかんだ音楽　（教科書：東京書籍）
3. **ねらい**　　真実を見失わず，自己をよく見つめ，より高い志を持って，自分の将来に向け，自己の人生を切り開いていこうとする心情を養う。
4. **学習指導過程**

	学習活動・主な発問	指導上の留意点
導入	○「目標をもつこと」について，どのように思っていたかを，今までの経験から思いや考えを交流しよう。	○4人グループになり，目標の必要性について交流する。自己を見つめる動機づけとする。
展開	○教材を読んで話し合う。 　「目標」とは何だろう。 (1) 「ピアノへの思い」とはどのような思いだろうか。 (2) 両手で弾くことにこだわったのは，どうしてだろう。 (3) 左手だけで演奏した時，どのような思いがこみ上げてきたのだろうか。 (4) 今日の授業を通して一言で表すのなら，「目標にはどのような力があるだろうか。」ホワイトボード（磁石付）に書いてみよう。	○本時のテーマを提示する。 ○「趣味としてのピアノ」ではなく「観客を感動させる。」という目指すべきものと，ピアニストとしてのプライドに気づかせたい。 ○補助発問「どのような自分を求めたのか。」ということから，舘野さんが目標とする自分像を捉えさせたい。 ○次の目標が希望と生きる喜びに繋がったことを理解させる。 ○全員の書いたものを見ながら，数名の生徒に説明させ，目標について考えを深め広めさせる。
終末	○マイケル・ジャクソンの名言を紹介 「僕は願いを現実のものにしていく人間の能力を信じています。本当に信じているのです。その願いは目標に姿を変えます。そして，目標を現実のものにすることができるのです」。	○「舘野さんが左手で弾こうと思えたのはどうしてだろうね」と問いかけ，オープンエンドとする。 ○「自己を見つめ」「他の考えに触れて」の視点から授業の振り返りをワークシートに記入させる。

授業事例

T 今日は「目標」について考えていきましょう。目標って何でしょうか。「目標は大切だ。」と思う人もいれば、「目標なんて……」と思う人もいるでしょう。みなさんはいかがですか。今から3，4人グループになって，今までの経験から目標についての考えや思いを交流してください（3，4人のグループになって3分間）

T では，自分の考えや，印象的な他の人の考えでもいいので発表してください。

S① 僕は目標があった方がいいです。ないと，あまりやる気が出ないから。

T 今，S①君が言ってくれたことがわかる人？（15，6人が挙手）
では，（挙手をした）S②君，目標がないとなぜやる気がしないのかな？

S② 何を目指しているのか，わからなくなる。それに達成できたら気持ちがいい。

S③ 僕は目標を大きくもった時に，今の自分と夢の差を見てしまい，かえってやる気をなくしてしまいます。「自分ってだめだな」って思ってしまう。

T 今の考え，よくわかる人？（4，5人が挙手）（挙手をした）S④さんはどう思う？

S④ 私は目標があってもいいし，なくてもいいという中間です。目標に向かって頑張れるので，目標がない人と「努力の差」ができると思う。だから，目標があった方がいいけど，でも私は目標があっても（達成が）できない人なので……なくてもいいかな。

S⑤ 自分が変わりたいとか成長したいと思う人が目標を立てるのはいいけど，その気もないのに目標だけ立てても意味がないと思う。

T 目標についていつもと違った視点で考えられたらいいなあと思っています。
では，今日は，舘野泉さんというピアニストのお話です。音楽大学を首席で卒業し，世界で活躍されていた彼は突然の病気で右手が動かなくなってしまいます。（範読）

T 「ピアノへの思いは捨てきれませんでした」と書いているけど，「ピアノへの思い」って何だろうか。

S⑥ ピアノ一筋に生きていて，ピアノが好きだったのに，できなくなったから絶望感でいっぱいだった。

T そうだね。舘野さんは知人にも言われたようですが，好きなら趣味でやればいいんじゃないのかな？どうして，趣味でピアノを弾くことはだめだったのかな？

S⑦ 舘野さんはみんなに聞いてもらって，みんなに感動してもらいたかったと思います。それが舘野さんのピアノへの思いだと思います。

S⑧ 舘野さんにとって，ピアノは人生そのもの。だから，ピアノを趣味と考えられない。

S⑨ 右手が使えなくなったことで，「周りからどのように思われているだろう」と悔しかったと思います。

T この悔しいという思い，わかる？

S⑩ 自分のことを否定された感じがした。

S⑪ 自分が全力でやってきたのに，他人に簡単な気持ちで「趣味で弾いたら……」とか言われたくない気持ちだった。

T 「自分」を否定されたくないということだけど，そしたら，舘野さんは「自分」のことを，どのようにイメージ（自分像）をしているだろうか。

S⑫ 両手で弾く元の自分。両手で弾くことイコール，ピアノと思っている。

T どうして，両手で弾くことにこだわったのかな？
S⑬ プロのピアニストとしてのプライドがあるから。
T 確かに，プロのピアニストは片手だけでしか弾かないというイメージはないよね。舘野さんは息子のヤンネさんからもらった左手だけの楽譜をいざ弾いてみたら「とても泣けてきたんですよ……。」と書いてあるよね。「目標」という言葉を使うのなら，舘野さんにとって両手で弾くことや元に戻ることが目標だったのでしょう。では，この時，どんな思いがこみ上げてきたの？1分間，隣の人と意見交流してください。
T （1分後）では，考えを聞かせて下さい。
S⑭ ピアノは両手でないといけないという偏見を持っていたけれど，聞いている人に感動を届けるのがピアノだということに気づいた。
T なるほど。舘野さんはこのことが大切なんだと，気がついたんだね。
S⑮ 希望が見えた。自分でも弾けるんだという……喜びがこみあげた。
S⑯ 初めてピアノを弾いたときのことを思い出したと思う。初めて弾けた時って，すごくうれしかったと思う。その時と同じ，新しい可能性が湧き出てきた。
T では，舘野さんを通して，目標にはどのような力があるのかを，ホワイトボードに大きく一言で書いてくれますか（ホワイトボードの右下に小さく記名）。
T （記入されたホワイトボードを黒板に貼っていく）では，紹介していきますね。目標が持っている力とは？「自分を変える力」「物事を貫き通す力」「自分を奮い立たせてくれる力」「自分が思っていた以上にできる自分を見つけられる力」「生きる力」「自分の理想を実現する力」（全員分を紹介）では，皆さんに紹介したい名言があります。……マイケル・ジャクソンの言葉です。「僕は願いを現実のものにしていく人間の能力を信じています。本当に信じているのです。その願いは目標に姿を変えます。そして，目標を現実なものにすることができるのです」。
T （ホワイトボードを見ながら）さあ，皆さんの書いてくれた言葉のなかで気になる言葉はありますか。この「輝き」という言葉？書いた人，説明して見てください。
S⑰ 目標は自分のことを輝かし，未来を輝かす力があると思います。
T そうだね。左手だけの楽譜を弾くことで輝いた舘野さん。舘野さんが左手で弾こうと思えたのはどうしてだろうね……。では，これで授業を終わります。

板書例

目標ってなに？	左手でつかんだ音楽		目標にある力って？
★あったほうがいい	○「ピアノへの思い」って？	◎左手だけで弾いて…	自分を変える力
ないとやる気がしない	・ずっと弾いていた。	・感動を与えられる。	物事を貫き通す力
努力の差	好き…絶望	・希望，よろこび	自分を奮い立たせてくれる力
★なくてもいい	・聴く人に感動を与える	・「初めて」の時のよろこび	自分の理想を実現する力
夢と現実の差	・ピアノ＝人生	・新たな可能性	生きる力　輝き
達成できないと自分はダメと思う	○「趣味」「左手だけ」は…	・「できる！」	忍耐，背中を押してくれる
変わりたい，成長したいと思う人が目標を立てる	・悔しい，自分のことを否定された		自分が思っていた以上にできる自分を見つけられる力
	・両手で弾く自分のイメージ		
	・プロのピアニストのプライド		

第2編　主体的・対話的で深い学びを実現する中学校「道徳科」授業

授業のポイント

多くの中学生は，夢と希望に燃え，大きな目標を立てて入学してくるが，しだいに現実に直面し，目標や理想どおりにいかない現実に悩み苦しむ生徒も少なくない。夢や目標をもっても達成できなければ無意味に思い，かえって自分自身に失望感をもつ原因となってしまう。それは現実の自分を見つめることからの逃避へとつながっていく。そのため，挫折や失敗を見せないように虚勢を張ったり，目標をもたずにその時の判断と思いだけで取り組んでしまいがちになる。そこで，志を大切にし，的確な判断力をもって自分自身や現実を見つめながら，自己の人生を切り開くために，謙虚に，真摯に生きる態度を育てたい。

「特別の教科　道徳」の中学校学習指導要領解説では，指導の要点として「より高い目標とは，自分の現状に甘んじず現実をよりよくしようとする気持ちから設定するものである。現実との関わりのなかで考えられたものであり，現実離れしていることがある夢とは違うものである」とされている。

この教材は，東京芸術大学を首席で卒業後，日本，北欧5カ国をはじめ，世界各国でコンサートをこなしていた舘野さんが，脳出血で倒れ，右半身不随でピアニストの生命ともいうべき右手の自由を失い失意の日々のなかで，長男ヤンネが見つけた左手だけで弾く楽譜によって再びピアノに向かうという内容である。

授業においては，諦めずやり抜いた意志の強さに注目するだけでは，偉人に対する安易な尊敬の思いだけで，生徒自身が自己を見つめることも，道徳的価値の理解に対しても希薄になってしまう。また，ともすれば授業のねらいがD（22）「よりよく生きる」の不撓不屈になってしまう恐れも考えられる。そのために，本授業では前半から「目標とは何だろうか」というテーマを提示し，展開の後半に「目標がもつ力とは何だろうか」という発問によって，道徳的価値の理解を深めることができると考える。導入から，日常的に目標に対してどのように思っているかを交流させることで自我関与させ，テーマを柱とした授業構成としている。それは，生徒が日常から考える「目標」の概念を越えて，舘野さんがもつ「どのような自分になりたいのか」という自分像が強い意志となって，苦難を乗り越える原動力になったことを深め，将来に向かって前向きに生きようとする心を育てたい。

評価のポイント

「特別の教科　道徳」は，日頃当たり前と思って生活している道徳的諸価値から，自己を見つめ多面的・多角的に考え方を広げ，人間としての生き方を深める時間である。そのため，本時では「目標をもってやり遂げることは大切である」という前理解から，舘野さんの生き方に触れ他の生徒の発言を聞くなかで，「目標のもつ力」を考える。その学習活動を通して「達成感は，自己の可能性を伸ばし，人生を切り拓いていく原動力となること」や「高い目標に向かって努力する意欲を引き出すことにもつながること」等の価値の理解を基に，人間としての生き方を深めさせたい。

【評価の視点例】
①舘野さんを自分に置き換えてイメージし，自らの行動や考えを見直そうとしていたか。
②舘野さんの問題に対して，自己のとり得る行動を他者の考えを聞いて考えていたか。
③舘野さんが左手で弾こうと思えた根拠やそのときの心情を「様々な視点から」捉え，目標や希望に強い意思をもって向かう良さを考えようとしていたか。

「道徳科」授業事例5　　　　　　　　　　　　　　　　　　　　　　A
真理の探究，創造

帝京科学大学特命教授　**永林　基伸**

　今回の学習指導要領の改訂の柱である「主体的・対話的で深い学びを実現する」という方針は，学習指導要領解説「特別の教科　道徳編」に具体的に述べられている。平成20年改訂の解説書では，「自己の人生を積極的に切り開いていくためには，真理や真実を求める誠実な生き方に基づき，理想を追求し続け学び生きていくことが大切である」と示されている。これに対して，新学習指導要領では，「真実や真理に基づき学び，人生を開拓することが，自分の人生を豊かにすることだけでなく，これからの社会での新しい発見や社会の創造に深くかかわっている」との視点が加えられている。すなわち，一人ひとりが社会を創造し得る高い価値を持ち，社会の進歩を担う大切な存在であると言っている。このことは，道徳の学習において，一人ひとりの人生をどう生きるかに正面から向き合い，教師と生徒が論議し深く考えることで，新しい社会の創造に寄与していってほしいという願いが込められている。

　そこで，道徳の授業を構築していく際には，教科や領域の学習との関連を図るとともに，道徳の内容の他の項目を，A「真理の探究，創造」を中心に，前後の内容の配置に工夫が求められる。以下，指導計画例を示してみる（教科書出版社が作成したものを参考に）。

指導計画例

【第1学年】　日本文教出版「明日を生きる」より　①～②関連項目　☆「真理の探究」

学　期	1学期			2学期			3学期		
月	4	①	7	9	②	12	1	☆	3
主題 内容	「トマトとメロン」 A-3 向上心・個性の伸長			「むかで競争」 C-15 集団生活の充実			「緑のじゅうたん」 「真理の探究，創造」		

【第2学年】

学期	1学期			2学期			3学期		
月	4	①	7	9	☆	12	1	②	3
主題 内容	「自分を諦めない」 A-4 希望と勇気			「戦争を取材する」 「真理の探究，創造」			「自分の弱さと戦え」 D-22 より良く生きる喜び		

【第3学年】

学期	1学期			2学期			3学期		
月	4	①	7	9	☆	12	1	②	3
主題 内容	「風に立つライオン」 D-22 よりよく生きる喜び			「iPS細胞で難病を治したい」			本とペンで世界を変えよう C-18 国際理解・国際貢献		

授業事例

	学 習 活 動	指導上の留意点【発問の意図】
導入	1．山本美香さんについて知る。 　発問　この写真の人はどんな仕事をしていると思うか。	○ジャーナリストという職業に目を向けさせ，山本さんの経歴を紹介する。
展開	2．教材「戦争を取材する」を読み，考える。 発問①　山本さんが戦場取材を始めたころの悩みは何だろう。それはなぜだろうか。 ・私の仕事は意味のあることなのか。 ・医者のように命を救えない。 発問②　息子を亡くした父親の取材をとおして，ジャーナリストという仕事に全力を注ぐ決意をしたのはなぜだろうか。 ・自分が目撃したことを世界中の人たちに伝えなければならないと思った。 ・伝えることで人を救える可能性がある。 ★発問③　山本さんは，ジャーナリストの仕事について，どのように考えていたのだろうか。（あなたならどう考えるか）。 ・世界中に避難民の様子を伝えることで，どうしたら救えるかを考えてもらえる。 ・自分にはジャーナリストとしての役目がある。 自分に＋1　真実を追い求めようとするとき，どんなことが大切だろう。 ・真実を求めることの大切さを信じる。 ・簡単に諦めない。	○戦場取材をするジャーナリストの仕事はどのようなものか理解させる。 ○自分の仕事についての感じ方や考え方の変容に気づかせ，何がそうさせたのかを追求させていく。 　補助発問：「ただ知らなかったというだけで命が失われる」とは，どういうことだと思うか。 ○グループで話し合う。 ○ジャーナリストとして仕事の価値だけでなく，それをめざす生き方を捉えさせる。 ○「自分だったらどう考えるか」を問うことで，話し合いを深めたい。 ○発表者が，自分の考えと参考になった友だちの考えを発表する。 ○自分との関わりを大切にして，理想や夢のもち方，それに向かう自分の問題として見つめさせたい
終末	3．教師の説話を聞く。	○真理を愛し，真理を求め，自己の人生を切り拓いていった先人を紹介する。真実や真理を求めることのすばらしさと，乗り越えていくための粘り強い苦労にも触れる。

(1)　主題名・ねらい
- 真実を追い求める（日本文教出版「あすを生きる」2学年教科書より）
- 内容項目　　A 真理の探究，創造
- ねらい　　「真理や真実を求め，理想の実現をめざして，よりよく生きようとする態度

を育てる」

(2) 設定の理由

　理想の実現を求め，よりよく生き，自己の人生を切り開いていく積極性と力強さは，激動の時代である今の社会ではいっそう求められている。こうした積極的で力強い生き方は，普遍的で妥当性のあるものごとの道筋や道理である真理と，うそ偽りのない真実を探求していくなかで培われる。また，自分の人生をかけて実現すべき価値を見出したとき，理想として強く意識され，それを積極的に追い求めることで，よりよく生きる力が養われる。

　中学校２年生になり，人間としての生き方や社会の仕組みなどについて関心が高まり，夢や理想をもつようになる。しかし，高い理想を抱きそれに押しつぶされそうになったり，安易に理想を諦めたり，夢や希望はまだないという生徒も見られる。そこで，将来の夢や理想の実現に向けて，現実を見つめる確かな力を身に付けたり，将来に向かって理想を実現していくことの大切さについて感得し，自ら挑戦していこうとする態度を育てることが大切である。

　また，現代社会においては，これまでになかったさまざまな媒体による情報発信や受信が，真実や真理を見にくくしている現実がある。いわゆるネット社会の暗部のなかに子どもたちはさらされている。さらに，世界の国々は，自国の繁栄に腐心し，内向きの社会を形成しつつある。自分だけの幸せ，身内だけの幸福を求める風潮は，世界の平和や共同社会の形成といった理想の世界の実現を目指してきた，民主主義の危機にもつながりつつある。このような世界のなかで，社会のこれからの発展や継続のために，自分はどう生きるべきかの視点が欠かせない。

(3) 板書例

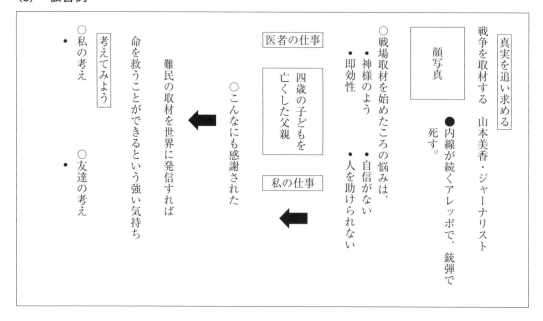

> 授業のポイント

(1) 導入の方法は，一つは，「山本美香さんの人物像の概要を示し，ジャーナリストの仕事について理解させる」がある。もう一つは，「現代の若者が，どのようにして社会の事実や真実を，情報として得ているか」を調べたデータを示すことである。たとえば，「ニュースは読みますか，見ますか」「どのような媒体で読みますか，見ますか」。ここでは，写真や映像，図などを用いて，状況を分かり易くつかませることが大切である。

(2) 展開では，発問①・②を通して，ジャーナリストとしてどう生きていくか悩む山本さんが，どのようにして自分の生き方を発見することができたのかを，つかませることが大切である。「世界の多くの人が知らない戦争難民の姿をとらえることを通して，その命を救うためには，世界に知らせることが必要なのだ」と，自分の生きる道を発見する山本さんの思いに注目させる。補助発問は，どんなことを言っているのかを生徒に想像させるとよい。ここまでは，一人ひとりにしっかり考えさせ，発言は，数人取り上げる程度にする。★発問③は，ジャーナリストとしての自分の役割をはっきりつかんだ理由を問うている。グループになって話し合いを深める。その際，発言の理由（なぜそう考えたか）をしっかり述べ合い，他の人の意見に耳を傾けさせる。世界に真実を伝えることが，なぜ難民の命を救うことになると考えたのかを深く考えさせ，私たちも，そういう報道によって戦争をなくそうと思うようになったのではないかと，気づきのヒントを与えることも必要である。展開の最後は，自分にプラス1で，自分の身近な取り組みでも良いし，夢や職業でも良いので，どんな生き方が大切か考えさせ記述させると良い。

> 評価のポイント

(1) 「ねらい」について
- 山本さんのジャーナリストとしての活動を深く考えることで，「真実を求めて生きることは，多くの人を救うことがある」ことが理解できたか。
- 「真実を求めて生きること」は，さまざまな困難が伴うが，やりがいがあり，粘り強く続けることで世の中の役に立つと考えられたか。

　これらの視点からの発言や記述が，展開のなかで見られたか。「世界の人に知らせることが，命を救うのはなぜか」について考えられたか。発問③で，ジャーナリストの仕事は，即効薬ではないが人々を救い役に立つという発言や，その理由を話し合いのなかで述べ合うことができたか。

(2) 話し合いの流れについて
- 道徳の授業での話し合いは，①発問や課題に自分の考えをはっきり持つことができたか。②話し合いの場面では，しっかり自分の考えを発表し，「なぜ」を示せたか，友だちの意見の良いところをメモできたか，などがポイントとなる。

(3) 一人ひとりの評価に向けて
- 生徒の発言や記述から，道徳の授業の評価を導き出すのは，むずかしさもある。そこで，ア，主人公の気持ちになって考えられたか。イ，自分のこととして考えられたか。ウ，自分の日常の生き方への内省や，これからの生き方に希望や意欲が見られるか，などを一つの指標として，評価してみると良い。

「道徳科」授業事例⑥ B
思いやり，感謝

東京都府中市立府中第九中学校長　吉田　修

指導計画例

　道徳科での道徳の授業を要にして，学校全体の道徳教育と関わりを持たせながら道徳教育を行うことで，生徒の道徳性を効果的に育むことができる。

　B「思いやり，感謝」の内容項目についても，学校の教育活動と関連をもたせながら，指導を行うことができる。

　行事，教科指導と関連をもたせ，意図的に指導を行える。

　例えば，9月下旬にボランティア体験，10月上旬に家庭科で保育，10月上旬に道徳の授業「思いやり，感謝」というように関連ある活動と道徳の授業をユニット化し重点化を図ることで，より効果的な授業を実践できると考える。

　また，別葉を活用し，道徳科を軸にカリキュラム・マネジメントすることで，教師が道徳の授業と他教科との関わりを意識し，より意図的な授業を構築できることにつながる。

　本授業の内容項目についてだが，小学校で学習した内容を意識し，中学生だからこそ到達できるところまで踏み込んだ指導を行う必要がある。具体的には，「思いやりや感謝が大切であることだけではなく，相手の立場や気持ちに対する配慮，そして，感謝の対象の広がりについても理解を深めていくこと」が大切である。そこまで到達できるような教材と指導過程が必要になる。

　また，感謝の心は，潤いのある人間関係を築くうえで欠かすことのできない大切なものである。人がおのずと感謝の念を抱くのは，他者の思いやりに触れ，それを有り難いと感じ，素直に受け止めたときである。そして，自分が現在あるのは，多くの人々によって支えられてきたからであることを自覚するようになる，という点にも意識し指導に当たる必要がある。

　そこで，上記の内容を指導の中心と考え，それに見合う教材と指導方法を考えた。

授業事例

1．教材の内容とねらい

　本教材『旗』（著者　杉みきこ）の内容は，転校したばかりで交通事故にあった少女は，自宅で窓の外ばかり見て過ごしていた。少女の気持ちを感じ，自分たちのできることで精一杯の思いやりを示す友だちがいた。いよいよ登校の前日，窓を開けて，少女は目を見張った。

　転校してきたばかりで友だちの少女が，交通事故に遭い不安を抱いている。このような状況でクラスメートとして自分たちにできることを考えさせる教材である。

　ねらいとしては，人は支え合って生きていることを理解し，共に生きる喜びを感じることによって，人間愛を深め，周りに生かされながら生きていることに感謝する心を育てる。

2．指導略案

導　入

「みんなが考える　思いやり」について数人の生徒から意見をもらう。
（価値への導入を図る）

【留意点】

ねらいは感謝だが，思いやりと感謝は一体である。思いやりを感じることで感謝する気持ちを深めることができる。

展　開

　1　教師による教材の範読。朗読後，教材を閉じさせる。

【留意点】
- 早口にならず，感情を込めて朗読する。
- 教材は最後まで提示せず，場面3までとする。
- BGMを活用し，リラックスした雰囲気をつくる。

【場面1での発問1】
- 「この時，少女はどんな気持ちだったのだろう」
- 「少女はなぜレモン色の旗を友だちのように感じていたのだろう」。

【留意点】
- 発問1で少女の心の動きを確認する
- 黒板（電子黒板）に場面1～3枚の絵を掲示し，資料を見返さなくても少女の心の動きが追えるように配慮する。
- リズムよく指名し自由に発言させる。

【場面2での発問2】
- 「友だちが見舞いに来たときの少女の気持ちはどんなだったろう」
- 「少女はどういう気持ちで赤いバラの縫い取りをしたのだろう」。

【場面3での発問3】
- 「それから一週間が過ぎ，何の音沙汰もなかったとき少女はどんな気持ちだったのだろう。

【留意点】
- 発問2と発問3の間で少女の心が安心した気持ちから不安の気持ちになっていることを捉えさせる。
- 場面ごとに分断されることなく，発問2と発問3の内容を一体に捉えさせ心情変化を捉えていく。

主体的・対話的で深い学びのポイント

最後の一文
- 「少女は，この町に引っ越して来て良かったと心から思った」を提示する。

【場面3】から最後の一文が提示されるまでの間に何があったのか考えさせる。それを実感させるために役割演技を使い，自分事の問題として捉えさせる。

　学級委員を司会者，見舞いに行った友だち2人を決める。見舞いに行ったときの様子を学級委員の司会でクラスに伝えてもらう。

　クラスでその様子を聞き，自分たちだったらどうするかを考えさせる。

　班ごとに意見交換させ，それをクラスで共有する。

【留意点】
- 自由な発想でかまわないが，少女が心から良かったという安心した気持ちになれたという点については押さえ，話し合いに臨ませる。

【場面4での発問】
- 「いつもはレモン色の旗が掲げてある所に，クラス旗が掲げてあり，その中心に自分のクリーム色の布を見たとき，幸子さんはクラスメートにどんな気持ちを抱いたと思いますか」。

終　末
- 生徒による授業感想，教師の説話

授業事例

　本授業で，「主体的・対話的で深い学び」や「考え，議論する道徳」になっているのは次の場面である。

授業のポイント

【課題の提示】

一週間が過ぎ
何の音沙汰もない

クラスでの取り組み

クラスではどんな話し合いや働きかけがあったのだろうか

少女は、この町に引っ越してきてよかったと心から思った

【クラスで役割演技】

少女の家で過ごす様子を見てきた友だちが学級でその様子を話し，クラスで考える。それにより実感を伴って自分事として考える。

班ごとに意見交換を行い主体的・対話的で深い学びにつなげる。

班での意見交換後に自分の考えをクラスで発表する。深い学びにつなげている。

最後に今日の授業で学んだことをワークシートに書かせて振り返らせる。

1. 場面絵の提示

　生徒の思考を助けるねらいがある。教材を読み取るばかりの読み取り道徳を行わないためにも，場面場面で主人公の気持ちに入り込み，自分だったらどう考え，どう思うかを場面絵で考えさせることが大切である。また，場面絵の提示方法には，ICT教育の普及に伴い，電子黒板による提示方法も考えられる。電子黒板は，教材を視覚的に捉えさせ紙芝居のように活用できるが，残らない点に留意して活用する必要がある。本事例では，ホワイ

トボードに場面絵を貼り残すように工夫した。

2. BGMの活用

　生徒がリラックスしながら授業に取り組めるように効果的に活用する。教師が教材を読んでいる場面，生徒がワークシートに自分の考えを記述している場面である。

　曲のみで歌詞が含まれていないものを使う。

3. 意見交換の工夫と役割演技について

> 評価のポイント

1. 役割演技を通して，友だちの思いやりを感じ主体的に考えることができたか。
2. ワークシートへの振り返りに他から受けた思いやりに対し感謝しようとする気持ちが深まったか。
3. 書く活動を通し，深まりを評価する。
　　①自分事として考え，価値の大切さがわかったか。
　　②自分だけでなく，他者に対しても考えが広がっていたか。
　　③今までの自分と比較し，これからの自分のあり方を書くことができたか。

などを評価する。

　以下に，「主体的・対話的で深い学び」「考え，議論する」場面においての評価のポイントを整理する。

1 教材提示 　生徒が興味・関心を寄せる教材提示。情報を与えすぎないこと。生徒に想像を膨らまさせることが大切。	主体性に考えさせる動機づけ	
2 発問 　問題意識や疑問が生かされ，多面的・多角的な思考が促される発問。心が揺さぶられる発問。中心発問を軸に，一体的に捉える発問構成。	深い学びにつなげる	
3 話し合い 　意図的指名，授業形態の工夫（ペア，小グループ）考えを類型化，グラフで視覚化 　話し合いを行うことで，考えを広げ，共有し，さらには振り返ることで深い学びにつながる。	・主体的 ・対話的 ・深い学び	班の話し合いから生徒が多面的・多角的に話し合っているかを評価する。
4 書く活動 ・吹き出しに書かせる　・手紙形式 ・絵や記号で書く ・自己評価，学習感想→評価に関わる ＊自己評価や学習感想をポートフォリオで累積することで評価につなげることができる。	・主体的 ・対話的 ・深い学び ・振り返り	書く活動を通し，授業の深まりを評価する。
5 表現活動 ・役割演技，動作化，劇化	自分事として考えさせる	役割演技の様子から主体的に自分事として捉えているかを評価する。

「道徳科」授業事例7　　　　　　　　　　　　　　　　　　　　　　　　　　B

礼儀

東京都府中市立府中第一中学校長　**森岡　耕平**

指導計画例

1. ねらいとする価値の理解

「礼儀」とは，長い人間の歴史や文化に支えられ，その社会生活の秩序を保つための行動様式として習慣化された身に付けておくべき言葉遣い，態度や動作として表現されるものだと言える。また，それが人間関係や社会生活を円滑なものにするためには，相手に対して尊敬や感謝の気持ちを心から伝える適切な言動として時と場に応じたものでなければならない。このことについて，教師と生徒が人間としてのよりよい生き方を求め，共に考え，共に語り合う授業では，中学生の発達的特質を考慮し，指導を行うことが大切となる。

たとえば，小学校の段階では無意識に習慣として実践してきた挨拶が，中学校では，見ず知らずの他人に何のために挨拶するのか，また，年上だからということで尊敬の念もない相手に，なぜ，頭を下げる意味があるのかなど，一般的な傾向として，形に反発を覚えたり，照れや恥じらいから望ましい言動が取れなくなることがある。こうした心情面の尖りがあることを押さえながら，「相手を思う心はどのように伝わっていくのだろうか。心で思っているだけでは伝わらないことをどうしたらよいだろうか」また，伝統的な礼儀作法は心を形で表すことの大切さを示していることなどについて十分に理解を図り，礼儀の意義を深く考えていくことが求められる。

2. 教材の分析

道徳科の教科書で扱う教材の多くが読み物教材である。この教材の活用については，登場人物の心情理解のみに終始するような授業や自分ならどうするかと行動ばかりを迫る授業を廃し，よりよい生き方を支える多様な考えや思いに迫り，自らを見つめ，深く考える授業が望まれる。授業者は，その教材に描かれている道徳的価値の展開を読み取り，この教材から何を考えさせたいのかを明確にし，発問を絞り，対話の広がる授業を構想していく必要がある。そのための教材分析例を以下に示す。

例．「おはようございます（外山滋比古『新編ことばの作法』PHP研究所）」

（『中学生の道徳3　自分をのばす』あかつき）

教材の場面	言　動	心の動き	価値の展開
母校で「おはようございます」と声をかけられる。	ただ，頭を下げただけ。	なぜ。びっくりした。恥ずかしい。気持ちよかった。	形だけではない心のこもったあいさつに気付く。
松山で「おはようございます」と声をかけられたことを思い出す。	こちらもつり込まれて「おはようございます」とこたえた。	知らぬほうがいいと思った。いつまでも思っていたい。	心やさしく礼儀正しいあいさつを求める。

中心となる場面について，そこに現れた言動，その時の心の動きを読み取るだけでなく，ねらいとする道徳的価値がどのように展開していくのかを捉え，この教材のなかで中心となる発問を構想するための分析を行い，学習指導過程をつくる。

授業事例

1. **主 題 名** 心からのあいさつ
2. **ね ら い** 母校で「おはようございます」と声をかけられた私が、その時感じたことを通して、心からのあいさつの意義を考え、実践しようとする意欲を育てる。
3. **内容項目** B礼儀
4. **教 材 名**
   「おはようございます（外山滋比古『新編ことばの作法』PHP研究所）」
   　　　　　　　　　　　　　　　　　　（『中学生の道徳3　自分をのばす』あかつき）
5. **主題設定の理由**

(1) 価値について

　あいさつは、人と人の円滑な関係をつなぐ潤滑油のようなものである。それは、時と場に応じ、また相手によって適切な形が求められるものでもある。その形は、習慣や伝統に支えられ、文化や言語によってつくられ、時代と共に変化してきたものである。

　しかし、いつの時代も、どこの場所でも、あいさつが人と人の円滑な関係を繋ぐものであるためには、その形が変化しても、相手に対する尊敬や感謝の心が伝わるものでなければならない。中学生にとってあいさつの習慣は家庭生活や地域の人々との関わりよって異なるものだが、それまで無意識にできていたあいさつが照れや恥じらいとともにためらわれるようになる。形だけのあいさつの仕方や望ましいと思われる所作を押しつけるだけの指導ではなく、あいさつの意義を自らに問い、その意義を深く考えることで心を形に表す大切さに気付かせたい。

(2) 教材について

　母校を訪ねた朝、一人の女子高校生が見ず知らずの私にさりげない「おはようございます」の声をかけてきた。思いがけないそのあいさつに、ただ頭を下げただけの私は、恥ずかしいことをした思いとともに、以前に訪ねた松山の朝でも同じような朝のあいさつを受けたことを思い出す。二つのあいさつのごく自然で相手を選ばぬ行為からあいさつの意義を自ら問い直す私の思いが描かれている。この思いを見つめることで心と形をつなぐあいさつの大切さに気付くことができる教材である。

6. **学習指導過程**

	学習活動	発問と予想される生徒の反応	留意点
導入	●本日の教材理解の準備をする	「今朝、『おはようございます』のあいさつを誰から言われましたか」。 ○父や母、兄弟姉妹、家族から ○近所の人、地域の人から ○友だち、先輩、先生、学校の人から ○通りすがりの知らない人から	●教材へ簡潔に導入する。 （3分）
展開	●範読を聴く。	「では、本日の教材を読みます。わかりにくい所や気になる所があったら線を引いて後で質問して下さい」。	●教師が教材を範読する。

展開	● 教材の内容を理解する。	（範読） 「この教材を読んで何かわからないことや，気になることがありましたか。」 （⇒質問があれば，適宜答える。内容を整理する）。	（4分30秒） ● 教材の理解を確認する。 （3分30秒）
	● 私の心の動きを捉える。	「母校で女子高校生から『おはようございます』と声かけられた時，ただ頭を下げただけで，すれ違ってしまった私はどんなことを考えたか。」 ○なぜ，見ず知らずの私にあいさつするのだろう。 ○びっくりした。（⇒「なぜ驚いた？」） 　●知らない相手に自分はしない。 　●高校生からされるとは思わない。 ○恥ずかしいことをした。（⇒「何が恥ずかしい？」） 　●大人の自分 ○『おはようございます』と応ずべきだった。 ○礼儀知らずと言われてもしかたがない。 ○ごく自然な声で気持ちよかった。 ○ぼんやりしていた頭がいっぺんにぬぐわれた。 ○わが母校はすばらしい学校だ。 ○今の高校生のほうが立派である。 　　　　（⇒「何が立派？」）	● 心の動きを読み取り，価値の展開をつかむために追発問で考えさせる。 （15分） ◎発言が出にくい場合は短時間での話し合いをする。 （2〜4人） ◎学習状況の把握 生徒の読む・聞く・考える・話す活動の様子を捉える。
	● あいさつの意義を考える。	「松山でのあいさつを思い出し，改めて母校でのあいさつを考えた私が気付いたことはどんなことだろうか。」 （中心発問） ○あいさつをされた時，あいさつをしようとする時，びっくりしたり，緊張したりしてしまう。 ○照れやためらいであいさつのタイミングを失う。 ○時と場に応じてあいさつの仕方を変えるのがよい。 ○知らない相手でも自然なあいさつは気持ちが良い。 ○相手へのやさしさがあいさつをよいものにする。 ○言葉にすることで伝わるものがある。	● 仲間の意見をよく聞き，見方，考え方を広げる。 ● 私の気付きを考えることで自分自身を見つめさせる。 （20分）
終末	● 本時の授業の感想をまとめる。	「本日の授業を通して考えたことや感じたことをワークシートにまとめてください」。	● これまでの自分を振り返る。 （4分）

7. 授業に対する評価

(1) 2つの発問は生徒が多面的・多角的に考えることができるものであったか。

(2) 生徒の発言を傾聴し，対話を広げることができたか。

(3) ねらいとする道徳的価値を自分事として捉え，人間としての生き方を深く考えられたか。

授業のポイント

1. 自己を見つめる

　主体的な学びがある授業とは，教材について「自分の問題として考える」授業である。それは，自分ならどうするかを評論家のように述べることではない。本時のような読み物教材のなかでは，主人公の私になりきってその心を考えることである。松山でのあいさつにはつり込まれながらもあいさつを返せた私が，母校の女子高校生のあいさつには，ただ頭を下げただけであったことについてなぜそうなったのか，どんな気持ちだったのか自分の問題として受け止めることから始めたい。

2. 多面的・多角的に考える

　多面的・多角的に考える授業では，その学級のなかに対話が広がることが必要である。物の見方や考え方は人によって異なり，多様である。正解が一つではない道徳科の授業においては，仲間の意見をよく聞き，自分の考えを語ることが求められる。授業者は，一人ひとりの生徒の意見を傾聴し，学級に対話を広げながら授業を進めたい。「なぜ驚いた」「何が恥ずかしい」「何が立派か」などの追発問は，発言者への問い返しではなく，学級全体での対話を広げるために役立てたい。

3. 人間としての生き方について深く考える

　深く考える道徳科の授業とは，人間としてよりよい自分の生き方について授業で新たに広げることができたり，深めることができた価値の理解に基づいて，いまの自分を見つめ，これからの生き方を考える授業である。それは，授業全体の振り返りや感想のなかで生徒がおのずと語るものである。対話を大切にした授業の終末でワークシートの活用により書く活動を図り，文字化させることで深めさせたい。

評価のポイント

1. 生徒の学習状況や道徳性に係る成長の様子を継続的に把握する

　道徳科の学習における評価とは，生徒にとっては自らの成長を実感し意欲の向上につなげていくものである。それは，個々の内容項目ごとではなく大くくりなまとまりのなかで生徒の成長の様子を積極的に受け止め，認め励ます記述による個人内評価とされている。

　そのため，本時においては，「私が気付いたことについて」のワークシートの記述や本時の感想からの受け止めを中心に，書くことが苦手な生徒については授業中の発言や話し合い，（教材を）読む活動や（仲間の発言を）聞く活動等の学習状況を授業者が必要に応じて把握していく必要がある。とくに，「一面的な見方から多面的・多角的な見方へと発展させているか」また，「道徳的価値の理解を自分との関わりの中で深めているか」という2つの視点からとらえていくことが求められている。

2. 生徒を理解してこその評価

　認め励ます評価は生徒一人ひとりの理解なくしてはできない。本時でも，生徒の発言やワークシートの記述からその生徒の言いたいことを教師が受け取れているかどうかで生徒は自分が認められているかどうかを容易に判断する。生徒の心の声を聞こうとする教師，生徒とともによりよく生きることについて考えようとする授業なくして認め励ます評価は実現でない。授業中の学習活動のメモ，ワークシートの記述の真意の読み取りを大切にしていかなければならない。

「道徳科」授業事例8　　　　　　　　　　　　　　　　　　　　　　　B
友情，信頼

東京都江東区立大島南央小学校長　**松原　好広**

指導計画例

1. **主題名**　　B「友情・信頼」

2. **主題設定の理由**

友情とは，互いの信頼感や尊敬の気持ちが伴って育まれるものである。友情を育てるには，相手の成長を心から願い，互いに励まし合い，高め合い，協力を惜しまないことが必要である。

現在，携帯電話やメールの普及により，生徒は友だちと気軽にコミュニケーションを取れるようになった。しかし，自分が傷つくことを恐れるあまり，表面的な付き合いに終始してしまい，友だちと心を割って本音でコミュニケーションを図ることができないことがある。このような時期に，「友情とは何か」「そのためには何が必要なのか」を理解させることが大切であると考え，本主題を設定した。

3. **ねらい**

友情の尊さを理解して，励まし合い，信頼し合うことの大切さを理解する。

4. **生徒の実態**

中学生になり，親や教師から独立しようとする気持ちが芽生え，心を許し合える友人を得ようとする欲求も生まれる。その反面，友人に冷たくされたり，秘密を話されたりするなどの行動も見られる。

5. **教材名**

「新しい友達」（『中学校道徳「自作資料集3」』松原好広著　明治図書）

6. **教材の概要**

主人公は，友だちのゆかりのために，好きな男の子との仲を取りもってあげる。そのお蔭で，ゆかりは好きな男の子と付き合うことができるようになる。しかし，ゆかりは，次第に男の子との付き合いを教えてくれなくなり，主人公の好きな人のことまで他の男の子に話してしまう。ゆかりとの付き合いに葛藤をもち始めながらも，心のどこかでゆかりを求める主人公の心情を綴った教材である。

7. **指導のポイント**

「友情を育てていくためには何が必要か」を考えさせるために，主人公と友だちの心情を対比させて考えさせる。そして，言動や行動の行き違いから生ずる人間関係を浮き彫りにさせて，それを乗り越えたところに，「友情」があることに気付かせる。

授業事例

8. 展開の大要

	学習活動	発問と生徒の反応	留意点
導入	○友だちについて考える。	○友だちについてのアンケート結果を発表する。 ・勇気付けられた時 ・裏切られた時	○他の人の意見にふれることにより，友だちについての意識を深める。
展開	○教材を読む。 ○家に帰った主人公の気持ちを考える。 ○主人公から，メールを受け取ったゆかりの気持ちを考える。 ○その後の主人公とゆかりのやりとりを考える。 ○よい友だちになることを考える。	○教師が範読する。 ①主人公は，家に帰って，どんなことを考えていましたか。 ・人の気持ちも知らないで。 ・ゆかりが信じられなくなった。 ②主人公から，メールを受け取ったゆかりは，どんなことを考えていましたか。 ・それは誤解だよ。 ・これからも仲良くしようよ。 〈補助発問〉 ・あなたは，主人公派？　それとも，ゆかり派？ ③その後，主人公とゆかりは，どんな話をしたのでしょう。 ④自分がよい友だちになるためには，どういう友だちになったらいいのでしょうか。 ・ワークシートに記入する。	○「友情」について考える主人公の心情にふれる。 ○ゆかりとのかかわりの中での主人公の心の変容を考えさせる。 ○主人公とゆかりの心情を対比させて考えさせる。 ○「友だち」を思う主人公とゆかりの心情を深く考えさせる。 ○お互いが尊重し合える気持ちが必要であることにふれる。
終末	○友だちに関連させた話を聞く。	○先生から，友だちにかかわる話を聞く。 ・先生の話を聞く。	○授業のねらいに迫れるようにする。

9. 評価

(1)「友情の尊さ」について理解することができたか。

(2) 自分とのかかわりで，「友情の尊さ」がとらえられたか。

(3)「友情の尊さ」を自分なりに発展させていくことへの思いや課題が培われたか。

10. 生き生きとした授業への工夫

　主人公とゆかりを対比させて考えさせるため，自分の名前を記入したものを黒板に貼る。黒板に，主人公とゆかりのイラストを掲示し，どちらの心情に共感するかを貼り付ける。そして，なぜそのように考えたのかを説明させて，友だちに対する考えを深める。いず

れにしても，教師は，友だち関係には，葛藤や反発がつきもので，それを乗り越え，信頼関係を深めていくことが大切であることを押さえる。

11. 展開例　抜粋

教師：主人公とゆかりについて，あなたは，どちら派ですか。自分の名前を黒板に貼って，その理由を教えてください。

生徒：私は，主人公派です。せっかくゆかりのためにいろんなことをしてあげたのに，それを裏切るようなことをしたからです。

（イラストの間に名前の提示）

生徒：僕は，ゆかり派です。やっぱり好きな男の子から「黙っていて」と言われたら，言うわけにはいかないと思います。それに，秘密の話って，絶対に人に話しちゃうから，ゆかりに話したこと自体，いけなかったと思います。

教師：なるほど。主人公派，ゆかり派それぞれの意見がでました。他の意見の人はいますか。

生徒：私は，中間派です。主人公も秘密を言ってしまうし，ゆかりだって，好きな男の子から「黙っていて」と言われたら，やっぱり言えるわけがないと思うからです。

生徒：私も同じです。でも，やや，主人公に同情します。

生徒：僕も，でも，主人公寄りの中間派です。

教師：なるほど，中間派等の人も出て，いろいろな受け止め方が出ましたね。では，その後，主人公とゆかりは，どんな話をしたと思いますか。

生徒：お互いに誤解があったのかもしれないので，それを晴らすような話をしたと思います。

生徒：とりあえず，ゆかりは，主人公を傷つけてしまったので，心から謝ったと思います。そのとき，ゆかりは，心の中で，主人公にとって，「よい友だち」になろうと思ったと思います。

教師：なるほど。ゆかりは，そんなことを考えたと思ったのですね。今，発言してくれたように，よい友だちになるためには，どういう友だちになったらいいのでしょうか。今からワークシートを配りますから，そこに記入してください。

生徒：（ワークシートに記入する。）

　ワークシート記入後，数名の生徒に発表してもらいます。教師は，あらかじめ机間指導を行い，「友だち」にかかわるような記述をした生徒を確認しておき，意図的に指名して発表してもらいます。生徒は，次に示すような記述を行うことでしょう。

▌記述例

生徒：友達にとって，大切なこと，必要なこと，友だちのためになることなどを言ったり，やったり，してあげることだと思います。単なる遊び友だちではなく，付き合うことで，互いが高まっていく，そんな関係になれる人が，相手にとっての「よい友だ

ち」なのではないかと思います。私も、そんな「よい友だち」になれるよう、自分自身をもっと高めていきたいと思います。

12. 終末の説話例

　中学校時代は、子どもから大人になっていく時期です。不安も多いし、悩みも多いことでしょう。だからこそ、友だちと協力をしたり、ケンカをしたり、仲直りをしたりするのです。とにかく、この3年間は友だちの存在がとても大きくなるのです。

　では、友だちはつくるものでしょうか。先生は、自分がよい友だちになろうとすることが大切だと思います。よい友だちになろうとしていると自然に友だちの輪が広がっていきます。

　自分がよい友だちになるとは、どういう友だちになったらよいのでしょう。先生もその答えをずっと探していました。すると、ある時、相田みつおさんの詩を読んで、「そうか！そういうことなのか！」と答えが見つかったような気がしました。

　それは、「あなたがそこにただいるだけで」という詩です。相田さんは、あなたが、そこにいるだけでその場の雰囲気がとてもやわらぐと言っています。そして、相田さん自身も、そんな心の温かい人になりたいと言っています。そんな相田さんに紹介された人のように、先生自身も心のやすらぎのある温かい人間になりたいです。

13. あいだみつをの詩の活用

　上記のように、授業の終末時には、あいだみつをの詩、「ただいるだけで」の詩を紹介する。生徒の多くは、友だちに対して、「やさしくする」「声をかける」などの能動的なことを友情と考える傾向があるが、「ただそばにいる」「ただ話を聞く」という受動的なことも大切なことである。このことをじっくり考えさせるために、あいだみつをの詩を併せて活用すると効果的である。

```
ただいるだけで

あなたがそこに
ただいるだけで
その場の空気が
あかるくなる

あなたがそこに
ただいるだけで
みんなのこころが
やすらぐ

そんな
あなたにわたしも
なりたい

　　あいだみつを
```

「道徳科」授業事例9　　　　　　　　　　　　　　　　　　　　　B
友情，信頼（異性の理解）

東京都中野区立中野東中学校長　齊籐　久

友情の延長線上に適切な恋愛関係があるものと読んでしまいがちである。ここで大切なのは，指導者の価値への理解を深め，生徒の多様な意見を引き出すことであると考える。

指導計画例

1. ねらいと教材
(1)　内容項目　B　友情，信頼
(2)　ねらい
　資料を通して異性との関係のあり方を考え，互いに尊重し合い，人間関係を深めていこうとする道徳的実践意欲と態度を育む。
(3)　教材名
　「アイツ」　出典：廣済堂あかつき『中学生の道徳』　1.自分をみつめる

2. 第1学年の生徒と本資料について
　男女の仲で起きることを扱う資料であり，生徒は興味をもって資料に向き合うことが予想される。日頃の関係がある程度構築されたうえで実施すると，主題についてより生徒に考えさせやすくなると考えられるため，年度当初の実施は避けたいところである。生徒の気持ちの高揚をうまく指導展開に活かし，適切な異性との関わりや真の友情について考える機会を設定したい。

3. 指導に当たって
(1)　範読の工夫
　資料理解が道徳授業の最初の鍵であると考えている。今回は，この年代の男女の関係を考えるため，範読のセリフ部分についてたっぷりと登場人物になりきることで生徒の資料理解を深めたい。
(2)　発言集約表の活用
　生徒の意見を聞いた後，生徒に背を向けながら板書していくのではなく，手元で紙に記録しておくことで，教師と生徒とのコミュニケーションが断絶してしまうことを防ぐ。対話が多く生まれる授業にする。
(3)　板書の工夫
　真一と夏樹の考えを対比的な構造として示す板書とする。また，生徒が次の思考へのステップとなるような板書構成にすることで，道徳的価値の深まりや広まりが生まれることを目指す。

授業事例

時間	主な学習活動（●）と発問（○）中心となる発問（◎）	予想される生徒の反応	教師の支援（●）指導上の留意点（○）評価の観点（☆）
導入 3分	1．本時の主題「異性への理解」をイメージする。 ●主題の確認 　「今日は異性との関わりについて考えます」。 ●登場人物の確認 　①真一 　②夏樹	●周囲と顔を見合わせる ●恥ずかしがる	○生徒の高揚が予想されるため，テーマのみ提示したら資料の範読に入る。 ●真一と夏樹の挿絵を拡大して黒板に掲示
展開 42分	2．教材「アイツ」を通して自らの生き方を考える。 ●範読を聞く ①　気まずい2人の関係を整理してから，ハンカチを受け取った場面までを振り返る。 ●黒板に提示する，2人の関係についてのグラフを考える。 ○「この場面，2人の関係は良好だろうか。険悪だろうか。」（右の欄の4場面について問う） ○「この場面でのハンカチにはどんな意味があるだろう」 ○翌日，真一は夏樹に対して，どんな声を，どのようにかけるのだろう。伝え方や雰囲気にも気を配って考えてみよう。 ◎この2人が，良好な関係を築いていくために，大切にすべきことはどんなことだろう。	 場面①：授業参観 　●ちょっと悪くなっている 場面②：下駄箱前での言い合い 　●最悪　●怒りの感情 場面③：その後の気まずい関係 　●2ヵ月間，最悪のまま。 場面④：保健体育の授業 　●関係は少しよくなっている 　●会話は最小限だけど，改善の兆し。 ●二人をつなぐ架け橋 ●会話のきっかけ ●関係を修復するチャンス ●ハンカチ，サンキュー！ ●ハンカチ，ありがとう！おかげでケガもこのとおり！（明るく） ●（無言でハンカチを差し出し）俺，夏樹のことが…。 ●自分が相手を思いやる勇気 ●相手を尊重する気持ち ●相手を大切にする姿勢 ●相手の言葉を聞こうとする姿勢 ●信頼	○黒板に，場面ごとの発言や態度などを提示しながら確認。（特に指名などはせずに，教師主導で進める）。 ○わざと明るく振る舞ったり，逆にそっけないそぶりだったりと，生徒の多様な反応に対して，その心の内にある意図や思いを考えさせる問い返しをする。 ☆様々な意見に耳を傾けることで，相互に考えを受け止めながら交流することができているか。
終末 5分	3．本時の学習を振り返り，どんなことを学び，考えたのか感想を記す。		☆学習を振り返り，異性との関わりについて向き合って自身の考えを構築できたか。 ☆他者の意見を受け止め，考えることができたか。

1　板書計画

○月○日（○）第○回道徳　　　　　　　　　　　　　　　この2人が
資料名：アイツ　　　　　　　　　　　　　　　　　　今後大切にすべきこと

	授業参観	ケンカ	…	保健体育で	翌日	
夏樹	●おばさん来てたね ●よかったね ●通知、見せなよ。 ①	●たじろぐ ●無言 ④	二ヵ月	●ハンカチを ポンと投げる ●一言告げて 走り去る ⑥	？	生徒意見
㊤関係㊦	（良→悪の関係グラフ　ハンカチ）					
真一	●お節介 ●告げ口するな ②	●余計なお世話だ！ （怒鳴る） ●走り去る ③	二ヵ月	●転倒 ●怪我で歩けない ⑤	？	

2　授業観察の視点

(1)　指導内容に一貫性があり，学習活動はねらいとする価値を追究するために適切なものであったか。
(2)　二人のこれからについて，相互の理解や互いの成長に関連する記述がみられるか。
(3)　生徒から多様な意見が引き出されていたか。

授業のポイント

　本授業に限らず，空論で終わらせないための工夫は常に求められるが，本資料は，男女の恋愛に関連する内容であるため，生徒が冷静さをもち，真摯に考える機会を設けたい。
　まずは，範読の工夫である。授業前には，真一の言葉は男性である私，夏樹の言葉は同僚の女性教諭に読んでもらうことも考えたが，生徒が面白がってあまりの興奮状態になってしまってはねらいへの到達が遠のくと判断し，一人での範読とした。その分，声色はなるべく変え，間を大切にした。展開部での資料理解や確認の時間を短縮するためにも，範読の工夫は不可欠であると感じる。
　「異性の理解」は，中学生の時期にはとくに興味のあるところであり，恥ずかしさから大げさな言葉が出てくるか，発言が極端に減るか，生徒の反応が楽しみな資料でもある。実際の授業では，早々に，キーアイテムとしての「ハンカチ」について生徒からの言及があった。予想していたよりも早い展開ではあったが，その場で展開を切り替え，問い返しに「ハンカチとは2人にとってどのようなものだったのだろう」として，生徒1人の発言を教室全体のテーマとした。生徒からは「2人をつなぐ架け橋」「2人が関係を修復するきっかけ」「翌日の会話の手掛かり」など，2人の関係を，再び結びつけるものという意見があった。それを受けて，当初の板書計画からその場で変更し，真一と夏樹を対比して構

成した板書の中央部に「ハンカチ」と書いた。その場でできることを増やすのは、生徒と授業に対する想像力であると考える。発問を設定したら、生徒の顔を思い浮かべ、どんな反応が返ってくるかを想像してみる。これがその場でのひらめきを生むように思う。

大切なのは、生徒と教師が同じ舞台で真剣に考えた、等身大の言葉や文章の裏にある思いである。生徒のなかに入り、ファシリテーターとして笑顔で振る舞い、本音を言いやすい、書きやすいという雰囲気を大切に、本価値について生徒の内面に芽生える心を、自身に捉えさせたい。

評価のポイント

評価に関しては、以下の2点を設定した。

> 1. 他の生徒の様々な意見に耳を傾け、それらを受け止めて自身の考えをもち、表現しようとしているか。【学習状況を捉える】
> 2. 自分自身の内面を見つめ、「異性との適切な関わり」についての考えを自分なりに深めることができたか。【道徳性に係る成長の様子を捉える】

1の学習状況については、生徒が書いたり、話したりしている様子を捉える工夫である。他者の意見を聞こうとしていたり、うなずいていたり、他者の意見を受け止めたうえで自身の考えを構築していたりする様子を、励まし認めることなのだと考える。

2の道徳性に係る成長の様子については、内容についての生徒の気づきや変化の様子などを見取ることである。生徒の考えが変わったり、変わらなかったりする考えの結果の部分ではなく、その過程を捉えようとするイメージなのだと思う。

実際の授業では、中心となる発問に対して「素直さ」や「相手の考えをまずは受け止めること」「約束事を決めておく」「相手への信用」といった反応があった。さまざまな反応の後で、「信頼…？」という生徒の言葉を受けて、「信用と信頼」というまた新たな展開が生まれた。

評価の方法についての議論よりも、生徒を励まし、支える対話の延長として気楽に捉えることが、かえって生徒の心に届く評価になるのではないか、とも考える。

「道徳科」授業事例10　　　　　　　　　　　　　　　　　　　　　　　　B

相互理解，寛容

神戸市立北神戸中学校長　田中　重明

指導計画例

主　題	相互理解，寛容	内容項目	B
教　材	山寺のびわの実	出　典	「中学校　読み物資料とその利用—「主として他の人とのかかわりに関すること」—」（文部科学省）
ねらい	甚太の気付きを通じ，いろいろなものの見方や考え方があることを理解し，寛容の心をもって他に学び，自らを高めていこうとする道徳的実践意欲を養う。		
学習指導過程及び指導方法	（事前）朝の読書の時間に教材を読む。 1．教材の内容を確認する。 2．甚太の気持ちについて考える。 　①　甚太は，なぜおっさんが性に合わないのか。 　②　おっさんをひっくり返してやったのに，甚太はなぜいらいらしているのか。 　③　深々と頭を下げた甚太は，どんなことを思っていたのか。 3．ワークシートに感想と評価を記入する。		
他の教育活動との関連	相互理解は，望ましい人間関係形成のうえで重要である。学級開きや野外活動，体育会，合唱コンクール，校外学習などの大きな行事の前に，この主題を取り扱うとよい。 （例） ●学級活動：日常の生活や学習への適応と自己の成長及び健康安全（自他の個性の理解と尊重，よりよい人間関係の形成） ●人権教育：いじめ問題の指導 ●情報モラル教育：スマホトラブル		

> 授業事例

道徳科学習指導案

1. 対象学年　　第2学年

2. 主　　題　　B　相互理解，寛容

3. 教　　材　　「山寺のびわの実」
出典：「中学校　読み物資料とその利用
　　――「主として他の人とのかかわりに関すること」――」　（平成4年3月，文部科学省）

4. ねらい
　さえと竹庵の会話を聞き，おっさんの思いを知って深々と頭を下げた甚太の気持ちについて考えることで，いろいろなものの見方や考え方があることを理解し，寛容の心をもって他に学び，自らを高めていこうとする道徳的実践意欲を養う。

5. 主題設定の理由
　ひとは自分のことは知ってもらいたいのに，他人のことを知ろうとする努力を怠る。相互に理解することが人間社会できわめて重要であるのに，自己主張ばかりする人々が増えていないだろうか。「自分のことをわかってくれない」と腹を立て，そんな自己中心的な理由で犯罪を起こす大人，いじめや不登校といった問題行動に走る生徒が少なからずいる。
　相互理解にとって，自分の考えや意見を発信することは重要であり，他者に自分の考えや意見を伝えることで良好な人間関係が築けたり，理解が深まったりするものである。
　しかし，自分の考えや意見は，自分の経験などから形成されたものできわめて一面的であり，すべてを知り尽くしているわけではない。そのことをしっかり自覚し，謙虚に他に学ぶ姿勢を育てていく必要がある。
　中学生ともなると十数年の人生経験を踏まえ，自分の考えや意見を伝えること，相手の立場に立ってその意見や考えを聴くことの双方の大切さを自覚し始めている。ところが，自分の考え方が確立することで自分の意見に固執する傾向もある。「相互理解，寛容」の学習を通して，お互いの立場や個性を理解し尊重することの大切さや，寛容の心をもって謙虚に他に学ぶことが人間としての成長につながることを理解させたい。
　「山寺のびわの実」は，甚太がおっさんの広い心の内を知り，それまでの自分の心の狭さに気付いて生き方を改めようとする姿を描いている。甚太のように自分の考えに固執してしまうことは誰にでもあることであり，甚太の境遇や仕事への誇りなどに目を向けることで，おっさんが善で甚太が悪という単純な図式に陥らないように注意したい。おっさんが甚太を深く理解していたからこそ甚太に心を開き受け入れることができた。それに気づいた甚太がおっさんを理解し心を開いて生き方を変えていく姿を通して，謙虚に他に学ぶことで自らを高められることを自覚させたい。

6. 指導展開

	学習活動	主な発問と予想される生徒の反応	指導上の留意点
事前	＊朝の読書の時間に教材を読む。	＊朝の読書の時間に教材を読み，大まかに理解しておく。	＊事前に教材を読むことで対話の時間を十分確保する。
導入	●教材の内容を確認する。	●教材に関心を持ってしっかり説明を聞き，道徳的な問題を中心に教材の理解を深める。	＊場面絵を活用して理解を深めさせる。
展開	●甚太の気持ちについて考える。	○「おら，性分に合わねえ」。甚太は，なぜおっさんのことが性に合わないのだろう。 ●托鉢が仕事のじゃまになるから。 ●おっさんはろくに働いていないと思っているから。 ○「ええーいっ！あの坊主めがっ」。おっさんをひっくり返してせいせいしたはずなのに，甚太はなぜいらいらしているのだろう。 ●びわの実が取れなかったから。 ●ひっくり返したぐらいでは気が済まないから。 ●どこかやましいところがあるから。 （補助発問）甚太は本当に山寺のびわの実がほしいのだろうか。 ◎「性に合わねえ甚太めに，おっさん…」深々と頭を下げた甚太は，どんなことを思っていたのだろう。 ●ひどいことをしたのに，自分（甚太）を責めないでいてくれた。 ●おっさんの本当の気持ちを知らず，申し訳ない。 ●これから恩返しします。 （補助発問）甚太が気付いたことは何だろうか。 （補助発問）はたして甚太は悪い人なのだろうか。	＊おっさんに対する甚太の偏見に気付かせたい。 ＊自分の行為をどこか正当化できないでいる甚太の苛立ちに気付かせたい。 ＊中心発問では全員に答えさせる。 ＊自分の知らなかったおっさんの思いや姿を知って深く後悔している甚太の気持ちに共感させたい。 ＊善人と悪人の単純な二者対立と考えさせないように注意する。
終末	●授業をふり返り，感想を書く。	○ワークシートの授業の感想と評価を書いてみよう。	＊本教材で学んだことをしっかり書かせる。

第2編　主体的・対話的で深い学びを実現する中学校「道徳科」授業

> 授業のポイント

- 昔話風に描かれた物語で方言も使われているので，一部の語句には説明が必要である。また，文章が長く授業時間内に範読すると10分程度かかってしまう。以上のことから，教材理解を円滑に進め中心部分にしっかり時間をかけられるように以下の工夫を行った。
    - 授業の前（朝の読書の時間）に教材を読ませておいた。
    - 教材の余白部分に難しい語句の説明を書き加えた。
    - 導入で場面絵を使い，教材の内容を確認した。
- 中心部分の時間を確保（20分以上の時間をかけた）した上で，深い学びにつながるように以下の工夫を行った。
    - 中心発問では，全員に答えさせた。
    - 問い返しや補助発問を活用した。
    - 友人の意見や考えを聞いたうえで自分の考えをワークシートに記入させた。

> 評価のポイント

「中学校学習指導要領解説　特別の教科道徳編」の「相互理解，寛容」の項（p.42）には，「自分の考えや意見を相手に伝えるとともに，それぞれの個性や立場を尊重し，いろいろなものの見方や考え方があることを理解し，寛容の心をもって謙虚に他に学び，自らを高めていくこと」との記述がある。中学生の発達段階で目指すところは，とくに，その後半部分「寛容の心をもって謙虚に他に学び，自らを高めていく。」だと考える。

評価の材料としては，
①授業中の発言
②授業への参加態度
③ワークシートの記入内容などがあげられる。

①については，授業後の黒板を写真にとって記録できる。
②については，生徒を見る教師の印象である。
①・②とも授業を見取る役の教師がいれば，記録しやすい。いわゆるティーム・ティーチングである。
③について，今回使用したワークシートは右のものである。分析してみるとねらいに迫る意見を書いていた者が37人中15人であった。甚太を悪者扱いする者は，0だった。また，大多数の生徒がみんなの意見や考えを聴けたことが良かったと書いており，中心発問での全員発言は生徒が自分の考えを深めるうえで有効だった。

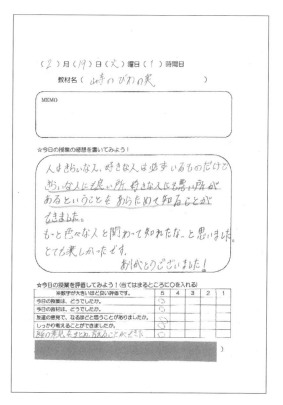

107

「道徳科」授業事例11　　　　　　　　　　　　　　　　　　　　　　　C

遵法精神，公徳心

静岡県伊豆市立中伊豆中学校長　相馬　美樹子

指導計画例

1. 内容項目　　C　遵法精神，公徳心
2. 主題名　　　社会の秩序と規則
3. 教材名　　　「二通の手紙」（出典：『私たちの道徳』　文部科学省）
4. ねらい　　　法やきまりの意義を理解し，秩序と規律のある社会を実現するために，社会の一員として自らに課せられた義務を確実に遂行しようとする態度を育てる。
5. 学習指導過程

	学習活動（発問と予想される子どもの意識）	指導上の留意点
導入	1．本時のテーマを示す。 ○きまりを守ることはなぜ大切か。 ●世の中の平和・安心，安全な暮らしを守るため ●みんなが楽しむため　●自分の命を守るため ●大切な何かを守るため 　何を守るために，きまりを守るのか	●きまりの他律的な捉え方を超えて「何を守りたいから，きまりを守るのか」という問題意識をもたせ，テーマにつなげ，主体性を高め，ねらいとする価値への方向付けを行う。
展開	2．教材「二通の手紙」を読み，話し合う。 ○元さんはなぜ規則違反だと知りながら，2人を園に入れてしまったのだろうか。 ●子どもたちのために動物を見せてあげたい。 ●子どもたちを喜ばせたい。●誕生日の姉弟の思い。 ●子どもだけでも帰ってこられるだろう。 ◎元さんがこの歳になって初めて考えさせられたことは何だろう。 ●子どもたちの笑顔を守ることが自分の生き方であること。 ●その笑顔を守るためにも，安全を第一に考え，きまりを守ること。 ●自分の思いや誇りを守るためにも，きまりを尊重していこうということ。 ○友だちの意見への質問や付け足しはありませんか。 （質問）元さんの思いや誇りというのはどういうものなんだろう。	●概要をとらえる。 ●元さんが動物園職員として，また人間として大切にしている思いであり，それが一通目の手紙となって現れたことをおさえる。 ●事態は大事に至らなかったものの，二通目の手紙を受け取る。その上で，二通の手紙を見比べて考えさせられたことの中身を問う。ポイントとして，「一通め」と「二通め」を挙げる。 ●「新たな出発」や「晴れ晴れとした顔」につながることを意識させる。 ●友だちの意見に対して質問や，付け足しをしながら自分の考えを深めさせていく。

	（返答）お客さんに動物たちの迫力や，生きることの不思議さ，素晴らしさを感じてもらうことだと思う。 （付け足し）お客さんに「また来たい」と思ってもらえる喜びや，「楽しい時間を過ごしている」という動物園職員としての自負や誇りを大事にしたかったんだと思う。 （付け足し）きまりだから守るというよりは，自分が生きているうえで大切にしているものを守りたいからということだよね。	●「きまりを守ることは，何を守ることにつながるか」や「何を守りたいから，きまりを守るのか」等，補助発問を投げ掛け，テーマにつなげて友だちとの意見交換を行う。 ●多面的・多角的な考え方を引き出していく。
終末	3．本時の授業を振り返る。 ○友だちの意見に学んだこと，気づいたこと，改めて課題と感じたことを発表しよう。 ●○○さんの意見を聞き，元さんが自分の思いも子どもたちの思いも大切にして，これから新しい出発をきろうとしていることが分かった。 ●○○さんも言っていたように，きまりを守るということは，自分の思いも大切な人の思いも守ることにつながる。情にほだされる元さん，二通の手紙を見比べて，新しい生き方をしようとする元さんにとても共感できた。	●友だちの誰のどんな意見が参考になったかを発表させることにより，考え，議論する道徳のよさを実感させたい。 ●自分の意見が級友のためになっていることを実感し，自己有用感が高まるようにする。

授業事例

T　きまりを守ることはなぜ大切なのか。
S　（口々に）平和のため，安全な暮らしのため，平等な社会のため，自分の命を守る。
S　大切な何かを守るために，きまりがある。
T　なるほど，今日はみんなで，そこをもう少し深く考えてみよう。
　　学習テーマは，「何を守るためにきまりを守るのか」。
T　一緒に考えていきたいと思います。「二通の手紙」を読みます。（範読）
T　元さんは，なぜ規則違反だと知りながら，二人を動物園のなかに入れてしまったのだろう。
S　子どもたちに動物を見せてあげたかった。子どもたちだけでも大丈夫だろうと。
S　この子たちなら時間には戻ってくるだろう。子どもたちの夢を守ってあげたい。
S　子どもたちを喜ばせてあげたい。誕生日くらい特別扱いしてあげてもいいだろう。
S　捜索された姉弟の母親からもお礼の手紙が届いたんだ。仕事のやりがいに通じる。
T　元さんは，動物園の動物を見て喜ぶ子どもの笑顔が好きなんだね。動物の世話だけではなく，人に喜ばれ笑顔にする動物園の職員の仕事に誇りを持っているんだね。
S　母親は元さんに感謝していた。誕生日の夢を叶えてくれたんだもの。
T　二通めの手紙に，元さんがこの歳になって初めて考えさせられたことは何だろう。
S　子どもたちの笑顔を守ることが自分の生き方であった。その笑顔を守るためにも，安全を第一に考えて，規則を守るべきだった。それが「夢を与えること」に気付いたから。

S 子どもにとって、決まりを守ってやる方が大切だった。「大事な幸せ」を守るために。
S きまりを超えた、もっと「大事な何か」を見つけることができた。
S 自分の思いや誇りを守るためにも決まりは守るべきだったという思い。
S 自分が大切にしているものを守るために、きまりはあると、生き方を問い直す機会になった。元さんの自尊心が生き方を支えている。
S だから、元さんは二通めの手紙を受け取った後、晴れ晴れしい顔つきをしたんだと思う。
T ここで、友だちの誰のどんな意見が参考になっただろうか、学んだことを発表しよう。
S 私は特に幸せについて深く考えることができた。きまりを守ることが幸せなのか、きまりを守り夢を与えることが幸せなのか、後悔のない判断をしたい。私はAさんの、子どもにとっても元さんにとっても幸せになるような判断をしたいという意見にとても共感した。そうやって自分の生き方を見つけていければなと思う。難しいでも楽しかった。
S 僕はBさんとCさんの意見にとても感銘を受けた。それは「大事な幸せ」「大事な何か」という言葉。この２つの意見があったことで、「大事な何か」とは何だろうという授業の進みがあり、クラス全体の意見や考えが広がった。元さんにとっての幸せは子どもたちの幸せであり、きまりを守ることで生まれる幸せに、きまりを破ってしまったなかで、生まれる新たな幸せがあることを学んだ。
T 友達同士、学び合い、新たにきまりの意味を考え、「自分を裏切らない」自尊心を持つ元さんの生き方が、「私」と「公」を大切にする社会の実現に結び付くんだろうね。

板書例

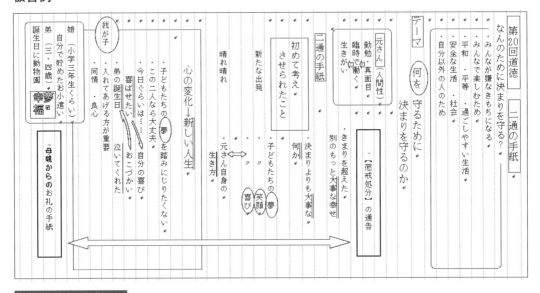

授業のポイント

(1) ねらいとする道徳的価値について

一時の同情や好意に流されて法やきまりを破ることは、人々の安全や満足を守るために作られた法やきまりに込められた趣旨を台無しにするばかりでなく、結果として、自分の思いを裏切る取り返しのつかない事態を引き起こしてしまう。しかし、単にきまりだから

守るというのではなく，法やきまりの意義を正しく理解し，それを尊重することで，責任ある行動を実現しようとする態度を養っていきたい。他律的にきまりを捉えるのではなく，法やきまりが自分自身や他者の生活や権利を守るためにあり，「尊重したいから守る」という自律的な捉え方ができるようになり，相手の心情に思いを巡らせ想像できる思いやりの心がかかわっていることに気付く。その観点より，この主題を設定した。

(2) 授業改善のための指導の工夫　問いの吟味と構造的な板書

ア　主体的な学びの視点

　生徒自身の中に問いを生み出す。学習テーマ（めあて）を示し追求の見通しを持つ。

イ　対話的な学びの視点

　生徒の発言からキーワードを見つけ思考を深める。

　思いを伝え合う時間や関わり合う場を確保する。

ウ　深い学びの視点

　登場人物への自我関与，多面的・多角的に考え道徳的価値の理解を深める発問。

(3) 教材について

　退職後も動物園で働くことを生きがいにしていた元さんが，幼い姉弟に懇願され，園の決まりを破って入園させてしまう。姉弟が閉門時刻になっても現れず，園内をあげて捜索することになる。二人は無事に発見され，姉弟の母親から御礼の手紙が届いた。だが，喜びもつかの間，園からは元さんに懲戒処分の通告が届いた。

　二通の手紙を見比べて，晴れ晴れとした顔で自ら職を辞し，新たな出発をしようとする元さんの姿から，決まりを守ることの意義に迫ることのできる教材である。

評価のポイント

　「特別の教科　道徳」の目標は，「よりよく生きるための基盤となる道徳性を養うため，道徳的諸価値についての理解を基に，自己を見つめ，物事を広い視野から多面的・多角的に考え，人間としての生き方についての考えを深める学習を通して，道徳的な判断力，心情，実践意欲と態度を育てる」と示されている。つまり，一人ひとりの生徒が自分自身の問題として捉え，向き合う「考え，議論する道徳」授業への転換が指導と評価の一体化の土壌になる。

個人内評価

ア　子どもの成長をどのように捉えるか　イ　評価ファイル（ワークシートの蓄積）

　Aさんの意見で「おれのきまり」というのにとても共感しました。元さんの中のきまりは，人のために働き，人を笑顔にすることかなと思いました。きまりは守らなければならない。けれど人を笑顔にするには，難しい判断もあると思いました。（自分の生き方を見つけていく姿勢が発言に見られ，道徳の楽しさに結びつきました）評価文

　私は，楽しく生きていくためにきまりがあると思います。元さんがきまりを破った

ことはいけないことだと思います。でも、人としていいことをしたと思います。いつでもきまりに縛られた人生は楽しくないと思います。きまりを超えた幸せに出会うために、人としていいことをしていきたいと思います。Bさんの「大事な何か」とは何だろうという捉えは新鮮で、私の考えに新たな考え方が加わり、クラス全体の意見や考えが広がりました。元さんにとっての幸せはこどもたちの幸せであり、きまりを守って生まれる幸せと、きまりを破ったことで生まれた新たな幸せがあることを学びました。(難しい問題に、友達同士の発言に学び合い、共に悩み、考え、力を合わせて自分なりの答えを見つけようという姿勢に成長を感じました。)評価文

本時の評価
- 友だちの意見を聞き、元さんがこの歳になって初めて考えさせられたことは何かを多面的・多角的に考えることができたか。
- きまりを守ることが自分の思いや他者の思いを守ることにつながるということを、自分事として考えることができたか。

いじめ、不登校、合理的配慮への対応がわかる！

弁護士秘伝！教師もできるいじめ予防授業

3月発売！

「法的視点」が子どもの意識と教室を変える

★法的視点を取り入れた授業で、今までのやり方では解決しない「いじめ」対応へのヒントがつかめる。
★授業で使える「事例資料」「ワークシート」付き！

〔著〕真下麻里子（弁護士／NPO法人ストップいじめ！ナビ理事）　A5判／168頁／定価（本体2,000円＋税）

誰でもできる！中1ギャップ解消法

3月発売！

週1回10分で続けられるSlim＆Simpleプログラム

★週1回10分の実践で不登校ゼロを実現した注目のプログラムを、導入方法から指導計画・演習の具体例まで詳しくわかりやすく紹介！

〔著〕曽山和彦（名城大学教授）　A5判／144頁／定価（本体1,800円＋税）

30の事例で理解する 校長・教頭の合理的配慮

発売中！

子どもたちのために学校は何をどこまでなすべきなのか!?

★対応に悩む小・中学校の校長・教頭のための合理的配慮事例集！
★管理職のすべきこと、教委のすべきこと、保護者への対応方法を解説！

〔編集〕柘植雅義（筑波大学教授）　A5判／192頁／定価（本体2,000円＋税）

教育開発研究所　〒113-0033 東京都文京区本郷2-15-13　**送料無料・即日発送!!**
●本のご注文は無料FAX 0120-462-488 をご利用下さい。　★電話(03-3815-7041)／HPオンラインショップからもご注文いただけます。

「道徳科」授業事例12　　　　　　　　　　　　　　　　　　C

公正，公平，社会正義

麗澤大学大学院准教授　**鈴木　明雄**

指導計画例

　いじめ根絶に向けて，新しい「道徳科」の内容項目「C 公正，公平，社会正義」は，小・中学校すべての学年で指導をすることになった。前回まで，「公正，公平」は，児童・生徒の発達段階を考え，小学校高学年と中学校で扱ってきた。これは，「公正・公平」の内容の理解が十分にできるのは小学校高学年以上であると，多くの研究から判断されてきたからである。しかし，いじめは，好き嫌いにとらわれない，公正・公平な態度で接する等の視点から，小学校低学年からの指導が重要とされた。そして，いじめは，良い悪いでなく，人として許されないという本質的な考えを議論し，各自が自分事として深めていくことが大切であるとされたのである。

　本事例は，東京都北区立飛鳥中学校が数年にわたって開発・改善してきた事例である。とくに注目したい点は，一般的な学習指導過程では，いじめを行った主人公の気持ちの変容を追っていくが，ここでは，いじめた者といじめられた者の将来の生き方を想像させたり，地元の信頼されている保護司の実際のいじめ問題対応を語ってもらったりして，生徒が自分事として深く考え，議論する問題解決的な指導になっていることである。

1. 主題名　　いじめは人間として許さない
   内容項目　C 公正，公平，社会正義　　　　対象学年　中学校第3学年
   教材名　　「卒業文集最後の二行」出典『私たちの道徳　中学校』文部科学省
   　　　　　『心に残るとっておきの話第二集』潮文社（一戸冬彦作）
2. 主題設定の理由
（1）　ねらいとする道徳的価値について
　いじめが原因で自らの命を絶つ痛ましい事件が跡を絶たない。なぜなくならないのか。いじめの根っこには人間の弱さや醜い本性，業（カルマ）があるとも言える。
　この本性に潜むねたみやそねみ等を，人間は完全に払拭することはできない。だから，加害者の主観による目障りな相手はいつでも周りにいることになる。したがって，きっかけさえあれば，いつでもどこでも，いじめは起きる。この人間がもつ本性を完全には払拭できないにしても，みだりに感情や衝動のままに行動することを慎む人間，いじめや差別・偏見を，人間としてけっして許さないという心を抱く生徒を育てることはできるはずであると考えている。
（2）　生徒の実態について
　中学校3年生は，善悪を判断する能力はすでに発達段階上ある程度は身に付いている。理想を求める思いも強い。しかし，集団の中に入ると，往々にして心では不適切だと思っても一歩踏み込んで理不尽な行為をたしなめることを躊躇する傾向がある。個人の行動は所属する集団の雰囲気にも左右されやすい。しかし，いじめや差別，偏見などの不正を断じて許さない，自分や集団がどう在るべきかという態度を育てることはきわめて重要である。

第2編　主体的・対話的で深い学びを実現する中学校「道徳科」授業

授業事例

1. 道徳科の学習指導過程の工夫

問題解決的な「道徳科」学習とするため，学習指導過程に「**飛鳥中4ステップ問題解決型授業（問題発見・把握→自力解決→集団検討→自分でまとめ）**」を活用した。そして，「主体的・対話的」な学習として「自分で考え，議論する活動」を取り入れた。さらに，自分の考えを深めるために，次の2点の指導を工夫した。これは，本授業の評価の視点でもある。

① 集団で話し合ったことで変わった自分の考えをさらに深めるため，自分への振り返りを強くするよう中心人物（筆者）の人間性を捉える発問を設定。※自我関与・メタ認知

② ゲストティーチャーに，地域の保護司・元PTA会長（コンプライアンス法令遵守に詳しい）の講話を設定。保護司として生徒の小学校時代からいじめ問題に対応し，生徒や保護者に信頼されている人物で，いじめは人として許さないと体験から講話。

2. 板書計画

```
第一五回　道徳科授業
教材「卒業文集最後の二行」
 いじめを許さない心を深く考える （今日の課題）

① 学校ではどのような時が楽しい？
 ・友だちとの語らい。
 ・誰にも嫌な事をされない。自由な時間。

② この話の「問題」は？　各自で，考えてみよう。
 ・貧しさや見た目で差別した。許されない。
 ・面白いと思いいじめる。やってはならないこと。

③ いじめた筆者「私」，いじめられた「T子」について，性格や状況など考えられることすべてを考え，話し合ってみよう。★班で話し合おう

● 筆者「私」
 ・自分のいじめを本当に悔いている。
 この心を人生に生かしていると思う。

● いじめられた「T子」
 ・いじめのトラウマを抱えているかも知れない。
 しかし，乗り越え前向きな人生を期待する。

④ 私たちは，なぜ「人を傷つけるようなこと」をしてしまうのだろうか。
 ・加害者も被害者も後悔する辛さを知った。
 ・人間の弱さが出てしまう。克服する勇気をもつ。

★地域の保護司さんの話
 ※いじめに長く苦しんだ実際の仲間を知る。

⑤ 「自分にプラス1」を考え，道徳ノートにまとめよう。
 ・仲間の意見と自分の意見から，今までの自分をさらに前向きな行動ができる自分としたい。
 ◎自分という人間は，今後どう生きていくのか
 ★いじめは人間として許さない
```

3. 教材の分析

30年余が過ぎた今でも，T子さんをいじめたという罪業を思い出すたびに忍び泣いてしまう筆者「私」である。小学校時代にT子さんへのいじめを繰り返した自分の非情な行為を30年以上経った今でも深い心の傷として後悔する手記である。T子さんは早くに母を亡くし，生活も苦しく身なりも汚いためか，筆者をはじめ周りの児童たちにいじめ抜かれた。筆者はT子さんの卒業文集最後の2行に書かれた「本当の友だちが欲しい」という悲しみを知り衝撃を受ける。現在も過去の自分の行為に涙し苦しんでいる。この筆者の思いを通して，いじめや差別，偏見を人間として絶対に許さないという道徳的な態度を育てたい。

4. ねらい

公正，公平の観点で自ら考え，仲間と議論することを通して，人間の弱さを乗り越え，いじめのない学校生活を考え創ろうとする態度を育てる。

5. 学習指導過程

	学習活動	主な発問と予想される生徒の反応	指導上の留意点
導入 5分	1．学校生活の楽しさについて考える。	【発問1】どのような時に楽しいと感じますか。 ・友だちと話しているとき。 ・誰にも嫌なことをされない時間。	・楽しさを想起させ，いじめの悲惨さを意識付ける布石とする。
展開 前段 45分	2．「卒業文集最後の2行」を読み，内容の問題点を考える。	【発問2】この話の「問題」について，各自で，考えてみよう。 問題把握 自力解決 ・貧しさや見た目で差別した。許されない。 ・いじめると面白いと思いいじめる。やってはならないことをやってしまうことがある。	・問題解決型4ステップ授業のため，自分で問題を発見し，自分事として考えていくことが大切。
	★自分の考えを基に，話し合う。 ペアで話し合う ↓ 4人位で集団議論 ※15分	【発問3】いじめた筆者「私」，いじめられた「T子」について，性格や状況などを考え，2人はどのように生きていると思うか，自分で考え，話し合ってみよう。 集団検討 ・「私」は自分のいじめを本当に悔いている。この心を人生に生かしていると思う。 ・「T子」はいじめのトラウマを抱えているかも知れない。しかし，前向きに困難を乗り越え前向きな人生を期待する。	・主人公「私」の心情の変化を考えるだけでなく，いじめの加害者と被害者双方のその後の人生に関する多面的・多角的な考えを促し，問題意識を高め，学びを深める。
展開 後段 5分	3．保護司の講話で考えを深化	★教材のいじめから実社会のいじめ問題へ 講話内容「いじめ解消に10年もかかった生徒の話」 ※生徒は，具体的で身近ないじめ問題の講話から，教材から一気に，自分の問題として考え始めた。	・生徒も保護者にも信頼されている保護司の講話から，**自分の考えをさらに深めていく**。
	4．自分を振り返る	【発問4】私たちは，なぜ「人を傷つけるようなこと」をしてしまうのだろうか。 まとめ（自分で） ・加害者も被害者も後悔する辛さを知った。 ・人間の弱さが出てしまう。克服する勇気をもつ。	・人間の弱さを認識し，問題に正対して乗り越えていく強い心に気付かせる。
終末 5分	5．「自分にプラス1」を考える。	【発問5】今日の学習から，自分をさらにプラスに捉える前向きな発見を「自分にプラス1」として，道徳ノートにまとめよう。 ・仲間の意見と自分の意見から，今までの自分をさらに前向きな行動ができる自分としたい。	・過去の自分について考え，今日の授業で新しく発見した自分のよさや可能性を前向きにまとめていく。

〈引用文献〉
① 「特別の教科　道徳」考え方と進め方（中学校編）※飛鳥中学校3学年の授業実践　DVD教材（押谷由夫監修：丸善出版株式会社）
② 「考え，議論する道徳」の指導法と評価（西野・鈴木・貝塚編：教育出版株式会社）

授業のポイント

　一般的な指導の展開は，筆者「私」の心情の変化を考える。発問は，主人公の30年たっても忘れられない懺悔の気持ちを追いながら生徒は自分を振り返る。

　この展開を問題解決的に変えた。1回目に「教材の問題は何か」と問うと生徒の問題把握は拡散し，担任は発言内容をねらいに沿ってしぼっていく必要があった。そこで，2回目では，「筆者（私）がT子をいじめてしまった『問題』は何か。」と限定的に発問した。そして，「筆者が後ろめたさを感じながらもT子をいじめ続けたことはしかたなかったのか」と焦点を絞った。しかし，研究協議会等では，この発問では自由な問題意識を限定するのではないかという疑問が出された。そこで，3回目（本事例）では，「いじめた筆者（私），いじめられたT子の双方について性格や状況など考え，その後の2人の生き方を話し合ってみよう」と集団で話し合った。

　ここで注目したいのは，いじめた者といじめられた者双方を考えることで多面的に思考は広がった。驚いたのは「いじめの被害者はトラウマを抱えている，しかし，自分なりのプラスの分岐点があれば乗り越え，新たな前向きな人生を生きているはずだ」等の多数の発言が生まれた。いじめられた者は，簡単に前向きにはなれず深い傷を負うはずという真剣な意見交換になった。さらに，生徒に絶大な信頼を得ている保護司の小学校からのいじめを乗り越えるのに10年以上かかった先輩の説話を聞いて，教材のいじめ問題から自分事の問題として，実社会のいじめ問題意識に深まった。

　いじめは人間としてけっして許さないという問題意識の高揚，そして，道徳的な実践意欲や態度が多く見えた授業になった。

評価のポイント

(1) **ねらいについて**　いじめは，嫉妬や見下し等の人間の弱さ・醜さから生まれ，被害者の痛みに気付く発言や記述があったか。また，その弱さや醜さを超えていく強さや気高さがあることにも気付き，公正・公平な自分でありたいと考えられたか。

(2) **ねらいを達成できる授業構想であるか（検証・評価）**　生徒が「いじめは人間として決して許さない」という意欲や態度につながる授業展開であったか。ゲストティーチャーの講話は，生徒に自分事として自我関与につながったか。

　ねらいについては十分に達成できる発言や道徳ノートの記述があった。新しい問題解決的な授業展開は，生徒の多面的な思考を促し，多角的な実践意欲につながっていた。

　たとえば，「いじめはどこでも起きると再確認した。だからこそ自分でできることは何でもやる」「解決が難しい場合は仲間に声かけをしていく」「いじめはいけないことは理解していた。でも今日は皆の話から，いじめが起きても分岐点を探し，仲間と解決したいと強く思った」等，自分事として考えたり，新たな考えを見つけたりする様子が見取れた。終末の「自分にプラス1」では，生徒はねらいとする道徳的な価値理解で終わらず，「人の人生には大きな分岐点がある。仲間の意見から勇気を貰った。さらに何かができる自分を目指したい」と道徳ノートに書かれていて，より前向きな生き方を志向している様子が見取れる評価ができた。

　大切なことは，議論の決着ではない。本学級の温かな雰囲気を基盤に，考え，議論したことが，自分の人間としての生き方にかかわり，よりよい生き方へ向かうことである。

「道徳科」授業事例13　　　　　　　　　　　　　　　　　　　　　　　　　　　C

社会参画，公共の精神

千葉県君津市立周西南中学校長　**柴田　克**

指導計画例

内容項目　C　社会参画，公共の精神
学習指導過程

	時配	主な発問　●学習活動　●予想される反応	○補助発問　●留意点
導入	5	●「1.17阪神淡路大震災」ニュース映像を視聴する。 震災の後1.17は何の日になったでしょう？ ●防災の日　●ボランティアの日 ●2つの実話を基に本時の授業の学習課題を知る。	●ニュース映像がない場合は写真等を用意する。 ●ボランティアの定義「自分から進んで社会活動に無償で参加する活動」を説明する。
展開①	20	●「消防団団長」の行動について考え，議論する。 団長が自分の家族より地域を優先した行動をあなたは賛成か反対か？ ●スケール法で自分の考えを表示し，グループで話し合う。 ●隊長として地域を優先させたことはすごい。 ●自分の家族を優先させるべきだ。 ●「花屋の看板」に賛成か反対か考え，議論する。	●ワークシートを配付する。 ○救出活動中の部長はどんな気持ちだったのだろう？ ○あなたが部長だったら？家族だったらどう思うか？
展開②	20	人通りが多い「駅前花屋の看板」の内容にあなたは賛成か反対か？ ●看板の空欄に入る言葉を考える。 ●スケール法で自分の考えを表示し，グループで話し合う。 ●お金を取るのは良くないと思う。 ●きちんと礼儀を教えるためにはよいことだと思う。 ●看板を見た人は，考えるよいきっかけになる。	○どんな気持ちで看板を立てたのだろう？ ○お金を取ることをどう思うか？ ○どんな場合も人に奉仕すべきだろうか？
終末	5	●今日の授業を振り返って自分の生活を見つめる。 よりよい社会の実現に必要なことについて	●ボランティアについて知的に理解させるとともに受ける側の立場にも立って考えさせたい。

授業事例

1. 導入

「阪神淡路大震災」の写真を見て,この写真は何かを問う。現在の中学生が生まれる前の出来事であるが,ほぼ全員が「阪神淡路大震災」のことを知っている。ところが,地震が起きた「1月17日」が何の日になっているかを答えられる生徒はいない。地震に関連した日になっているというと「防災の日」という発言をひき出すことができるが「ボランティアの日」というのは教師から提示をしないと時間をかけすぎてしまうことになる。

阪神淡路大震災では,政府や行政の対応が遅れたことが批判された一方で,学生を中心としたボランティア活動が活発化し,「日本のボランティア元年」と言われ,その後,東日本大震災を始めさまざまな自然災害でボランティアが活躍するきっかけになったことを話す。『ボランティア＝自分で進んで無償で社会活動に参加すること』ということを共通理解した後,2つの新聞記事から「より良い社会を実現するために必要なことについて考える」という本時の学習課題を提示する。

2. 展開1

> 阪神淡路大震災（1995.1.17）のとき,地区消防団部長を務めていた西田さんは,自分の家のおばあちゃんの救出活動には一切立ち会わず,地域をかけずり回り20人以上の人を助けた。

この西田さんが自分の家族より地域の人たちを優先させた行動に賛成か反対か立場を決めて理由を聴き合う。

今回はスケール法を用いて賛成から反対まで5段階で自分の位置を決めさせた。悩んで真ん中当たりを選ぶ生徒が多いが,中学校1年生の実践（3クラスで実施）では,全体的にはやや賛成の方に傾く傾向にあった。

4人グループになって,お互いに意見を交換する。その論点の中心は「おばあちゃんを助けなかったことに対する是非」である。「身内なのに……」「おばあちゃんを助けないのは人としてどうなのか？」

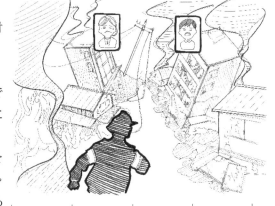

反対				賛成
1人	9人	4人	12人	2

「おばあちゃんを助けてから他の人を助けられたのではないか？」という意見に対して「おばあちゃんに関わっていたら20人以上助けることはできなかっただろう」「おばあちゃんから考えるとこれだけ活躍できる孫は誇りなんじゃないだろうか」というような意見が出る。

もう一つの論点は「消防団団長」という立場である。「救助を待っている人がいる」「多くの命を助けようとする使命感はすごい」「警察や消防士など職業上の義務ではないのに」などの意見が出る。「活動中,おばあちゃんの事は気にならなかったのだろうか？」などの揺さぶりの発問に,心は揺れるもその行動の素晴らしさに賛成の立場を変えない生徒が多い。

3. 展開2

> 人通りの多い駅前の花屋さんの前に看板がある。その看板には，次のように書かれていた。「道を聞く人1,000円。ただし（　　　　　　　）人はタダ！」

　この新聞記事の空欄にどんな人が入ると思うか想像をさせる。「外国人」「子ども」など弱者を考える生徒。「花を買ってくれた人」など利益を考える生徒。この空欄に入る言葉が「礼儀正しい人」であることを共通理解し「なぜこんな看板を立てたのか」考えさせる。「教えてあげたのにお礼も言わないで行ってしまう人が多い」からであることに気づかせる。この花屋さんの行動に賛成か反対か，立場を決めさせる。

　展開1の課題と生徒の反応ののの大きな違いは真ん中を選ぶ生徒が少ないということである。下のスケールは1年生の1クラスのものであるが，3クラスとも真ん中を選んだ生徒は0人だった。それだけ自分自身の葛藤が少ないのか，命を扱うことではないので気軽に立場をはっきりできたのかも知れない。

　話し合いの中心は「お金を取ること」である。「どんな理由であれ，

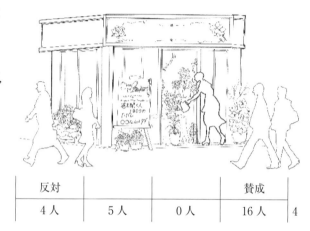

反対				賛成	
4人	5人	0人	16人	4

お金を取ることはよくない」「1,000円は高い」という意見に対して「街の人たちに礼儀について考えさせることはすごいことだ」という意見に納得する生徒が増えていく。当初，お金を取ることに批判的な考えが多かったが，実は金儲けをしようとしているのではなく，看板1枚で世の中を良くすることにつながっていることに気づく。なおかつ「この花屋さんは忙しくても温かい気持ちで道を教えてあげているんだろうな」と自分たちの心も温かくなる生徒が多かった。

4，まとめ

　本時の学習課題は「より良い社会を実現するために必要なことについて考える」であったので，そのことについて自分なりに考えたことをまとめとする。
※自分のことだけを考えるのではなく，いつも周りを見たい。
※自分ができることをできる範囲でやっていきたい。
※ボランティアを受けて当然と思ってはいけない。
※何かしてもらったら「ありがとう」と感謝の気持ちを持つことが大切
※自分ができることを考えてみたい。

授業のポイント

　教科書の教材のほとんどは,「読み物教材」である。良い教材もあるが,長いものが多く読解や状況把握に時間がかかってしまい,考え議論する時間がなくなってしまうことが多い。今回紹介した2つの教材はたいへん短い。周辺の詳しい状況がない分,自分なりの想像力を巡らせることができる。現実生活に出会う「自分なりの判断場面」でも同様なことが起こり得る。ものごとを表面的に見て判断するのではなく,その裏に隠されている部分を想像することは大切な訓練にもなるという意味で,この教材の存在感はあると考えている。

　今回は,「社会参画の意義と社会連帯」という内容項目に対して2つの教材を用意し,考え議論する授業を試みた。教材は一つの方がじっくり話し合う時間ができるという利点があるものの,生徒のなかには長時間の議論に耐えられなかったり,議題がストンと心の中に落ちてこない場合もある。2つ用意することによって,20分の議論で主体的に集中力を維持できることが大きな利点の一つである。

　もう一つは,「賛成・反対の判断が中心によりやすい葛藤場面」と「賛成・反対の判断が両極によりやすい葛藤場面」の両方を用意することにより,どちらかの話し合いがストンと心の中に落ちてきて深い学びの可能性を広げられるという利点がある。

評価のポイント

　自己評価はワークシートで次の3項目で行う。
1. 今日の授業は興味を持って取り組めましたか？
2. 友だちの考えを自分なりの意見と比べながら聞くことができましたか？
3. 自分の考えを持って,友だちに伝えることができましたか？

　教師の評価は,「授業中の観察」と「ワークシート」で行う。

　教室にはいろいろな生徒がいる。「考え議論する」ことが苦手な生徒もいることを忘れてはならない。感情として「すごいなー」と思っていても言葉で表現できない生徒もいる。そういう生徒を数人ピックアップして,ワークシートではなく授業中のちょっとした表情の変化をメモしておきたい。また,「おばあちゃんが可愛そう」あるいは「お金を取ることは悪いことだ」という短絡的思考から抜け出せない生徒もいる。そういう生徒も共感的に肯定しつつ長期的に見ていくと,教材によっては多角的に見られる場面に遭遇することがある。その場面を見逃さずに評価してあげたい。

　ワークシートでは,2教材の判断理由と最後の本時の課題に対する考えの記述を比較してみると,その1時間の授業での学習成果が把握できる。

　すべての授業を「賛成・反対で議論」という授業ではマンネリ化して興味を減退させてしまうことになるので,さまざまな手法を混ぜつつ,年間で数回行う「賛成・反対で議論」のワークシートを比較してみてほしいと思う。小さいながらも成長の跡を発見できるかも知れない。

「道徳科」授業事例 14

C

勤労

埼玉県越谷市立南中学校長　島方　勝弘

指導計画例

主題名	勤労の意義		内容項目	C13　勤労
ねらい	内容項目　C　勤労　勤労の意義を理解し，勤労を通して生きがいのある人生を実現しようとする実践意欲を高める。			
教材名	あるレジ打ちの女性		出典	学研（教科書）
主題構成の理由	転職を繰り返していた女性が，自分の見つめ，飽きてしまったレジ打ちの仕事でもう一度自分流を試してみることで仕事が楽しくなり，客とのコミュニケーションを通して働くことの素晴らしさに気付くという内容の教材である。 　「働くこと」は，職業生活以外にも家事や学校での係活動，ボランティア活動など多様な活動がある。「働くこと」を生徒が生活のなかで経験するさまざまな立場や役割を果たす活動として扱うとともに，その活動が自分のため，相手のため，みんなのためになることを理解し，進んで働いていこうとする意欲を高めたい。			
学習指導過程	1. 現在家庭や学校で行っている仕事についてまとめ，「働くこと」についてのイメージを整理する。 2. 教材「あるレジ打ちの女性」を読み聞かせ，考え，話し合う。 　(1) 辞表を書き，田舎に戻るつもりで部屋を片付け始めていたときの女性の気持ちを考える。 　(2) 泣き崩れたまま，レジを打つことができなかった女性が気付いた"仕事の素晴らしさ"とはどんなことなのか考える。 3. この女性が「仕事の素晴らしさ」に気付けたのはどうしてなのかを考え，グループで話し合う。 4. 「勤労の意義や価値」の理解をもとに，これからの自分の生き方と関連づけて自分の考えをまとめる。			
学習状況及び成長の様子についての評価を見取る視点	本時の学習活動に着目した評価	○教材の主人公を自分に置き換えて考え，具体的にイメージして理解しようとしているか。 ○友だちの考えや議論に触れ，自律的に考えるなかで，一面的な見方から多面的・多角的な見方へと発展しているか。 ○「勤労」の理解を自分自身との関わりのなかで深めているか。		
	一定の期間内での生徒の個人内評価	○現在与えられている仕事について，その意義を理解し役割を果たそうとしている姿に自信や誇りを伺うことができるか。 ○「勤労の尊さや意義」について，これまでの職場体験活動やボランティア活動，福祉体験活動などの体験活動や既習の事項と関連付けて考えられた発言や記述がその期間に見られたか。		
備考	『私たちの道徳』：p.172　勤労や奉仕を通して社会に貢献する			

授業事例

導　入

○ あなたが行っている仕事について教えてください。

家庭では…… 食器洗い，風呂掃除，食事手伝い 洗濯物片付け，洗濯物干し，ゴミ捨てなど	学校では……委員会活動，係活動 生徒会活動，教科の手伝い 班長，部活動部長など

○「働くこと」にどんなイメージをもっていますか？

- 集団生活において一人ひとりがよりよい生活をするためにすること。
- 自分のためではなくて周りの人のために働くこと。
- お金を稼ぐため。他人の役に立つため。責任が大きい。
- 誰かの役に立つこと。自分の好きなこと，得意なことを活かすこと。
- 働くために生きている人がいる。お金を稼ぐため。ネガティブなイメージ。
- 大変，面倒くさい，毎日疲れそうなど

展　開　教材「あるレジ打ちの女性」を読み聞かせ，考え，話し合う。

○ 辞表を書き，田舎に戻るつもりで部屋を片付け始めていたときの女性の
　 レジ打ちの仕事に対する考えや気持ちは？

- 自分のやりたい仕事だと思っていない。お金のためだけに働いているのかな。
- もっと楽しい仕事がしたい。面倒くさいし本当にこの仕事が向いているのか。
- ただやらされているだけのやりがいを感じない退屈な仕事だな。

自分の考えをワークシートにまとめる。

起立させて発表者の考えと同じ場合は着席する。

○ 泣き崩れたまま，レジを打つことができなかった女性が気付いた
　 「仕事の素晴らしさ」とはどんなこと？

- 面倒くさいと思ったことも頑張ってやれば自然と楽しくなり視野が広がること。
- どんな仕事でも一所懸命やっていれば，自分は必要とされる。信頼されること。
- 仕事は一所懸命にやると楽しいこと。人から期待され，会う楽しみにしてくれる。
- お客さんやお店の役に立ててよかった。みんなが私を見守ってくれていた。

4人グループでの話し合いで学習テーマを話し合う。

◎ この女性が「仕事の素晴らしさ」に気付けたのはどうしてなのでしょうか？

- あきらめずに努力した自分をお客様が支え，認めてくれたから。
- 人との関わりや相手からの信頼から仕事の本当の楽しさを知ることができたから。
- 自分のためにスーパーにきてくれたお客様から自分がこれほど期待されていることがわかったから。

自分の考えをグループで出し合い、共通点や相違点を検討する。

グループ代表の考えをホワイトボードにまとめる。

グループの意見を発表し、クラス全体に伝え、みんなで話し合う。

私たちのグループでは、女性が「仕事の素晴らしさ」に気付けたのは、お客様が自分のレジだけに並んでいて、こんなにも自分のことを思ってくれていたんだと感激したからだと思います。自分の努力や仕事を通して相手からの優しさや信頼を強く感じたんだと思います……

学習テーマ「働くことの素晴らしさ」について、自分の考えをまとめる。

- 仕事は誰かに喜んでもらうためにあることだと思いました。頑張って努力してどんな状況でも自分で楽しめる人間になりたいと思いました。
- 何事にも一所懸命になってあきらめずに続けていれば良いことがあるということを改めて知りました。また、人との信頼関係を築き、人に必要とされる人になりたいと思いました。
- 働くということは、ただお金を稼ぐと考えるのではなくて、自分のやりがいや充実感を考え、全力で一所懸命やると楽しくなることがわかりました。
- 仕事って大変な事ばかりだと思っていましたが、やりがいがあって楽しいものなんだと思いました。社会から必要とされる人間になりたいと思いました。
- 夢をもって生きようと思いました。たとえその夢がかなわなかったとしても、他の与えられた仕事を熱心に取り組もうと思いました。
- 今、もしつまらないと思っていることがあっても、続けてやることで楽しさや達成感を感じられることがわかりました。委員会活動も最初は大変だとしか思いませんでしたが、今ではとても楽しいと感じられるようになりました。
- 仕事はお金を稼ぐだけでなく、人間関係や誰かに支えられているという事も感じ取れるものなのかなと思いました。自分も人に必要とされて生きていきたいです。

終 末

- 生徒の学習テーマに関わる考えを紹介し、授業の余韻を残す。
- 「勤労の意義や価値」について、教師の経験談を話す。
- ワークシート記載の「ふりかえり」をさせて、本時のまとめとするなど。

授業のポイント

○ 生徒が将来どのような職業に就き、どのような職業生活を送るかは、人がいかに生きるか、どのような人生を送るかということに深く関わっている。本主題で扱う道徳的価値「勤労」は、キャリア教育の目指す「基礎的・汎用的能力」中の「キャリアプランニング能力」の育成と連動して3年間を見通して指導を行うことが大切である。中学校における道徳教育では、キャリア教育の視点がとても重要な課題である。

○ 勤労観や職業観は、日常生活のなかでの役割や責任の遂行、個人の個性・能力・適性などの発揮、生計維持、規範の遵守などの職業倫理に対する考えや働くことそのものに対する人それぞれの価値観である。「働くこと」を労働といった対価を伴う勤労に限定するのでなく、集団のなかで「働くこと」を通してその集団に貢献するという意識を深めたい。家での手伝いや学校での諸活動も「働くこと」に含まれていることも押さえたい。

○ ワークシートに自分の考えを書いて振り返る活動での自己内対話を大切に行うことで、自分のキャリア形成や人生設計を意識しながら主体的な学びを展開したい。また、ワークシートでの記述内容をもとにグループで話し合いを活性化させることで、お互いの考えを交流させ、対話を通して課題にせまることに喜びを見出せる授業展開に心がけたい。

○ 人は家族や身近な人の喜びを自分の喜びとすることができることから、勤労を通して、社会貢献に伴う喜びが自らの充実感として生徒一人ひとりに体得され、心から満足でき、生きがいのある人生を実現しようとする意欲にまで高めたい。また、「勤労」を通してお互いに支え合い社会を形作っていることも押さえておきたい。

評価のポイント

〈本時の学習活動に着目した評価の視点から〉

○ 道徳科においては、生徒自身が、真正面から自分のこととして道徳的価値に広い視野から多面的・多角的に向き合うことが重要である。教材の主人公に自我関与させ、具体的にイメージして理解しようとしているかを発言や表情、ワークシートの記述内容から見取ることのできる力量が教師には求められている。

○ 道徳的価値に関わる問題に対する判断の根拠やそのときの心情をさまざまな視点から捉え考えようとしていることや、友だちの考えや議論に触れ、自律的に考えるなかで、一面的な見方から多面的・多角的な見方へと発展しているか。ワークシートに記した自分なりの考えに友だちの考えや議論した結果を足すことで新たな気づきや従来の価値観が補充・深化・統合され、より深まった価値観へと誘うことになる。

○ 下記のような自己評価をワークシートに掲載することで、授業の指導方法の評価につなげ、生徒自身の自己評価の集積にも活用することができる。

ふりかえって、あてはまるものに○をつけましょう。

1　今日の授業で話し合った「学習テーマ」が理解できましたか？
　　A　よく理解できた　　B　理解できた　　C　もう少し考えが必要　　（理解できなかった）

2　自分の生活をふりかえり、今日学習した「学習テーマ」を自分の生活に生かそうとする気持ちが高まりましたか？
　　A　大いに高まった　　B　高まった　　C　もう少し考えが必要　　（高まっていない）

「道徳科」授業事例15　　　　　　　　　　　　　　　　　　　　C
家族愛，家庭生活の充実

相模原市立上鶴間中学校長　**馬場　尚子**

　昨年度の小学校での全面実施に続き，いよいよ中学校でも「特別の教科　道徳」がスタートを切る。本校では，「特別の教科　道徳」の教科化に向けての校内研究のテーマを「生徒一人一人が主体的に学ぶ姿勢の育成─道徳及び教科の授業における考察活動を通じて」とし，特に道徳の授業を通して，「自分事として道徳的課題をとらえ，自分はどう判断し・どう考えるかをもって授業に参加できるようになる」ことによって，生徒の主体的な学習参加姿勢が育成されるのではないかという仮説に基づき，「道徳科」の時間を軸とし授業研究を実施した。

指導計画例

主題名　家族の愛情　　　内容項目　C　家族愛，家庭生活の充実
教材名　母の置き手紙
（神奈川県中学校教育研究会道徳部会編集道徳資料集「きらめき」）

価値について

　内容項目C−14は「父母，祖父母を敬愛し，家族の一員としての自覚をもって充実した家庭生活を築くこと」をねらいとするものである。家族を取り巻く状況はさまざまであり，その姿は一様ではないが，その家族を構成する成員相互の温かい信頼関係や愛情によって互いが深い絆で結ばれていることが大切である。こうした自覚を持つことが，より充実した家庭生活を築くことにつながるのである。

生徒の実態

　中学生の段階では，自我意識が強くなり，自分の判断や意志で生きていこうとする自律への意欲が高まってくる。そのため，ときには，父母や祖父母の言動やしつけに反抗的になりがちである。ちょっとした忠告や叱責が，あたかも自分のすべてを否定するかのように思えて，時として，父母の意向に反した行動や無視した行動となって現れることもある。

資料について

　父親の長年の「店を持ちたい」という念願がかなったが，そのため，主人公は転校しなければならなくなる。開店後も父母共に忙しく，そのうえ，主人公も手伝いをさせられる。しかし，父母の働く姿を見て自分のことばかり考えていた自分に気付き，母の愛情に感謝する。

ねらい

　家族に対する思いやりや感謝の気持ちをもち，家族の一員としての自覚を育てる。

授業事例

指導の過程
（家族に対する思いやりや感謝の気持ちをもち，家族の一員としての自覚を育てる）。

● **指導のすじみち**

・話し合いの方向

予想される生徒の発言や考え

ア．親の都合で転校しなければならなくなった主人公は気の毒である。

イ．遊びたい主人公の気持ちもわかるが，手伝いをしなかった主人公はよくない。

ウ．家族の一員として，家のことに協力しようとするのは当たり前のことだ。

共通の問題意識の設定

母の置き手紙を読んで，もやもやした気持ちが続いた主人公の心情に沿って考える。

学習指導過程

	指導者の働きかけや発問	予想される生徒の発言や考え	指導上の工夫や配慮
導入	(1) 教材に結びつく導入を心がける。 （家庭の中の自分の役割や家族に対する思いなどについての発言を求めてもよい）	○いろいろやってくれたりアドバイスしてくれたりしてありがたい存在だ。 ○いないと困るけどあれこれうるさく言ってくるので，めんどくさい。 ○いつも困ったときに相談にのってくれる。自分にとってなくてはならないもの。	漠然としているのが当たり前だと感じている家族という存在を具体的に言葉で表現させ意識化させる。
導入	(2) 教材を読み（教師の判読）内容を確認する。 発問1	ア 親の都合で転校しなければならなくなった主人公は気の毒である。 イ 遊びたい主人公の気持ちもわかるが，手伝いをしなかった主人公はよくない。 ウ 家族の一員として，家のことを最優先に考えるのは当たり前だ。	読む前に，主人公の行為について，どのように考えるかの感想を持つように促す。 ペープサート等を活用し黒板の板書等であらすじをおさえ，整理する。
展開	(3) 主人公の考えや行動について話し合いを進める。 ●初発の感想を基に発言を整理して共通の問題意識を共有できるように発言を整理する。 発問2	○父親が自分の夢の実現に向けて頑張っている。家族なら，協力するべき。 ○親の都合で住み慣れた土地やよい友だちと離れなければならないのだから，素直に喜べないのは当然だ。 ○休日に遊びに連れて行ってもらえなくなる嫌な気持ちはよく分かる。 ○転校して初めて仲良くなった清美との約束を優先させるのは当然。 ○前から遊ぶ約束をしていたのに，その日に急に家事を頼まれたらかわいそうだ。 ○親の忙しい立場を理解し，手伝うべき。 ○遊ぶのはその日でなくてもいい。忙しいときは親の手伝いをすべき。	主人公の行為に寄り添わせ，主人公のときどきの心情を十分に感じ取らせるように発言を促す。 （教師の恣意や言わせたい言葉で整理しないように配慮する）

	(4) 母の置き手紙を読んで、もやもやした気持ちが続いた主人公について考える。 発問3	○手伝わなかったのは主人公の意志なので、後悔しても遅い。 ○親が忙しいのを分かっていて手伝わなかったのだから反省するべき。 ○置き手紙を読んで自分の身勝手な思いに気付いたことはよかった。 ○家族の一員としての役割に気付き、助け合っていくことの大切さがわかったのだと思う。	導入時の家族への思いと、終末にかけての家族に対する思いや家族というものへの考えが変化したか促す発言を求める。
終末	(5) 先生方が終末をそれぞれ考えて、独自の工夫を行う。（具体的な保護者からの手紙などを読み上げてもよい）。		保護者会等の参観授業として最後に保護者からの意見を求めてもよい。（授業の展開に保護者に参加してもらう等の工夫も取り入れられる。

授業のポイント

話し合いのポイント

発問1 「父の都合で引っ越さなければならなくなり、複雑な気持ちになった主人公をどう思いますか」と問いかけ、主人公を弁護する意見と批判する意見をうまく引き出していく。

発問2 「家の手伝いを頼まれたのに、遊びに行ってしまった主人公をどう思いますか」と問いかけ、主人公を弁護する意見を先に取り上げてから、批判する意見を取り上げて話し合いを進める。

発問3 「母の置き手紙を読んで、もやもやした気持ちが続いた主人公をどう思いますか」と問いかけ、主人公を批判する意見をうまく取り上げながら、母の気持ちに気付き、それを受け入れようとする主人公の変容をとらえて、話し合いをさせる。

主人公・明子の家族に対する思いを全面的にとらえさせるのではなく、家族の在り方を深く考えさせたい。『母の置き手紙』を通して、家族のなかでも、自分の役割や家族や子を持つ親の想いに気づかせたい。

> 評価のポイント

- ローテーションやティーム・ティーチング指導等を通して，本内容項目の道徳の授業を複数行うことによって，生徒の発言や思考も多面的・多角的にとらえることができる。
- 道徳ノートの活用を通して，年間を通した生徒の変容をみとることができるとともにポートフォリオ的評価材料を得ることができる（参考資料として，評価の資料として活用した本校の道徳ノート見本を（生徒用）（教師用）（教師学期・年間振り返り用）を添付。
- 評価するにあたっては十分に学習指導要領に示されている内容を理解したうえで，授業の充実があって初めて評価ができるということの共通理解を図る。指導と評価の一体化を見据えて実施する。
- 評価の観点は，生徒の発言を傾聴して受け止め，発問に対する生徒の発言等の反応を指導に生かし，生徒一人ひとりの真意を生徒が自覚できるように受け止める。
- 授業のなかで道徳的な価値を多面的・多角的にとらえ考えようとしているか。また，自分事として考えようとしているかを好意的に受け止め，生徒一人ひとりの道徳的成長を大くくりであるとともに，具体的・受容的に評価する。

① 道徳の授業をとおして，「今まで自分を中心にしか家族について考えたことがなかったけれど，明子の行動をとおして客観的に家族のことを考えることができた」という感想を持っていた。
② 道徳の授業を通して，友人のさまざまな発言に耳を傾け，自分の考えと比べながら，「家族」について再考している様子が見られた。自分が考える「家族はこうあるべき」という考え方が必ずしも，絶対とは限らないということを学んでいた。
③ 「母の置手紙」の授業では，自分の経験に照らし合わせて，主人公に共感しつつ「親だと思うと，わがままや甘えがつい出てしまう」という人間の心の弱さや主人公を自分の身に置き換えて考えている発言が見られた。

「道徳科」授業事例 16　　　　　　　　　　　　　　　　　　　　　　C
よりよい学校生活，集団生活の充実

埼玉県寄居町立寄居中学校長　**鴻野　年伸**

指導計画例

1. ねらい（内容項目　C　よりよい学校生活，集団生活の充実）

「学校を大切にするとはどんなことか」という話し合いを通して，集団のなかで自分の役割や責任を自覚することは，集団生活を充実させ自分自身の向上につながることを理解し，よりよい校風づくりをしようとする態度を育てる。

2. 教材名

「伝統で終わることなく伝説に」（出典　「中学生の道徳　かけがえのないきみだから」）

3. 主題設定の理由

(1)　ねらいや指導内容について

人が，それぞれの集団の一員としてよりよく生きていくためには，自分の属する集団の意義や目指す目的を十分に理解し，自分の役割と責任を果たし集団生活の充実に努めることが大切である。そのためには，集団での規則を守り，互いに励まし合う関係づくりをすることが重要である。集団のなかで自分の役割や責任を自覚することは，集団生活が充実するだけにとどまらず，自己の資質・能力を高め自分自身の向上につながることになる。

そこで，学校という公的な集団生活のなかで，教師と生徒一人ひとりが学級や学校で自分自身の役割と責任を果たすことや互いの人間関係を深め，協力して生活することを通して，尊敬や感謝の気持ちを持つことが大切である。そうすることは，集団を高め自己の向上につながる。また，学校はそれぞれ独自の校風があり，これは，先輩や保護者，地域の人々の長年にわたる努力によって培われたものである。これを後輩たちが協力しあって継承し，発展させより良い校風づくりをしていくことは大切であると考え本主題を設定した。

(2)　これまでの学習状況及び生徒の実態について

小学校高学年では，先生や学校の人々を敬愛し，みんなで協力し合ってよりよい学級や学校をつくるとともに，集団のなかでの自分の役割を自覚して集団生活の充実に努めた。中学校に入学して間もない時期には，学校生活の環境の変化により，教師や学校の人々への敬愛の気持ちや学校に対する愛校心や集団への帰属意識も十分とは言えない傾向がある。しかし，学年が上がるにつれて学校生活にも慣れ，集団の一員としての自覚がしだいに高まっていく。自我意識が高まりつつあるなかで，自己の思いを優先させてしまったり，集団の一員としての所属感や一体感を強く求めすぎ，排他的にさえなってしまうこともある。

本学級では集団の規則を守り，互いに協力して生活しようとしている生徒が多く，とくに音楽会に向けては，実行委員を中心とし，学級全体が向上心を持って練習を取り組むことができた。「自他の向上のためにやる」という自律的な捉え方をする生徒もいるが，「決められているからやる」という他律的な捉え方をする生徒もいる。集団のなかで自分の役割や責任を自覚することは，集団生活が充実し，自己の資質・能力を高め自分自身の向上につながることを理解させ，よりよい校風づくりをしようとする態度を育てたい。

授業事例

5　学習指導過程

段階	学習活動と主な発問	予想される生徒の反応	○指導上の留意点　☆評価の視点 ◎主体的・対話的で深い学びを意識した取り組み
導入	寄居中の伝統や寄居中生の良いところを振り返る。 １．学習テーマを確認する。 ○寄居中学校の良いところって何だろうか？ 　　寄居中学校の良いところって何だろうか？	●チャイム前着席 ●朝読書 ●黙々清掃 ●あいさつ	○30周年式典の際に掲示された「ここが自慢！私たちの寄居中学校‼」を活用する。
展開	２．条件・情況を知る ○登場人物　●裕貴　陸上長距離で全国大会出場 　　　　　　●隆弘（主人公）裕貴と共に行動，悩みながら成長していく。 ○条件・情況 　●裕貴から多くの影響を受けている主人公の隆弘。 ３．教材を読んで話し合い考える 　「陸上の練習をするのに，なぜ玄関を掃除しなければならないのですか」と訊く主人公の隆弘は，どのような思いで川音先生に訊いたのですか？ （補助発問） 校長先生の話を聞いた隆弘は，どんなことを考えたのだろう？ （補助発問） 　先生方やPTAの方々が応援してくれていたのは，	●場を清めることと陸上の練習は関係ない。 ●なぜやるのだろう，わからない。 ●練習時間が少なくなってしまう。 ●校長先生からほめられてうれしい。 ●場所を大切にしてくれていることを喜んでくださっている。 ●練習や清掃を頑張っているから。	◎クラス全員が考えを付箋に記入し，黒板に貼り付ける。自分の意見と同じ内容のものの近くに貼り付ける。記入されていることについて教師が問いかけを行う。 ○主人公の立場になって考えさせ，校長先生や他の先生方，PTAの方々からの立場から見る陸上部員の行動について考えさせていく。 ○玄関掃除をするということから，玄関は学校の顔であり，玄関がき

	なぜでしょうか？	●頑張っている人の周りには，必ず味方がいる。	れいならば生徒たちが気持ちよく登校できることを捉えさせる。
展開	隆弘が気づいたかもしれない「学校を大切にする」ことはどんなことですか？		
	（補助発問） 「学校を大切にする」ような行動とは何か？また，「学校を大切にする」ことで周りの人はどのように感じるのか？	●良いことを続けること。 ●感謝すること。 ●勉強や部活の練習をがんばること。 ●掃除をすること。 ●あいさつをすること。 ●学校を大切にすることで，周りの人たちに応援してもらえる。	◎３〜４人グループを編制し意見を出し合いホワイトボードにまとめる。自分の意見を述べる前に前の人の考えについてコメントを加え述べるよう指導する。 ○日頃の生活のなかでも自分の役割を果たしている人が多い。今頑張っていることを続けていくことの大切さを捉えさせる。 ☆「学校を大切にする」ことについて，自分たちがやっていくべきことや，それを見守る周囲の人が感じることに視点をおいて考えることができた。 ◎グループごとに出された意見を学級全体で共有し，共に考えることで深い学びにつなげる。
	4．深い学びにつなげるためのゲストティーチャーの話を聞く。		○川音先生から，日本を代表する長距離選手として活躍する設楽悠太選手がいたときからランニングロードを丁寧に掃除してきたことや，それが代々後輩たちに引き継がれ，今でも続いていることなどを伺う。
終末	5．まとめ 　本時を振り返り，本時で学習したことを今後にどう生かすことができるかを考える。		○授業を振り返りながら，書く活動を通して，学習課題について考える。 ☆これまでの体験を想起しながら，よりよい学校つくりについて自分なりの言葉で表現している。

授業のポイント

本教材の特質や活用方法について

　主人公隆弘の所属する陸上部は，練習の前に必ず学校の玄関や自分たちの使うランニングロードの掃除をすることになっている。その意味を理解していない隆弘が，友だちの裕貴との会話や校長先生から声をかけられ励まされたことなどをきっかけに，伝統となっている「場を清める」ということの大切さが伝わってくる教材である。

　隆弘が裕貴と校長先生との会話を通して，自分たちを温かく見守り，成長を支えてくれている仲間や学校，地域の人を大切にし，練習場所を愛するという大切な気持ちを，先輩

から引き継ぎ，後輩たちにつないでいき，このことを伝説にして行こうと決意をする隆弘の気持ちに共感させ，その過程において考え，議論させることで深い学びを実現するところに教材活用のポイントがある。

授業の展開部分で3～4人グループを編制しグループ内で意見を出し合い，それをホワイトボードにまとめる学びを行うが，自分の意見を述べる前に，前の人の考えについて自分のコメントを加え述べるよう指導する。これにより，主体的に学び，対話へ導き，深く考えさせることにつなげる効果をねらうものである。また，個々のグループごとに出された意見を学級全体で改めて共有し，考えることで深い学びにつなげることができる。

ゲストティーチャーとして教材中に登場する川音教諭を招聘し，日本記録を更新してマラソン界で活躍している設楽悠太選手なども，教材中に出てくるランニングロードを当時は一陸上部員として丁寧に掃除してきたことやそれが代々後輩たちに引き継がれ，今も続いていることなどを話していただき，改めて学校を大切に思う気持ちを深く捉えさせたい。

評価のポイント

評価の視点として，物事を多面的・多角的に考えている様子，道徳的価値についての理解を自分との関わりで深めている様子，そして，大くくりなまとまりを踏まえた評価のための蓄積を丁寧に行っていくことを評価のポイントとした。

【物事を多面的・多角的に考えている様子】として，主人公の立場になって考え，「学校を大切にする」ことについて，自分たちが行うべきことや，自分たちを見守る周囲の人が感じることに視点を移して考えることができたかという様子を評価した。

【道徳的価値についての理解を自分との関わりで深めている様子】では，生徒の生活の場である学校にはそれぞれ独自の校風があり，これは先輩や保護者，地域の人々の永年にわたる努力によって培われたものであることを理解しているかを押さえ，集団のなかで自分の役割や責任を自覚し，集団生活を充実させていくことが，自分自身の向上につながるということを理解したうえで，よりよい校風づくりをしようと考えているかという様子を，具体的に現れた発表の様子や発言そして議論の様子等から評価した。

〈大くくりなまとまりを踏まえた評価のための蓄積〉

道徳科において養うべき道徳性は，生徒の人格全体に関わるものであり，数値などによって不用意に評価してはならず，学習状況や道徳性に係る成長の様子をさまざまな方法でとらえて，個々の生徒の成長を促すものである。そこで，生徒の道徳性の評価はせず，学習状況の評価を行うという形で実践し，結果的に，毎週の，各担任の授業を原則とした授業実践の蓄積を図り，「大くくり」にとらえた評価の蓄積を目指した。

学期ごとの通知表への評価を考えたときに，年間35時間のうちの12～13時間分の授業の評価の蓄積が通知表の数行のなかに凝縮された形で記述されることになる。

もちろん13時間分すべての評価を通知表に行うことは不可能なので，指導案中にも評価のための蓄積を残し，また，生徒が「道徳ノート」のなかに蓄積した道徳科の授業のシートを基にした振り返りによって各学期の評価を実施するものである。

本授業における評価のための蓄積は「『学校を大切にするとはどんなことか』という話し合いを通して，自分たちの役割を果たすことやそれを後輩に教えてくことの必要性についてワークシートに記入していました」となる。

「道徳科」授業事例17　　　　　　　　　　　　　　　　　　　　　C
郷土の伝統と文化の尊重，郷土を愛する態度

東京都府中市立府中第九中学校長　吉田　修

指導計画例

　多くの地域で，生徒たちが，地域に住む人々との触れ合いや，共に協力して何かを成し遂げるという機会が少なくなってきている。地域によっては，新興住宅街で歴史が浅い地域もあり，郷土に対する思い入れもさまざまである。

　歴史ある古い地域であれば，郷土によって育まれてきた伝統と文化に触れ，体験することを通して，そのよさに気付き，郷土に対する誇りや愛着をもつとともに，郷土に対して主体的に関わろうとする心や態度も育まれる。

　一方，新興住宅街のように，歴史が浅い地域においては，今住んでいる自分たちがその地域の歴史や文化をつくり後世に伝えていくことで伝統と文化がつくり上げられる。一例を挙げると，東京スカイツリーは，東京の新名所である。しかし，そこには，五重塔の技術が使われ，今後，東京の伝統と文化を継承すると考えられる。

　多くの地域の生徒が，地域に住む人々との触れ合いや協働が少なくなった今，「郷土の伝統と文化の尊重、郷土を愛する態度」を，道徳科だけで指導することは困難である。そこで，全教育活動と道徳科を関連させた指導が必要になる。以下，具体的事例を挙げる。

1．道徳教育として「郷土の伝統と文化の尊重、郷土を愛する態度」を育む

　「ふるさと学習」を推進している地域も多いと思われる。「ふるさと学習」を推進するためには，教科学習，総合的な学習の時間，道徳科を意図的に関連づけ学習することで生徒に，さまざまな力を育むことができる。

【系統的な指導計画例】

地域の良さを知り，考え，将来・未来に伝えることができる地域の創造に貢献する人材を育成する

アプローチ：「歴史・文化・伝統」地域の歴史と文化を理解し，ふるさとの伝統を守り引き継いでいこうとする。

社会 歴史的分野 古く歴史ある地域を身近に理解し，郷土に対する誇りをもつ。そのうえで将来の文化保護等，環境に配慮し伝統文化を意識したまちづくりをする態度を育てる。	総合的な学習の時間 地域の史跡や文化財を訪れ，地域の祭りなどに参加し，それらの保護や伝承に携わる人々の話を聞くとともに，後世の人々に引き継ぐ態度を育てる。	道徳科 教材名 「ぼくと府中囃子　他」 郷土の伝統と文化を大切にし，社会に尽くした先人や高齢者に尊敬の念を深め，地域社会の一員として自覚をもって郷土を愛し，進んで郷土の発展に努める。また，社会の形成者として，その発展に努める。

地域人材・関係機関・地域教材・地域行事等
御囃子，国府太鼓，郷土の森博物館，ふるさと歴史館，武蔵府中国府跡，郷土に根ざした道徳資料，くらやみ祭り

授業にいたるまでの取り組み

1. くらやみ祭り参加の啓発活動【ポスター掲示，朝礼等での呼びかけ】

5月連休中に，府中市では全国的にも有名な「くらやみ祭り」が行われる。それぞれの地区から山車が引かれ，大國魂神社前に集結し山車の競演が行われる。御囃子の会に所属している児童・生徒は，大人と一緒に祭りに参加する。4月中旬には，地域からの依頼を受けて校内にポスターを掲示し，掲示と山車引きの参加者を募る便りを作成し，生徒に地域行事への参加を呼びかける。

2. 地域人材を招聘し，地域の歴史と文化について知る

昔ながらの地域ではあるが，近年マンション等の建設により新たに移り住んできている人も多くなってきている。生徒によっては，市の伝統行事である「くらやみ祭り」のことを知らない子も多い。

昔から長く地域に住んでいる方に来ていただき，「地域の歴史・文化講話」として府中市の歴史を含め，「くらやみ祭り」について知る機会を設ける。

3. 地域行事「くらやみ祭り」に参加する

参加を希望する生徒，保護者と教員が地区の「くらやみ祭り」の山車巡業に参加する。生徒，保護者，教員がともに参加することで，地域と伝統・文化を知り，地域との関係を緊密にできる機会である。

4. 道徳科の授業

「郷土の伝統と文化の尊重、郷土を愛する態度」の内容で考えを深めていく。

5. 教科学習（社会科　歴史）

中学1年生の後半に「中世の日本と世界」「近世の日本と社会」という章で地域の歴史に触れる。

授業事例

1. 教材の内容とねらい（内容項目　C　郷土の伝統と文化の尊重，郷土を愛する態度）

本教材「ぼくと府中囃子」は，本市の道徳郷土教材である。主人公である「ぼく」がお囃子の会に入会し，練習を続けるなかで，地域の大人と触れ合い，地域の伝統文化の良さをしみじみと感じてくる教材である。お囃子が上手にできず，お囃子から踊りの練習に変えたことで，踊りを通して，お囃子のリズムもわかりお囃子も上達した。伝統文化を継承するためには，大人から子どもまでが協力していかなければならないことも学んだ。

ねらいとしては，

①郷土に対する誇りや愛着をもつとともに，郷土に対して主体的に関わろうとする心や態度を育む。

②社会に尽くした先人や高齢者などの先達に対し尊敬の念や感謝の気持ちを深め，地域に住む人々とともに，地域社会をよりよいものに発展させていこうとする実践意欲を高める。

2 指導略案

導入

「地域の歴史・文化講話」について振り返る。講話のあとのアンケートを紹介する。（事前アンケートの活用）その時に観た「くらやみ祭り」のビデオにも触れる。

【留意点】 アンケート内容を分類しておき，ねらいにあった内容をいくつか紹介する。

展開

教師による教材の範読

T お囃子をはじめた「ぼく」だけど，苦労もあったね。それでも続けたのはどうしてだろう？できるだけ意見を出してみよう。

S ①踊りに変わった後に上達したから。②上達したことを褒められた。
 ③年配の人に褒められたから。④地域との触れ合いに気づいた。

T いま①から④の意見が出たけど，それぞれについての理由をもっと考えてみよう。時間を少しとります。（各自で考える）

①上達したことでやる気が湧いてきた。面白さがわかってきた。
②褒められるとやる気になる。褒められたことでさらに極めたい。
③年配の人も見てくれているんだ。大人も子どもも一緒なんだ。
④ぼくも地域の一員になった気がした。（府中にどっぷりとつかっていたと言われた）。

T 各自で考えた理由をグループで共有してみよう。自分の意見と違うけど，これはと思う意見を自分のワークシートに赤のボールペンで書き加えてみよう。

T みんなから出た意見を整理するために黒板に書いてみると次のような感じだね。

T 「ぼく」にとって，府中囃子に参加することで得たことや良さって何かな？

S 身近な地域で自分を表現できる。
 大人も子どもも垣根なく一つのことをできる。
 小さい子が参加し，その子たちと一緒に練習し，教える立場にもなってきている。

【府中囃子に参加している生徒へ】

T 実際に，府中囃子に参加している人，参加したことがある人もいるね。その人たちから意見もらいたいな？どうかな？

S 大変なこともあるけど，その1日のために頑張って市内を練り歩くことができるのは参加している人たちだけなので，なんか満足できる。誇りに思える。

T 年配の人と関わりながら，取り組んでいるけど，年配の人たちに対してどう思う？

S ずっと引き継いできたものを，自分たちに教えてくれていることに感謝している。

T これから，みんなはどういうことに心がけていきたい。

S やっぱり，古くから今日まで続いている伝統ある行事だから引き継ぎたいし，後輩を育てていきたい。

T 地域の良さを引き継ぐために大切なことって何だろうか。今日の授業を通して考えたことをワークシートに書いてみよう。

授業のポイント

1. **アンケートの活用**
　道徳科以外で学習した内容と関連づけ授業を行うことで，生徒にとって想起しやすくする。また，導入時にアンケート結果の内容が多岐にわたっていたことを示すことで，生徒に多面的・多角的思考を促せる。

2. **生徒が主体的に深く考えるための手立て**
　「ぼくの思い」について考えられるだけ考えを出させ，さらに，その理由を考えさせる。生徒に自分の考えを選択させ選択的思考を育てた多様な考えを考えさせ，理由を考えさせることで多面的で深い学びへつながる。

3. **グループでの意見交換で意見の共有と考えの再構築**
　グループでの意見交換で考えの共有を図る。他の人の取り入れたい考えを自分の意見に取り入れて自分の意見を再構築することで考えを深めていく。

4. **板書で整理し，考えを焦点化しねらいに迫る**

5. **体験している生徒からの意見**
　体験者の考えや意見を聞くことで，より実感できる授業が構成できる。

6. **教材の活用方法（教材の焦点化）**
　教材を細かく場面ごとに捉えるのでなく，「ぼく」がお囃子を苦労しながらも続けている理由を考えさせ，ねらいに迫る。教材の焦点化を図る。地域の実態に応じた教材を活用することでねらいに迫る。

評価のポイント

①郷土に対する誇りや愛着をもつとともに，郷土に対して主体的に関わろうとする心や態度を，ワークシートや発言を通して評価する。

②地域に住む人々とともに，地域社会をよりよいものに発展させていこうとする実践意欲が高まっているか，発言やワークシートを通して評価する。

③地域との関わり方について自分事として考えているか。自分だけ，他者との関わり，地域集団への貢献などについて書かれているかで，ねらいに迫っているかを評価する。

④体験者の話やグループなどの話し合いを通して，多面的・多角的に考えることができたかを評価する。

「道徳科」授業事例18　　　　　　　　　　　　　　　　　　　　　　　　　　C

我が国の伝統と文化の尊重，国を愛する態度

高知県南国市立北陵中学校長　**西尾　洋之**

指導計画例

1. **内容項目**　C　我が国の伝統と文化の尊重，国を愛する態度
2. **教材**　国　（廣済堂あかつき『自分を考える』）
3. **ねらい**　偏狭で排他的な自国賛美に陥ることなく，国際社会に生きる日本人としての自覚をもって，国を愛し，その発展に努めようとする態度を育てる。
4. **学習指導過程**

	学習活動・主な発問	指導上の留意点
導入	○王貞治さんについて知る。 　王貞治さんと聞いて思い浮かぶことは何か。	生徒の持っている知識だけでなく，数々の経歴や実績を紹介する。
展開	○資料を読んで話し合う。 　「国に対する礼儀」とは何だろう ・王さんは国体に出られなかったことや選挙権がないことをどのように思っていたのだろう。 ・王さんが国民栄誉賞を野球界全体が貰ったものだと考えたのはなぜだろう。 ・王さんが帰化を拒むのはなぜだろう。 ・王さんの言う「国と自分との関係をもっとおおらかな気持ちで礼節をもって考えてもいいのでは」とはどういうことだろう。	解決するべき問題を確認する。 国籍が関係する事実を受け入れるとともに，それに冷静に対処する王さんの人柄に触れさせる。 国籍を超えて得られた喜びをファンや野球界とともに味わおうとする王さんの心情に共感させる。 父の気持ちを大切にし，2つの祖国を愛するからこそ帰化しない王さんの決意を理解させる。 国があっての自分であることから，自他の国に対する真摯で誠実な姿勢が求められることに気付かせる。
終末	○日本人としての自分を自覚する。 　自分が日本人であることを意識するのはどんな時か。	国際社会の一員として，自分にもより良い国づくりへの役割や責任があることを掴ませる。

授業事例

T （写真を見せながら）王貞治さんを知っていますか。それはどんなことですか。
S （口々に）一本足打法。元巨人の選手で監督。ホームラン王。
T それ以外にも，ホームランの世界記録を達成した人であり，第一回の国民栄誉賞受賞者。第一回WBCの優勝監督など，王さんは数々のすばらしい実績を残されています。
T 今日は王さんの書かれた文章を基にして，一緒に考えていきたいと思います。資料を読みます。
（範読）
T 最初に，この時間に皆さんに解決してほしい問題についてお話します。それは，王さんの言っている「『国に対する礼儀』とは何だろうか」ということです。授業全体を通して考えていきましょう。
T 王さんは，日本国籍がないために，国体に出られなかったり，選挙権がなかったりしました。その時，どんな気持ちだったでしょう。
S 国体に出られないのは悔しかったと思います。
S それまでみんなで同じようにやってきたのに，自分だけ国体には出られないというのはすごくショックだったはずです。
S 高校生だからやはり国体に出られないのはショックだったと思うけど，選挙権がないのは大人になってからだから仕方がないと思っていたのではないでしょうか。
S どうしようもないことなので，受け入れていたと思います。
S 選挙権がないことも本当は辛かったのかもしれません。
T 王さんはホームランの世界記録を達成し，国民栄誉賞を貰いました。しかし，王さんは，これは私個人ではなく，野球界全体が貰ったものだと言っています。なぜでしょう。
S ファンの声援があってのことだから。
S 賞は野球界全体で頑張ってきたからで，ファンも含めてみんなの成果だから。
S 日本の国籍がないので，自分が国民栄誉賞をもらってもいいのかなという思いもあったと思います。
S 私はそれよりも，やはり野球界全体が評価されたのがうれしかったのだと思います。
T 帰化すれば様々な問題は解消するのに，なぜ王さんは頑なに帰化を拒むのでしょう。
S お父さんを悲しませてまで帰化することはできなかったのだと思います。
S 私もお父さんの中国を愛する気持ちを大切にしたいということだと思います。
S 王さんは日本も中国も祖国と思ってきたわけで，どちらかを選ぶことはできないということです。
T それは帰化との関係で言えばどういうこと？
S 王さんは生まれてきた時から中国籍で，ここで帰化すれば中国を捨てたことになると思ったのではないでしょうか。
S 二つの国を愛する王さんが，どちらかを選ぶのは難しいと思います。とくに，自分の意志で選ぶというのはできないと思います。
S 王さんにとって，形としての国籍が問題なのではなくて，心の中で両方とも祖国と思えることが大切だったのではないかと思います。

T ここで，最初にお話しした「国に対する礼儀」の問題に帰ります。王さんは，「国と自分との関係をもっとおおらかな気持ちで礼節をもって考えてもいいのでは」と言っていますが，これはどういうことでしょう。
S 私たちは国に守られているということを知らなければいけないと思います。
S 国があるから様々な恩恵を受けているわけで，国への感謝の気持ちを持つべきです。
S 私たちは国があることで安心して生活しています。混乱した状態にならないためにも，みんなが国のもとに一つにまとまることが大事だと思います。
T これは自分の国のことだけですか。
S どの国の人も，自分の国を愛する気持ちを持っています。たとえば，よその国の国旗掲揚の時，座っていたり雑談したりしていたら，その国の人からすれば嫌な気持ちになりますよね。
S 紛争があって難民となった人も，早く自分の国に帰りたいと願っていると思います。
T どの国の人も，自分の国に対する深い愛情を持っているということですね。
S 国への礼節とは，特別のことではなく，世界に共通する常識なのかもしれません。
T なるほど。それでは，皆さんが日本人であることを意識するのはどんな時ですか。
S 国際試合で日本が勝った時や負けた時。
S ノーベル賞を日本人が貰った時は，自分のことのようにうれしくなります。
S 日本人が海外で犯罪を犯したり，マナー違反をした時は，残念な気持ちになります。
T 私もそうです。普段は意識しなくても，国際社会のなかに日本があって，私たちがその一員であることは紛れもない事実です。だからこそ，より良い国にしていくことが私たち一人ひとりの役割と責任なのかもしれませんね。そのために，これからも自分に何ができるかを考えていきましょう。

板書例

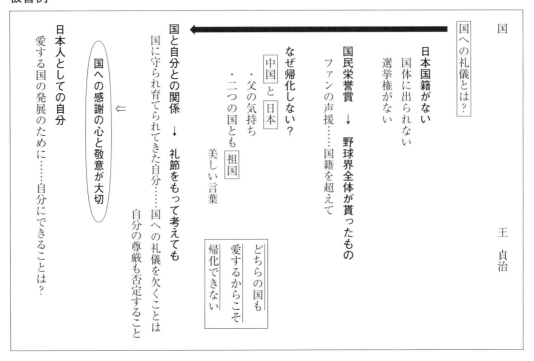

授業のポイント

　普段の生活のなかでは，生徒たちが日本という国や日本人としての自らを意識する機会はあまり多くはない。しかし，平和で安定した国となっているのは，幾多の先人の努力の賜物であり，さらに，厳然たる事実として，誰もがその恩恵を受けて暮らしている。そういう意味で，国と自分との関係は切っても切り離せないものである。また，グローバル化する国際社会のなかで，自国のみが繁栄し幸せを享受することは望むべくもない。

　「特別の教科　道徳」の中学校学習指導要領解説の「我が国の伝統と文化の尊重，国を愛する態度」では，指導の要点として「国を愛することは，偏狭で排他的な自国賛美ではなく，国際社会と向き合うことが求められている我が国の一員としての自覚と責任を持って，国際貢献に努めようとする態度につながっている点に留意する必要がある」とされる。

　この資料は，日本国籍を持たない王さんが，中国はもちろん日本に対しても深い愛情と敬意を持って向き合うべきことを述べた文章であり，王さんの謙虚で誠実な人柄もあって読み手に深い感銘を与えてくれる。「帰化しない」ことと，「国を愛する」ことを，あえて混同しない王さんの姿勢に頷く生徒も少なくはないであろう。

　近年，自国第一主義が台頭するなかにあって，生徒たちが愛国心の意味を曲解してしまう心配も大きくなりつつある。それだけに，授業では，王さんの考え方や生き方を通して，生徒たちに国に守られ育まれていることを自覚させるとともに，国の発展が自分たちの役割と責任であることを摑ませたい。加えて，どの国の人々も国を愛する心を持っていること，そしてそれを互いに尊重することの大切さを理解させたい。「『真の愛国心』とは何か」を生徒たちに考えさせる契機となる授業であってほしいと願う。

評価のポイント

　「特別の教科　道徳」の評価は，授業のなかで生徒の良さを見つけ，励まし，さらなる成長につなげるためのものである。ただ，これまでの教師の生徒への関わりやまなざしは，課題を把握してその解決のための手立てを講じるための手段としてきた面のあることも否めない。そういう意味では，まずは教師の生徒を見る目（生徒観）の転換が必要であろう。評価は個人内評価であり，純粋にどれだけの学びや成長があったかを見取らねばならない。

　本時においては，事前に生徒一人ひとりの国を愛する心についての考え方・感じ方を把握しておくことが大切である。そのうえで，以下の点を中心に発言や記述に注目したい。

・今日の暮らしが先人の努力のお蔭で成り立っていることを理解できているか。
・連綿と続く日本の国への意識や日本人としての自分への自覚があるか。
・国に守られ育まれている自分への自覚があるか。
・これからの国の発展が自らの役割と責任であることを摑めているか。
・どの国の人も国を愛する心や国への敬意を持っていることが理解できているか。
・国際社会において，国を愛する心や国への敬意が相互に尊重されるべきものであることを理解できているか。

　評価するに当たっては，生徒の発言や記述をそのまま受け取るのではなく，授業展開のなかで，さらに多面的・多角的な見方・考え方を引き出したり，自分との関わりのなかで道徳的価値の理解を深めさせたりする指導方法の工夫が必要である。そこに，生徒が本来持つ素直な学びや成長が見えてくると信じている。

「道徳科」授業事例19　　　　　　　　　　　　　　　　　　　C
国際理解，国際貢献

川崎市立菅中学校長　山川　俊英

指導計画例

3年教材「希望の義足」

日本人としての自覚を促し，国際理解・国際貢献を主体的に考えさせる授業

　学習指導要領では，内容項目C「国際理解・国際貢献」の指導の観点として，「世界の中の日本人としての自覚をもち，他国を尊重し国際的視野に立って，世界の平和と人類の発展に寄与すること」としている。本授業では，日本人としての自覚を促すことを前提とし，そのうえで，日本のことを考えるだけでなく，国際的な視野に立ち，どのような状況においても協働の場を実現していくという，国際貢献について，自らの役割と責任を果たすという考えを深めさせたい。そのことが「世界の平和と人類の発展に寄与する」礎を築くことにつながる心情を育む。

3学年を見通した重点的な指導計画例

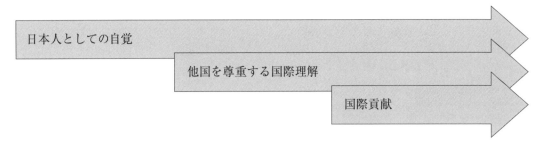

各教科等，体験活動等との関連的指導の工夫例

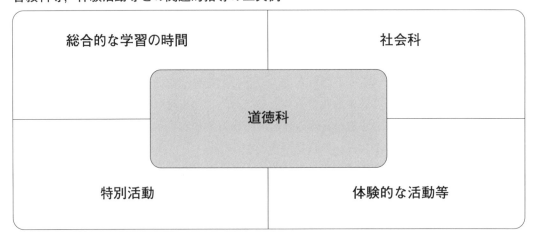

道徳教育の全体計画との関連

　学校教育目標・道徳教育全体計画に基づき，各教科（とくに国際的な視野という観点から社会科），総合的な学習の時間，特別活動，福祉活動などの体験的な活動等との関連が大切である。

> 授業事例

　本授業は，川崎市立中原中学校において発表されたものを，川崎市立菅中学校で再度実施し，再構成したものである。（授業者については後記）

〈主題設定の理由〉

(1) ねらいとする道徳的な価値について

　授業のねらいは，「世界の中の日本人としての自覚をもち，他国を尊重し，国際的な視野に立って，世界の平和と人類の発展に寄与すること」とした。1年生で国際社会の中の日本という視点を学び，2年生では国際理解・多文化共生について理解を進めたうえで，3年生では国際貢献という意義について理解を進めたい。さらに，世界平和への参画，人類の発展へと考察させたい。そのことが，持続可能な社会の形成へと関連付けられていく。

(2) 生徒の実態について

　中学生の時期は，他教科との学習とも相まって，世界のさまざまな国々に対しての興味・関心が高まってくる。また，知識基盤社会のなかで諸外国の政治・経済・文化をはじめとするさまざまな分野について，瞬時に情報等を手に入れることができるようになり，また，自らの体験により，異文化体験や異文化理解を深めていることも多い。学校においても，国籍・民族の異なる生徒も増加しており，日常生活のなかでも，異文化への理解を進めている場合も多い。

(3) 教材「希望の義足」について

　アフリカのルワンダ共和国という生徒にはあまりなじみがない国かもしれない。ここで20年ほど前，悲劇が起きた。いわゆる「ルワンダ大虐殺」で国民の10人に1人が手足を失ったのである。その惨状に吉田真美という一人の女性が立ち上がる。会社を辞め，日本の義肢工房に弟子入りし，祖国ルワンダの復興に懸ける男，ガテラ・ルダシングワと共に，現地での義肢づくりに打って出た。しかし，現地の人々は作った義足を使ってくれない。その時，彼らは最後の希望を一人の現地青年に託すことに決めた。パラリンピックへの出場である。国際的な視野に立って，ルワンダの人々の「心の復興」を目指した女性の生き方の話である。

〈授業展開例〉

○対象学年　　　第3学年
○主題名　　　　国際的な視野に立って，世界の平和と人類の発展に寄与する
○内容項目　　　C〔国際理解，国際貢献〕
○教材　　　　　「希望の義足」（出典：光村図書『中学道徳』きみがいちばんひかるとき）：

	主な発問と生徒の反応（○教師　☆生徒）	指導上の留意点
導入	1．資料への導入 ○パラリンピックについての写真を見せる。 ☆東京パラリンピックの公式キャラクターだ。 ☆義足をつけて走っているな。	●あまり時間をかけないようにする。
展開	2．資料を読む ○登場人物の確認をする。 ☆主人公の考えや行動について少人数で話し合いをする。 3．共通の問題意識（課題）の設定 【発問1】 ○祖国の発展に尽くしたいというガテラさんの思いを知ったとき，真美さんはどんなことを考えたでしょうか。 ☆ルワンダの状況はあまりにもひどい。この国のためにガテラさんと一緒に何かしたい。 ☆国のためにがんばろうというガテラさんの思いはとてもすごい。 ☆こんなにも壮絶な人生を送っているのに，前向きなガテラさんは尊敬できる。 4．話し合いをする（主体的・対話的な展開） 【発問2】 ○パラリンピックにルワンダ代表を送りたいと思った真美さんについてどう思いますか。 ☆パラリンピックによって，人々が希望をもって生きることができるというアイデアはいいと思う。 ☆自分の国ではないのに，ここまでを思い続けることはなかなかできるものではないと思う。 ☆「心の復興」のために何ができるかを模索し続ける真美さんの姿勢は素晴らしい。 ○シドニーパラリンピック水泳の動画を見せる。 【発問3】 ○あなたは真美さんの生き方を知って，どんなことを考えましたか。 ☆ルワンダの人々を助けたいと思って行動した真美さんはすごいと思う。 ☆お互いのことを知って協力できる関係でありたいと思う。	●思いやりについての話し合いに偏ることがないように注意をする。真美さんは，ただ友人のことを助けたいと思ったのではなく，ルワンダの状況を知り，変えるために何かしたいと思ったということに気付かせる。 【補助発問】 ○真美さんが，パラリンピックにルワンダ代表を送りたいと思ったのはなぜでしょう。 ●補助発問も用いて，どん底の経済状況から脱するには，人々の精神的な自立が必要と気が付いた真美さんの心情に気付かせる。 ●差別や偏見をもたず，国を越えた世界の平和と幸福や同じ人間として尊重し合うことの大切さについても考えさせる。
終末	5．学習を振り返り，自己の生き方を見つめる ○教師の話をする。 ☆授業の感想をワークシートに記入する。	●温かい雰囲気で終われるようにする。 ●自我関与を示唆する。

授業案作成・授業者　　川崎市立中原中学校　　黒川　美穂教諭
授業者　　　　　　　　川崎市立菅中学校　　　津田　圭太教諭

授業のポイント

(1) 主体的な学びにするためのポイント

　中学校3年生は，中学校に入って教科等からすでに国際的な視野そのものは素養として持っている。この授業では，その過去の知見や経験から，単に国際理解ということに留まらないことにポイントをおきたい。主人公の生き方を単に「すばらしい」「勇気がある」ということではなく，ルワンダの人々の「心の復興」への「挑戦」と捉えさせたい。そこに至るまでのプロセスについての主人公の行動について，主体的に考え省察させていく。また，総合的な学習の時間や福祉的な体験学習を通して，義肢を提供する意義なども理解をしている生徒も多い。ルワンダへの国際貢献と義肢を無償提供するプロジェクトを，多面的・多角的な見方へ発展させ，主題へ迫らせたい。

(2) 対話的な学びにするためのポイント

　発問を工夫し，主人公の気持ちを考えさせ，心情を理解させることにより話し合いを活発にする。キーワードをICT機器の利活用により，分かりやすくイメージできるようにし，生徒の意見を出しやすくする。

(3) 深い学びにするためのポイント

　日本とルワンダという国が置かれた状況を踏まえたうえで，主人公が「ルワンダ人の心の復興」を目標としたことに至ったプロセスについて，上記の「主体的・対話的な学び」を合わせて収斂させていく授業展開が肝要である。そして，持続可能な社会のなかで，自分が具体的に国際理解・国際貢献のイメージを持てるようにさせたい。

評価のポイント

　「国際理解」「国際貢献」の評価のポイントは，「世界の中の日本人としての自覚を持ち，国際的視野に立って，世界の平和と人類の幸福に貢献しようと自らの行動や考えを見直そうとしているか」ということになろう。具体的にこの教材を使用した授業での評価の視点は，「現在の自分自身を振り返り，自らの行動や考えを見直していることがうかがえる部分に着目」し，自我関与が中心の学習の評価がポイントになる。

【評価の文例】

- 主人公の行動を通して，困っている外国の現状について，自分自身が何ができるか考えることができた。
- 主人公の，行動や考え方を通して，自分の意志を貫く素晴らしさと難しさについて考えることができた。
- ルワンダの「心の復興」のためになったパラリンピックについて考え，2020年東京オリンピック・パラリンピックについて，自分自身に何ができるか考えることができた。
- 今日の授業を通して，自分のできることを考え，修学旅行の時などに，外国の方に自分が何ができるか考えることができた。
- 主人公の考え方や行動について，自分のことのように捉え，積極的に自分の考えを述べるだけでなく，他者の多様な意見を聞き，考えを深めることができた。

「道徳科」授業事例20

生命の尊さ

D

埼玉県川口市立芝中学校教諭　若林　尚子

指導計画例

1. 主題設定の理由

(1)　ねらいとする価値について

　内容項目D【生命の尊さ】は，「生命の尊さについて，その連続性や有限性なども含めて理解し，かけがえのない生命を尊重すること」をねらいとしている。生命とは生物的関係性，精神性，さらに人間の力を超えた畏怖されるべきものである。自他の生命を尊ぶためには，まず自己の生命の尊さを深く考えなければならない。それは，自分が多くの生命によって生かされ，守られていることを知り，生命あるものは互いに支え合って生きていると知ることにつながっていく。それには，命はなぜ大切なのかという問いに向き合い，自ら答えを出したときに，自他の命を大切にしようと思う気持ちや，共に支え合って生きようとする行動につながっていくのではないかと考える。また，この「命」を考えるとき，与えられた生命としての命だけではなく，その命をどう生きるかが深く関わってくる。生き方としての「いのち」を考えるとき，与えられた命をどう輝かせるかが問題であり，そのことを深く考えることがより良い生き方につながると考え，本主題を設定した。

(2)　生徒の実態について

　中学生の時期は，比較的健康に毎日が過ごせる場合が多いため，自己の生命に対するありがたみを感じている生徒はけっして多いとは言えない。しかし，生徒のほとんどは，命は一番大切なものであると考えている。命は大切であるということは，家庭でも，小学校でも教えられており，命は大切だと答えることはできる。しかし，なぜ大切なのかを深く考えてはいないことが多いように感じる。大切なことは，なぜ命は大切なのかをきちんと考え，理解し，行動に移すことであると考える。自分の命は大切である理由をしっかりと理解しなければ他者の命を大切に思うことはできない。命のあることのありがたさや素晴らしさを実感し，命の大切さを深く考え，他者の命も大切にしていこうとする気持ちや，態度につなげるように指導したい。

(3)　教材について

　この教材は，1988年日本で初めて骨髄バンクができたときの話であり，日本で初めて骨髄バンク登録者による移植手術が行われた話である。

　ドナー登録をしたものの，移植を前に骨髄の提供を迷う主人公を，自身と重ねながら話し合うことを通し，悩んだ結果提供すると決心した主人公の行為を支えたものや，命について多面的・多角的に考えることで，命の有限性や連続性に気付き，命はなぜ大切なのかを考えていくことができる教材である。そして，命を与えられ今生きていることはありがたく，素晴らしいことに気付かされ，さらに，主人公の生き方を通して，命あるものは互いにどのようにしていくべきか，一つしかない大切な命をどの様に生きることが大切なのかを深く考えることが，人間としてのより良い生き方に繋がると考え，本主題を設定した。

第2編　主体的・対話的で深い学びを実現する中学校「道徳科」授業

> 授業事例

単元　　　命について考える
第1時　　内容項目D【生命の尊さ】　1回目
第2時　　本時
第3時　　内容項目B【思いやり，感謝】（家族愛）
○対象学年　　第1学年
○主題名　　　命は何故大切なのか
○内容項目　　内容項目D【生命の尊さ】
○教材（出典）「決断！骨髄バンク移植第1号」（出典『明日をひらく』東京書籍）

ねらい

　命について，友だちと話し合いながら多面的・多角的に考えることを通して，なぜ命は大切なのかについて，自分なりの考えを持ち，自他の命を大切にしようとする態度を育てる。

	主な発問と生徒の反応（○教師，☆生徒）	指導上の留意点
導入	1．前時での学習の共通理解を確認する ●私たちの命は支えられている ○今日の授業のねらいを提示する　［ポイント1］ 　めあて：なぜ命は大切なのか	●前時での学習から，「命」についてのクラスで共通理解としてあるものを確認する。 ●大きなめあてを提示する。
展開	2．教材を読む。 （前半：田中さんが手のひらを見つめて考える場面までを読む）。 3．何が問題かを考える（課題発見） ○「今日，解決しなければいけない問題は何でしょうか」。 　☆骨髄を提供するかしないか。 　学習問題：　田中さんはどうしたらよいのか ○「手のひらを見つめている時の田中さんは何を考えていたのでしょうか。」（役割演技で考えを深める） ☆●怖い。・知らない人のために痛い思いをしたくない。 　●自分に何かあったら家族や会社はどうなるのか。 　●自分しか救うことができない。 ○「あなたのなかの主人公はどうしますか」 （☆葛藤の背景を押さえ，どうするかを判断し，ワークシートに理由とともに記入する）。 ●適合者が現れ，提供をしてほしいとの電話がかかってくる。 ●太い針を10本も腰に刺すと思うと怖くなる。 ●患者さんは血管から出血し危機的な状況。 ●田中さんが断れば患者さんは死ぬことになる。	●条件・情況を押さえる。 ●生徒自身が課題を見つけられるようにする。 　［ポイント2］ ●骨髄を採る時の様子をしっかりと押さえ，提供を迷う田中さんの気持ちに共感できるようにする。 ●葛藤の背景を整理する。 ●葛藤の背景を基に考えたことを理由として書くようにする。

147

	4．問題について話し合う（課題解決） ○「どうしてその行為を選択したのですか。」 ☆断る ●怖い。●痛そう。●他人のためにそこまでできない。 ●自分が死んでしまったら家族が困る。 　　提供する ●自分しかできない。●自分がしなければ相手が死ぬ。 5．教材後半を読み，命について考えを深める。 ○「命をいろいろな角度から考えてみましょう。」 　「2人の命に共通することは何でしょうか。」 ポイント3 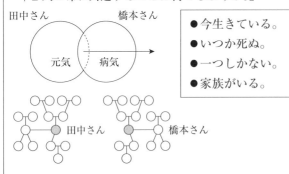 ○「田中さんは，なぜ命の危険を冒してまで他者の命を助けたのでしょうか」 ☆●誰にとっても大切な命。 　●自分の命と同じように相手の命も大切。 ○「田中さんのような人がたくさんいると社会はどうなるでしょうか。」 ☆●温かい社会。　●思いやりのある社会。 　●助け合える社会　●骨髄バンクの活動が広がる。 6．ねらいについて考えを深める。 ○「命はなぜ大切なのでしょうか。」 ☆●一つしかないから。●続いている命だから。 　●多くの人に支えられているから。 ポイント4 ○「命ある私たちの役割は何でしょう。」 ☆●一所懸命に生きる。　●他者を助ける。 　●いじめたりしない。	●どちらを選んだかを確認し，理由を聞く。 ●断るとしても，提供したいという気持ちがあるかどうかを押さえ，分かっていてもできない気持ちに共感する。 ●なぜ命が大切なのかについて考えられるようにする。 ●思考ツールを使って可視化し，思考を深める。 ●多面的・多角的に考えられるようにする。 ●思考ツールで考えたことを基に考えるようにする。 ●社会的な視点で考えられるようにする。 ●行為だけに目を向けるのではなく，思いに目を向けられるようにする。 ●大きなねらいにもどり，命が大切な理由を考える。 ●自分のこととして，これからの自分の生き方を考えられるようにする。
終末	7．学習を振り返り，自己の在り方を見つめる。 ○「今日の授業を通して，命について考えたこと，感じたこと，学んだこと，これからの生き方について 　書きましょう。」 ポイント5 ○「今日の授業から，さらに考えなければいけないと思うことを書きましょう」。	●新たな問いを作ることで，次の時間につなげていく。

授業のポイント

ポイント1　大きなねらいを作る
　1時間の授業が終わるときには，価値への理解が深められていなければならない。教師は一時間後の生徒の変化をイメージして授業を構成することが大切で，最終的に解決する問題である大きなねらいを分かりやすく提示しておくことは大切である。

ポイント2　役割演技
　主人公の立場になって演技することで，自分の気持ちや考えに気づかせる。観客も自分自身の問題として深くかかわり，自分の気持ちや考え方に気づく。切り返しの発問で十分に葛藤させることが大切である。本授業では，田中さん役を生徒が，田中さんの心の声を教師が行った。

ポイント3　思考ツール
　思考ツールは，生徒の思考を視覚的に目に見える形で整理することができるので，理解や考えを深めることができる。とくに，理論的な話し合いが必要とされる問題解決的な授業での思考ツールの使用は大変有効である。本時の命のつながりの図は，田中さんと奥さん，橋本さんだけを黒板に示し，生徒自身が考えて書いていくようにした。

ポイント4
　最終的な大きなねらいに戻り，本時の問題を解決した後に，終末で振り返りという流れでもよいのであるが，さらに教師側から1つ発問し，自分の生き方について考え，自己の納得解を出すことも大切であり，深い学びにつながる。

ポイント5
　本時の授業から，さらに考えたいこと，課題を見つけるようにする。この新たな問題は，次の授業につながっていく。自分事として問題を解決していくには大切なものである。

評価のポイント

主体的な学びの視点から
- 自分ならどうするかと自分事として考えているか，授業の始めと終わりを比較しねらいに対して考えが深まったかを，振り返りシートや発言から見取る。

対話的な学びの視点から
- 他者の意見を聞き，自分の意見との違いを知り，自分の意見を深めているか，命を多面的・多角的に考えることができたかを，振り返りシートや発言から見取る。

深い学びの視点から
- 学んだことをこれからの生活でどう役立てるかを考え，人間として，いかによりよく生きるかについて深く考え，自分なりの答えが出せたかを，振り返りシートから見取る。
- 新たな課題や問題を考えることができたかを，振り返りシートから見取る。

授業づくりの観点から
- 言語活動を充実させる手立ては，ねらいに迫るうえで，効果的であったかを，役割演技，話し合い活動の様子，振り返りシートから見取る。
- 発問は，生徒の思考を深めるうえで，効果的であったかを，発言や振り返りシートから見取る。

「道徳科」授業事例21　　　　　　　　　　　　　　　　　　　　　　　D
自然愛護

筑波大学附属小学校教諭　山田　誠

指導計画例

① 本時のねらい（D　自然愛護）

　主人公の野生の生き物に対する深い愛情や，野生動物と人間の共存などについて深く考え，自然環境を大切にすることの意義を理解し，進んで自然の愛護に努めようとする心情を養う。

② 本時の展開

学習活動	指導上の留意点
1．人と野生動物の共存について調べたことを発表する。 2．NHK道徳ドキュメント「サルも人も愛した写真家」を視聴して，話し合う。 発問①「下北半島で初めてサルを見たときの松岡さんは，どんな気持ちだったでしょう」	●課外活動で調べたことを元にして手短かに発表させる。
●寒いのにがんばっている。 ●親ザルが子ザルを守っている。母親の愛情を感じる。 ●写真家としての自分が求めていたものはこれだ。 発問②「自分が松岡さんの立場だったらどうしますか」	●サルの写真を提示する。
「協力する」 ●畑を荒らされたおばあさんの気持ちもわかる。 ●このままだと人間の食べ物がなくなるので，限られたサルだけなら，駆除に協力してもよい。 「協力しない」 ●元はと言えば，人間がサルの住む場所を奪ったのだから，畑を荒らされても仕方ない。 発問③「泣く泣くサルのために駆除に協力した松岡さんは，どんな気持ちだったでしょう」	●ワークシートに書かせる。 ●4人組で話し合ってから全体で話し合う。
●10年以上付き合ってきたサルを殺すのはつらい。 ●サルを好きだけど，サルのためには仕方ない。 3．松岡さんの話を聞く。	●松岡さんのサルに対する深い愛情と，つらい気持ちについて考えを深めさせる。 ●松岡さんにインタビューした様子をビデオで視聴させる。

> 授業事例

T：人と野生動物の共生について知っていることはありますか。
C：日本では、動物の住む所と人の住む所を分けている。
C：日本では、野生動物の住む所がなくなってきている。
C：トキの住み家がが奪われている。
C：熊……
C：サルが下りてきて、人間の住み家に来て、畑を荒らしたり……
※NHK道徳ドキュメント「サルも人も愛した写真家」を視聴
T：下北半島でサルを初めて見たとき、松岡さんはどんな気持ちだったでしょう。
　　　　　　　　　　　　　　　　　　　　　　　（サルの写真を提示）
C：寒いのにがんばっている。
C：子ザルがかわいい。
C：親ザルが子ザルを守っている。親子の愛情を感じる。
C：写真家として、自分が求めていたものはこれだ。
C：温かい感じがする。
T：自分が松岡さんだったらどうしますか。
　「協力する」「協力しない」「その他」のなかから、一つ選んで下さい。
　　　　　　　　　　　　　　　　　　　　　　（ワークシートに書かせる）
T：4人グループで話し合って下さい。
※4人グループで話し合い。
T：グループで話し合ったことを元にして、自分の考えを発表して下さい。
C：サルの訓練所を作って、しつけてから野生に戻す。
T：サルの駆除に協力する人は手を挙げて下さい。協力する人に聞きます。
C：サルも命があるけど、野菜にも命がある。それを食い荒らされたのだから、人間を優先する。
C：北海道の民家のない山にサルを連れて行く。
C：動物だけの島国を作る。
T：今は、サルを駆除するのに協力するという人に意見を聞いています。
C：おばあさんの気持ちもわかる。限られたサルだけなら、このままだと人間の食べ物がなくなるので、協力してもいい。
C：悪いサルを殺さないと、他のサルが悪いサルのまねをする。
T：松岡さんは、番組のなかで自分の気持ちを言っていませんでしたか。
C：泣く泣く協力する。
C：サルのため。
T：サルの駆除に協力しない人に聞きます。
C：元は人間がサルの住む場所を奪ったのだから、畑を荒らされてもしょうがない。
T：おばあさんは困っていますね。
C：おばあさんは困っているけど、人間がわるい。
C：人間とサルの住む場所の境目をはっきりする。

T：おばあさんの問題はどうですか。
C：人間の命もサルの命も変わりないから協力しない。
T：おばあさんもサルも幸せになる方法はありませんか。これが共生ということですね。
C：自分たちがサルの居場所を奪ったのだから，人間は勝手すぎる。
C：人間が山の中にサルの食べ物を植える。
C：いろいろな動物園にサルをあげる。
T：松岡さんは泣く泣くサルのために協力したのですね。
T：泣く泣くサルのために協力した松岡さんは，どんな気持ちだったでしょう。
C：とても悲しかった。
C：ずっと写真を撮り続けてきたサルを殺すのは嫌だった。
C：サルを好きだけど，サルのためには仕方ない。
C：20年以上付き合ってきた友だちみたいなサルがいなくなったのは，とても辛い。
T：ハナピを見送るときの松岡さんは，どんな気持ちだったでしょう。
C：さみしそう。

NHK道徳ドキュメント「サルも人も愛した写真家」のストーリー

① 「北限のサル」を愛する松岡史朗さん

　青森県下北半島に生息するニホンザルは，世界で最も寒い地域に住むサルとして，国の天然記念物に指定されている。動物写真家の松岡史朗さんは，そんな雪国のサルたちのさまざまな表情に魅せられ，20年前に兵庫県から下北半島に移り住んだ。以来，サルの暮らしぶりを写真に収める毎日を送っている。

② 村を襲うサルたち

　しかし，地元の村人にとってサルは厄介者だ。長年の保護の結果，サルは数を増やし，食べ物を求めて畑を荒らすようになった。村人は生活を守るためにさまざまな防衛策をとったが，天然記念物のサルを傷つけることができないため，効果が上がらない。そして，ついにはサルが村人を脅すようになり始めた。

③ サルの駆除に協力するか？　松岡さん苦渋の決断

　人が危険な目にあうようになり，とうとう村は，特に悪質なサルを選別し薬殺することに決めた。そして，松岡さんに電話がかかってきた。サルの顔の区別がつく松岡さんに，駆除するサルを選んで欲しいというのだ。村人の生活を守るのか，サルの命を守るのか，松岡さんは決断を迫られた。悩んだ末，松岡さんは村の依頼を受ける決断をする。

④ 愛するサルへの死の宣告

　サルの駆除が始まった。駆除されるサルの中には，松岡さんが10年以上付き合ってきた顔なじみのサルもいた。松岡さんは，サルの命を奪う宣告を約1カ月間に13回繰り返すことになった。「駆除にかかわらずにいることもできたが，それは現実から逃げることだと思った」。そう松岡さんは振り返る。

授業のポイント

　新学習指導要領では,「主体的・対話的で深い学び」ということが強調されている。主体的・対話的な学びの一つの形態として4人組での話し合いがある。

　道徳の授業においてクラス全員で話し合わせると,全員が発言することはほとんどなくて,数人の子どもの発言で授業が進行していくことが多い。それでは,本当の意味での学級全員の話し合いにはならない。そこで,クラス全員で話し合う前に4人組のグループで話し合うことにより,クラス全員が自分の考えを述べる機会を確保することにした。

　今回の授業における4人組の話し合いは,次のような手順で行った。
①班長を決める。
②まず班長が,自分の考えを発表する。
③次にグループ全員が,順番に自分の考えを発表する。
④考えを思いつかない人は,友だちの考えを聞いて,自分の考えにしてもよい。
⑤同じ考え,違う考えについての話し合いをする。
　※ここが一番大事。一つにまとめなくてもよい。
⑥最後に,いくつの考えになったのかを確かめて,発表者を決める。

　今回の授業においては,この4人組の話し合いで友だちの考えを聞くことにより,自分の考えが変わった子どもが,何人かいた。今回の授業のように,多様な考えが出るような問題について考える場合は,この4人組での話し合いは効果的である。

評価のポイント

　今回の授業では,子どもがワークシートに記述したことを元にして評価を行った。ワークシートには,次のような記述が見られた。

- サルが村人に迷惑をかけないようにするのはとても大変だと思います。でも,私にはサルは殺せません。サルだって人間と同じように命をもっているのですから。それにサルは人間に悪さをしようと思ってやっているわけではありません。ただ生きていくために食べ物のある所へ行っているだけなのに。
- 松岡さんは,自分と10年以上付き合っていたハナピ等のサルを,サルたちのために駆除したのはすごいと思います。もし駆除に協力しないと,自分がとても愛した下北半島のサル全部が駆除されてしまうかもしれません。だから,松岡さんが選んだことはとても悲しいことだけど,仕方なかったと思います。
- 私は最初,困っているおばあさんの気持ちを考えて「協力する」に手を挙げた。でも,みんなで話し合っているうちに,サルのこともかわいそうになってきた。松岡さんの心の迷いもよくわかった。結局,私は「サルを殺さないけれど,村人たちの生活を守る方法を何とか考えたい」という気持ちで,「その他」に手を挙げた。どちらが正しいかはよくわからないけど,みんなで意見を出し合うことが大切だと思った。

「道徳科」授業事例22　D

感動，畏敬の念

東京都府中市立府中第七中学校主幹教諭　**清水　肇**

最初に

　道徳科の内容項目のなかでも，この「D　感動，畏敬の念」は，扱いにくい内容項目の一つではないだろうか。また，この内容項目を扱う教材の分析を行う際，どう発問すればその価値に近づけるのだろうと迷われることも多いかと思う。

　道徳の教材研究をするに当たり，大切なことの一つに，「価値項目」の教員の理解があげられる。現に生徒がもち合わせている道徳的諸価値を基に，授業によってより深い理解に導くためにも，まず教員が正しく「価値項目」について理解していなくては授業に臨むことは到底できない。

　では，「感動」とは何なのだろうか。読者の方のなかには「感動って道徳的価値なの？」と疑問をお持ちになる方もいらっしゃると思う。『学習指導要領解説（道徳）』には，「物事に深く感じて心を動かすこと」（小学校低学年の内容項目では「すがすがしい心」と示されている）と説明されている。さらには，「自然や芸術，人の生き方など，美しいものや気高いものに触れることによって，人は感動を味わい，人生をより豊かなものにすることができる」と記されている。そして，この中に出てくる「気高さ」を，「品格のある人の生き方のなかで感じとれるものである」で説明し，さらには，それは，「自己を犠牲にした生き方を賛美したり強いたりすることではない。異質なものとの出会いや非日常的な体験などの際にも，人間は感動する」とある。つまり，「感動」とは，感情の動きの一種なのである。「感情」をもう少し砕けた言い方で説明させていただければ，それは，「喜怒哀楽」のことである。つまり，「感動」とは「感情」の変化のなかでも特別なもの，大きな感情の動きと考えられる。そう考えれば，「感動」が物事に深く感じて心動かすこと，の意味がご理解いただけるのではないだろうか。さらには，そのような特別な感情を抱くことができるのは，異質なものとの出会いや非日常的な体験でなくてはなかなか味わえないこともまた，ご理解いただけると思う。

　さて，「畏敬」について『学習指導要領解説（道徳）』には，畏敬とは「畏れる（おそれる）」という意味での畏敬という面と，「敬う（うやまう）」という意味での尊敬，尊重という面が含まれる。

　さらには，「畏（おそ）れかしこまって近づけないということ」と説明されている。つまり，『畏敬』とは，学習指導要領解説にもその記述があるように，「人間の力を超えたもの」であり，それはもう崇高なものであり，その偉大さに畏れ，敬うことであり，よって「畏敬の念」とは「畏敬に思う（気持ち）」ということになるであろう。となれば，そのようなことは，非日常的な体験を通して初めて自覚されることが多いであろうし，また，そのような崇高なものに対する「念」は，純粋に有限な人間の力を超えたものを謙虚に受け止めることにつながり，それが「感動」から「感謝」と「尊敬の心」を生み出したり，「畏敬の念」について深く考えることにつながるであろう。

> 指導計画例

　以上を踏まえて，教材分析に当たっては，特別な「喜」がないか，特別な「怒」がないか，特別な「哀」がないか，特別な「楽」がないかを考えながら分析することが，その教材の使い方，生かし方，授業方法を考えるうえで大切なこととなる。今回は，中央公論社刊『婦人公論「濡れた男」』による，廣済堂あかつき３年用の「道徳」教材の中から，『ほっちゃれ』を取り上げる。（教材を参照）。

　この教材は，鮭の一生から，自然の営みの厳しさや，そのなかにある気高さを通してねらいに迫ろうとするものである。詳しい内容は教材を読んでいただければ分かると思うので，ここで詳しく記述しない。

　さて，この教材の最後は，「胸の濡れわたる思いがある」という文章で締めくくられている。では，ここで言う「胸の濡れわたる」とはどういうことだろうか。それは「命のはかなさ」のことであり，「孤独」であり，さらに「孤独な死」であり，「命を使い果たした存在」のことであろう。そして「ある」とはどこにあるのか。それは作者自身のなかに「ある」ということだろう。その心のなかは「感動の涙」なのか「運命に対する涙」なのか，どちらであったとしてもそれは，けっして悲しみの涙だけではないであろう。それは生命の営みの悲しさ（もちろんその中には我々も入っている），この生きとし生けるもののなかで，最も悲惨なものであろうことに対する「悲」であり，その「悲」は「哀」つまり，「悲哀」につながっていると考えられる。

　紙面の関係で，細かい分析は省略させていただいたが，以上のように教材を分析することで，道徳的価値についての理解が深化し，授業計画を考える手助けとなると考える。

　この後は，ここで扱う道徳的価値に迫るため，この教材では，どのような「中心発問」で迫ればよいのかを考え，考えた「中心発問」が適当であるかどうかを検討することとなるであろう。それは，たとえば，使用しようとしている教材が道徳の教材として開発されたものであれば，助言者の構図を見つけ，主人公が道徳的に変化したところを探すことで自ずと中心発問を考えることができる場合もあると思うが，教材が必ずしも道徳の教材として開発されたものばかりではないし，また，たとえそうであったとしても，なかなか「中心発問」を考えることはむずかしい作業だと思われる。そのような時の検討方法の一つとして，「予想される生徒の反応」をたくさん考えることができれば，それは「中心発問」としてふさわしいかもしれない。また，「補助質問」はあくまで「中心発問」に向けてのものであるよう注意して計画することも大切なポイントである。

授業事例

- 主題名　　　　自然への畏敬
- 内容項目　　　D　感動, 畏敬の念（関連項目　D　生命の尊さ　D　自然愛護）
- 教材名・出典　「ほっちゃれ」（『中学生の道徳3　自分をのばす』廣済堂あかつき）
- ねらい　　　　鮭の一生に見る自然の営みの厳しさや, そのなかにある気高さを通して, 人間の力を超えたものへの畏敬の念を深めようとする道徳的心情を養う。
- 展開

	学習活動	授業者の発問や指導内容と予想される生徒の反応	指導上の留意点
導入	鮭についての基本的な知識の確認を行う。	ここでは, 鮭について知っていることを聞いてもよいが, 教員が簡単に説明する方法でもよい。 ・鮭は川で生まれ, その後, 概ね4年間海を旅して, また生まれた川に戻り, そこで産卵し, その一生を終える。	導入は, 基本的にこれから扱う教材にスムーズに入れればよいので, 多くの時間をかけない。
展開	教材を読む。	「ほっちゃれ」の意味を説明する。 ・「ほっちゃれ」とは, もしその鮭を釣ったとしても, 「川に放ってやり」川で天寿を全うさせてやろうということ, またはその思い。	資料を範読する。
	自然の営みの厳しさについて考える。 その中にある畏敬の念について推し量る。	【補助発問】 筆者がたじろぐほどの「ほっちゃれ」の語源の厳しさとは何だと思いますか。 ・命には限りがある。その限りある命を懸命に燃やしその役割を終えたとき, その姿がいかに醜く壮絶なものであっても, その中には美しさがあり感動があるということ。 ・厳しい自然の掟のなか, 人知を超えた自然の営みのなかに畏敬の念がある。それは感動であったり, 感謝であったりするということ。	どんな命も自然の一部であり, 命には限りがあることを理解させる。 その命を大切にし, しかも懸命に燃やすことに大きな意義があり, そのなかに畏敬の念があることに気づかせる。
	筆者の言葉から自分自身の生き方を考える。	【中心発問】 「胸の濡れわたる思い」は, どんな生き方を促すと思いますか。 ・自然に生かされていることへの感謝 ・自然とともに謙虚に生きようとする態度 ・自然に対して畏敬の念をもつ心	人間と自然との関わり, 命の尊さを理解し, 生きることの素晴らしさを実感させるとともに, それを「前向きに生きようとする力」とするようにしたい。
終末	本時の学習を振り返る。	本時の授業で思ったこと, 考えたこと, 学んだことを書く（ワークシートに記入させる）。	本時の内容について振り返らせる。

授業のポイント

　導入は，これから扱う教材の内容理解に生徒がスムーズに入れるようするためのものと考えれば，それほど多くの時間を割くことはない。時々，日本地図を持ち出して鮭の分布の話をするなどをする場面に出くわすが，それは余計なことである。

　また，教材は教員が範読する。これも時々生徒に読ませている授業を見かけるが，それは，「みんなの前で読む」という余計な作業，プレッシャーを生徒に与え，純粋に教材の内容に入れなくなる恐れがあるので，教材はあくまでも教員が範読すること。

　授業は，あくまで生徒の発言を取り上げて，そこから考えを膨らませたり，深めていくことを基本に考える。可能な限り生徒の発言を拾い，そこから考えを深化させられるようにしたい。したがって，発問は多くて３つぐらいが適当であるというコンセプトで指導案を作成してある。しかし，なかなか生徒から意見が出ないなど，授業の進行状況や生徒の様子・現状などから，新たな発問として，最初に，鮭の最期が「あまりにもいじらしくて正視できないというのはどのような気持ちなのでしょう」を付け加えたり，後半に，「男性はどのような思いから『ほっちゃれ』を手にとってやったのだと思いますか」という発問を付け足して，細かく生徒に考えさせながら進める方法もあるであろう。実際多くの指導案は，この二つ目の発問が中心発問となっている。そして，私もそれが正しいと思う。しかし，今回はあえてその前の段階の発問から生徒と共に順番に考えを進めることで「考える道徳」「議論する道徳」となるよう計画した。よって，生徒の考えが深まったところで，まとめとなる発問をあえて中心発問とした。

　次に，「考える道徳」「議論する道徳」という観点から，小グループに分けての話し合いを実施し意見交流をさせるという授業を考える先生方もおられると思うが，その場合は，あくまでも仲間の考えに耳を傾け，自分の考えを開示することで考えの深化を図るのが目的であるから，けっして「小グループごとに話し合って意見をまとめなさい」というような授業はしない。個々の生徒が出してくれた意見を埋没させたり，まとめる段階で多数決をとるなど，まるで答え合わせや正解探しのようなことにしない。

　なお，今回の教材を使用するに当たっては，模擬的な体験活動として，その壮絶な生き様をイメージできるよう，可能であれば映像や写真を準備することが望ましいと考える。

評価のポイント

　評価のポイントは，
- ・自然には，人間の力を超えたものがあることを理解できたか。
- ・自然には，人間の力を超えたものがあることについて，自分との関わりで考えることができたか。
- ・自然には，人間の力を超えたものがあることについて，いろいろな見方・考え方ができたか。
- ・人間の力を超えたものに対する畏敬の念を深めることができたか。

を基本に考えるのがよいであろう。

　［参考資料］文部科学省：『学習指導要領（道徳）』，廣済堂あかつき：教師用指導書

「道徳科」授業事例23　　　　　　　　　　　　　　　　　　　　D

よりよく生きる喜び

横浜市立根岸中学校長　阿部　亮一

指導計画例

(1) **主題名**：人間のもつ強さ　〈内容項目D　よりよく生きる喜び〉
(2) **教材名**：「その笑顔があれば」　出典『豊かな心を育てる3』
　　　　　　　　　　　　　　　　（横浜市立中学校教育研究会道徳教育部会）
(3) **ねらい**
　人間には弱さを克服したいと願う強さや気高さがあることを理解し，夢や希望をもって，前向きに生きる喜びを見出そうとする態度を養う。

(4) **学習指導過程**

	学習活動	主な発問と語り合いにつながる切り返し	教師の支援等
導入	○教材の背景等を理解し，「人間のもつ弱さと強さ」について考えるきっかけとする。 （問題の把握） 学習課題	〈横浜市が行った教員による災害ボランティアについて紹介し，現地での状況を簡潔に話す〉 →人間生きているとさまざまなことに出会います。楽しいこと，辛いこと，苦しいことなど，どうして自分だけが……と思うことはありますか。 どんなに辛く，苦しくとも弱い心に流されず，夢や希望もって前向きに生きていくためにはどんな見方・考え方が必要なのだろうか。	○学習への関心を高め，学習課題に繋げるよう工夫する。
展開	○筆者の心情に寄り添いながら，被災地の状況や，そこでの生活の様子を想像しながら聴く。 ○どんな時も笑顔を忘れない子どもたちの姿から，何を感じるか考える。 （問題解決への糸口） ○困難を乗り越え，充実した生き方をするために必要な見方・考え方について語り合う （問題解決への道筋）	①被災地を見た筆者は何を思ったのでしょうか →なぜ筆者をそう思ったのでしょうか →もしあなただったらどう思いますか ②筆者が出会った中学生の表情が輝いて見えたのはなぜでしょうか →表情が輝くとはどのようなこと（心）を意味するのでしょうか →困難な状況のなかで，彼らは何を考えていたのでしょうか ◎『笑顔の子どもたちがいる。彼らがいればきっと大丈夫』と思った筆者は，彼らの中にどんな心があると思ったのでしょうか」 →笑顔の子どもたちの本当の思いとは…… →笑顔がもたらすものは何だと思いますか 〈振り返りカードに記入〉 →あなたが，辛いこと，苦しいことに出会った時，どのように考えて生活したいと思いますか	○読みの視点を明確にし，範読する ○困難な状況でも，希望をもって（笑顔で）生活している子どもたちの姿に，思いを変化させていく筆者の心情をとらえさせる ○他者の意見や考えに耳を傾けさせ，自らの考えを深める
終末	○復興支援ソング「花は咲く」を聴く	今の自分を振り返り，実践意欲と態度に繋げる	○歌詞に秘められた思いに触れ，余韻をもって終わる

第2編　主体的・対話的で深い学びを実現する中学校「道徳科」授業

授業事例

〈板書〉

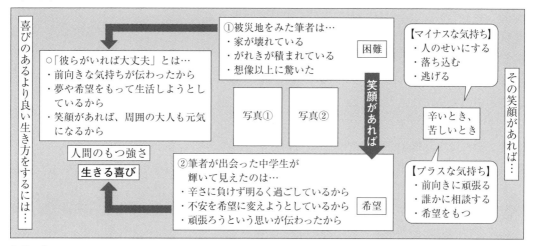

【導入】

　導入では，本時で扱う教材の背景や内容，被災地の状況に触れ，「人間のもつ強さ」について考えるきっかけをつくり，学習課題へとつなげた。具体的には，「人間，生きているといろいろなことに出会います。楽しいこと，辛いこと，苦しいことなど……。そして，どうして自分だけが……という気持ちになることもあります。その時みなさんだったらどうしますか」と問いかけ，今まで経験したなかで辛かったこと，苦しかったことを想起させた。板書ではプラス思考，マイナス思考という形で分けたが，弱さを克服するためには……という切り返しを行い，自分と向き合い，考えるきっかけをつくった。

【展開】

　「読みの視点」を与えてから範読に入った。とくに「被災地で出会った中学生は皆笑顔で気さくに接してくれたこと」や「筆者がこの笑顔の中学生がいれば，大丈夫と確信したこと」について触れ，筆者の思いに寄り添うとともに，「なぜ」という視点をもって聴くよう指導した。学習課題は，板書せず「考えるポイント」を範読前に提示した。

　範読が終わり基本発問に入る前に，2，3人にどのような感想をもったか聞いた。
生徒：想像できない大変な状況のなか，笑顔で生活しているのはすごい。
生徒：ほとんど記憶はないが，被災地は本当に大変だったんだなということがわかった。

　ここでは，とくに「語り合い」は行わず，中心発問への流れとしてまず，最初の基本発問に移った。その際，筆者（横浜市の教員）の立場になって考えるように伝えた。

〈基本発問①「被災地を見た筆者は何を思ったのでしょうか」〉
生徒：想像以上の被害に驚いていた
教師：どうして想像以上だと思うの？
生徒：ニュースで見る光景と実際の光景は違うからかな？
教師：そうだね。実際の現状を見て，いたたまれなくなったんだろうね。
　　　もし，あなただったらどう思う。
生徒：目を背けるかもしれない。それよりもここで生活している人たちはどうしているんだろうと思う。

〈基本発問②「筆者が出会った中学生の表情が輝いて見えたのはなぜでしょうか」〉
生徒：辛い時こそ，明るく努めようと思った。
教師：明るくすることで良い方向にいくのはなぜでしょうか？
生徒：みんな頑張ろうという気持ちになるからかな？
教師：なぜそのような気持ちになるのかな？
生徒：よくわからない。
教師：その立場にならないとなかなかわからないよね。でも辛いとき，プラスの考えとマイナスの考え，どちらを大切にしたらいいのかな？
生徒：それはプラスの心だと思う。でも自分がそうなれるかわからないけど……。
教師：きっと筆者は中学生の辛い思いに気づきながらも，そのなかで頑張ろうとしている彼らの「笑顔」が輝いて見えたのかもしれないね。
〈中心発問「『笑顔の子どもたちがいる。彼らがいればきっと大丈夫』と思った筆者は，彼らのなかにどんな心があると思ったのでしょうか」〉
生徒：大変な状況だからこそ，前向きにがんばろうとしているのでは。
教師：でも笑顔の中学生の本当の気持ちはどうだったのかな？
生徒：辛いと思う。自分の辛さを相手に知られたくないのかな。きっと無理している。
教師：もしあなたがその立場にいたら，笑顔になれる？
生徒：きっと無理だと思う。
教師：辛いときは辛いと言うことも大切だね。でも辛い状況だからこそ「笑顔」も大切なように思うけど……。
生徒：笑顔があると周囲が明るくなると思う。
教師：そうだね。笑顔があふれていると「がんばろう」という気持ちになるよね。

> 　問題解決への道筋として，中学生の笑顔の本当の意味を考えさせ，「自分だったら……」という視点で語り合いを進めた。笑顔がもたらすプラスの効果だけを強調するのではなく，人間がもっている強さ（困難を乗り越えようとする気持ち）についても触れるよう配慮した。

【終末】
　終末に入る前に，「あなたが，辛いこと，苦しいことに出会ったとき，どのように考えて生活したいと思いますか」と問いかけ，振り返りカードに記入させ，数名を意図的に指名した。導入時に否定的な考えや思いを発言していた生徒も，自分たちと同じ中学生が笑顔を大切に，困難を乗り越えようとしている姿に触れ，夢や希望をもって喜びのあるより良い生き方をするために，何が必要なのかを考えるきっかけになったように思う。
　終末では，音楽部が合唱した復興支援ソング「花は咲く」を聴き，歌詞に秘めた思いなどを生徒に語りかけ，授業を閉じた。生徒からは，「ボランティアで宮城に行った先生が感じとったことが，何となくわかるような気がする」「笑顔が未来につながるという歌詞が印象的だった」「どんなことがあってもみんなで……という思いがもてる歌だった」「卒業式でみんなと歌いたい」などの発言があった。

　授業のポイント

　【導入】では，「問題の把握」という視点を大切に自らの生活等を想起させ，できるだけ

自分事として捉えるよう工夫した。プラス思考だけを高く評価するのでなく、マイナス思考も含めさまざまな考えや思いを尊重する雰囲気を大切にした。また、人間は、誰もが弱い面をもっていることに気づき、それを乗り越えようとする心をもつことが夢や希望の実現に繋がることを示唆するようにした。

【展開】では、まず範読に入る前に、読みの視点を与え筆者の思いだけでなく教材に登場する中学生の心情に寄り添うように指導した。その後、中心発問に繋がる基本発問を行った。ここでは、一問一答ではなく、一つの発問に対しより多くの考えや思いを引き出すよう、重層的な発問である切り返しを行い「語り合う」授業展開になるよう工夫した。生徒の本音を引き出すことは容易なことではないが、発問から派生するさまざまな補助発問(切り返し等)を行うことで、ねらいに繋がる道徳的価値の理解に近づけた。『中心発問』では、「問題解決への糸口」として、中学生の笑顔の本当の意味を考えさせ、「自分だったら……」という視点で語り合いを進めた。笑顔がもたらすプラスの効果だけを強調するのではなく、人間のもつ強さについても触れるよう配慮した。終末に入る前に、導入時の発問を再度行い、振り返りシートに記入させた。教材を通して学び、考えたことを、自分の生活とリンクさせ、「喜びのあるより良い生き方」について考えさせるきっかけとした。

【終末】では、復興支援ソング「花は咲く」を聴き、歌詞に秘めた思いなどを語りかけ、生徒の思いを引き出すことで道徳的な実践意欲と態度に繋がるよう工夫した。

評価のポイント

人間には誰にも弱いところがあり、それを乗り越え、克服しようとする心をもつことの大切さに気づくことを評価の土台とした。とくに、本授業では「語り合い」から生まれる人それぞれの考えや思いに触れ、自分を見つめることができたかどうかを評価のポイントとした。問題把握をした自分の考えが教材を通してより深まり、「問題解決への道筋」に繋がったのか、さらにその考えや思いが実践意欲に向かったのか、といった点を中心に評価した。次の資料は、横浜市立中学校教育研究会道徳教育部会が道徳科の授業の基本となる学習指導過程と評価を見取るための具体的な場面として活用しているものである。

【道徳科の授業の基本となる学習指導過程と評価を見取る具体的な場面】

導入	○「気付く」段階（問題の把握） 主題に対し、興味・関心を高め、問題意識をもつきっかけとする。（学習意欲の喚起）	【多面的・多角的な見方】 学習課題を様々な角度からとらえている 【自分自身との関わり】 自分事として問題意識をもっている
展開前段	学習課題の提示と確認【本時の学習課題】 ○「わかる・感じる」段階（道徳的価値の追求） 教材を通して、主人公の心の動きや行為について話し合い道徳的価値を追求し、理解する。	【多面的・多角的な見方】 教材の登場人物の状況や心情について考えを深めている 【自分自身とのかかわり】 教材の登場人物を自分に置き換えている
展開後段	【教材を通して学んだこと】 ○「自己を見つめる」段階（道徳的価値の自覚） 前段で話し合った道徳的価値（より高められた見方・考え方・感じ方）に照らして、現在までの自分の見方・考え方・感じ方についての自覚を深める。	【多面的・多角的な見方】 友だちや教師との話し合いを通して考えを深めている 【自分自身とのかかわり】 道徳的価値の実現の難しさを自分事としてとらえ、自らを見つめている
終末	○「自己を高めようとする」段階（実践への意欲化） 本時のねらいとする道徳的価値の理解など、学習の定着を図り、実践への意欲を高める。	【多面的・多角的な見方】 多面的・多角的な見方、考え方へと広げている 【自分自身とのかかわり】 自分自身との関わりの中で深めている

※単位時間や個々の内容項目ごとでなく、おおくくりなまとまりを評価する一つの資料とする。

「道徳科」内容項目の指導の観点

「第2　内容」に示されている内容項目は，その全てが道徳科を要として学校の教育活動全体を通じて行われる道徳教育における学習の基本となるものである。それぞれの内容項目の発展性や特質及び生徒の発達の段階などを全体にわたって理解し，生徒が主体的に道徳性を養うことができるようにしていく必要がある。

	小学校第1学年及び第2学年（19）	小学校第3学年及び第4学年（20）
A　主として自分自身に関すること		
善悪の判断，自律，自由と責任	(1) よいことと悪いこととの区別をし，よいと思うことを進んで行うこと。	(1) 正しいと判断したことは，自信をもって行うこと。
正直，誠実	(2) うそをついたりごまかしをしたりしないで，素直に伸び伸びと生活すること。	(2) 過ちは素直に改め，正直に明るい心で生活すること。
節度，節制	(3) 健康や安全に気を付け，物や金銭を大切にし，身の回りを整え，わがままをしないで，規則正しい生活をすること。	(3) 自分でできることは自分でやり，安全に気を付け，よく考えて行動し，節度のある生活をすること。
個性の伸長	(4) 自分の特徴に気付くこと。	(4) 自分の特徴に気付き，長所を伸ばすこと。
希望と勇気，努力と強い意志	(5) 自分のやるべき勉強や仕事をしっかりと行うこと。	(5) 自分でやろうと決めた目標に向かって，強い意志をもち，粘り強くやり抜くこと。
真理の探究		
B　主として人との関わりに関すること		
親切，思いやり	(6) 身近にいる人に温かい心で接し，親切にすること。	(6) 相手のことを思いやり，進んで親切にすること。
感謝	(7) 家族など日頃世話になっている人々に感謝すること。	(7) 家族など生活を支えてくれている人々や現在の生活を築いてくれた高齢者に，尊敬と感謝の気持ちをもって接すること。
礼儀	(8) 気持ちのよい挨拶，言葉遣い，動作などに心掛けて，明るく接すること。	(8) 礼儀の大切さを知り，誰に対しても真心をもって接すること。
友情，信頼	(9) 友達と仲よくし，助け合うこと。	(9) 友達と互いに理解し，信頼し，助け合うこと。
相互理解，寛容		(10) 自分の考えや意見を相手に伝えるとともに，相手のことを理解し，自分と異なる意見も大切にすること。
C　主として集団や社会との関わりに関すること		
規則の尊重	(10) 約束やきまりを守り，みんなが使う物を大切にすること。	(11) 約束や社会のきまりの意義を理解し，それらを守ること。
公正，公平，社会正義	(11) 自分の好き嫌いにとらわれないで接すること。	(12) 誰に対しても分け隔てをせず，公正，公平な態度で接すること。
勤労，公共の精神	(12) 働くことのよさを知り，みんなのために働くこと。	(13) 働くことの大切さを知り，進んでみんなのために働くこと。
家族愛，家庭生活の充実	(13) 父母，祖父母を敬愛し，進んで家の手伝いなどをして，家族の役に立つこと。	(14) 父母，祖父母を敬愛し，家族みんなで協力し合って楽しい家庭をつくること。
よりよい学校生活，集団生活の充実	(14) 先生を敬愛し，学校の人々に親しんで，学級や学校の生活を楽しくすること。	(15) 先生や学校の人々を敬愛し，みんなで協力し合って楽しい学級や学校をつくること。
伝統と文化の尊重，国や郷土を愛する態度	(15) 我が国や郷土の文化と生活に親しみ，愛着をもつこと。	(16) 我が国や郷土の伝統と文化を大切にし，国や郷土を愛する心をもつこと。
国際理解，国際親善	(16) 他国の人々や文化に親しむこと。	(17) 他国の人々や文化に親しみ，関心をもつこと。
D　主として生命や自然，崇高なものとの関わりに関すること		
生命の尊さ	(17) 生きることのすばらしさを知り，生命を大切にすること。	(18) 生命の尊さを知り，生命あるものを大切にすること。
自然愛護	(18) 身近な自然に親しみ，動植物に優しい心で接すること。	(19) 自然のすばらしさや不思議さを感じ取り，自然や動植物を大切にすること。
感動，畏敬の念	(19) 美しいものに触れ，すがすがしい心をもつこと。	(20) 美しいものや気高いものに感動する心をもつこと。
よりよく生きる喜び		

巻末資料

小学校第5学年及び第6学年（22）	中学校（22）	
A　主として自分自身に関すること		
(1) 自由を大切にし，自律的に判断し，責任のある行動をすること。	(1) 自律の精神を重んじ，自主的に考え，判断し，誠実に実行してその結果に責任をもつこと。	自主，自律，自由と責任
(2) 誠実に，明るい心で生活すること。		
(3) 安全に気を付けることや，生活習慣の大切さについて理解し，自分の生活を見直し，節度を守り節制に心掛けること。	(2) 望ましい生活習慣を身に付け，心身の健康の増進を図り，節度を守り節制に心掛け，安全で調和のある生活をすること。	節度，節制
(4) 自分の特徴を知って，短所を改め長所を伸ばすこと。	(3) 自己を見つめ，自己の向上を図るとともに，個性を伸ばして充実した生き方を追求すること。	向上心，個性の伸長
(5) より高い目標を立て，希望と勇気をもち，困難があってもくじけずに努力して物事をやり抜くこと。	(4) より高い目標を設定し，その達成を目指し，希望と勇気をもち，困難や失敗を乗り越えて着実にやり遂げること。	希望と勇気，克己と強い意志
(6) 真理を大切にし，物事を探究しようとする心をもつこと。	(5) 真実を大切にし，真理を探究して新しいものを生み出そうと努めること。	真理の探究，創造
B　主として人との関わりに関すること		
(7) 誰に対しても思いやりの心をもち，相手の立場に立って親切にすること。	(6) 思いやりの心をもって人と接するとともに，家族などの支えや多くの人々の善意により日々の生活や現在の自分があることに感謝し，進んでそれに応え，人間愛の精神を深めること。	思いやり，感謝
(8) 日々の生活が家族や過去からの多くの人々の支え合いや助け合いで成り立っていることに感謝し，それに応えること。		
(9) 時と場をわきまえて，礼儀正しく真心をもって接すること。	(7) 礼儀の意義を理解し，時と場に応じた適切な言動をとること。	礼儀
(10) 友達と互いに信頼し，学び合って友情を深め，異性についても理解しながら，人間関係を築いていくこと。	(8) 友情の尊さを理解して心から信頼できる友達をもち，互いに励まし合い，高め合うとともに，異性についての理解を深め，悩みや葛藤も経験しながら人間関係を深めていくこと。	友情，信頼
(11) 自分の考えや意見を相手に伝えるとともに，謙虚な心をもち，広い心で自分と異なる意見や立場を尊重すること。	(9) 自分の考えや意見を相手に伝えるとともに，それぞれの個性や立場を尊重し，いろいろなものの見方や考え方があることを理解し，寛容の心をもって謙虚に他に学び，自らを高めていくこと。	相互理解，寛容
C　主として集団や社会との関わりに関すること		
(12) 法やきまりの意義を理解した上で進んでそれらを守り，自他の権利を大切にし，義務を果たすこと。	(10) 法やきまりの意義を理解し，それらを進んで守るとともに，そのよりよい在り方について考え，自他の権利を大切にし，義務を果たして，規律ある安定した社会の実現に努めること。	遵法精神，公徳心
(13) 誰に対しても差別をすることや偏見をもつことなく，公正，公平な態度で接し，正義の実現に努めること。	(11) 正義と公正さを重んじ，誰に対しても公平に接し，差別や偏見のない社会の実現に努めること。	公正，公平，社会正義
(14) 働くことや社会に奉仕することの充実感を味わうとともに，その意義を理解し，公共のために役に立つことをすること。	(12) 社会参画の意識と社会連帯の自覚を高め，公共の精神をもってよりよい社会の実現に努めること。	社会参画，公共の精神
	(13) 勤労の尊さや意義を理解し，将来の生き方について考えを深め，勤労を通じて社会に貢献すること。	勤労
(15) 父母，祖父母を敬愛し，家族の幸せを求めて，進んで役に立つことをすること。	(14) 父母，祖父母を敬愛し，家族の一員としての自覚をもって充実した家庭生活を築くこと。	家族愛，家族生活の充実
(16) 先生や学校の人々を敬愛し，みんなで協力し合ってよりよい学級や学校をつくるとともに，様々な集団の中での自分の役割を自覚して集団生活の充実に努めること。	(15) 教師や学校の人々を敬愛し，学級や学校の一員としての自覚をもち，協力し合ってよりよい校風をつくるとともに，様々な集団の意義や集団の中での自分の役割と責任を自覚して集団生活の充実に努めること。	よりよい学校生活，集団生活の充実
(17) 我が国や郷土の伝統と文化を大切にし，先人の努力を知り，国や郷土を愛する心をもつこと。	(16) 郷土の伝統と文化を大切にし，社会に尽くした先人や高齢者に尊敬の念を深め，地域社会の一員としての自覚をもって郷土を愛し，進んで郷土の発展に努めること。	郷土の伝統と文化の尊重，郷土を愛する態度
	(17) 優れた伝統の継承と新しい文化の創造に貢献するとともに，日本人としての自覚をもって国を愛し，国家及び社会の形成者として，その発展に努めること。	我が国の伝統と文化の尊重，国を愛する態度
(18) 他国の人々や文化について理解し，日本人としての自覚をもって国際親善に努めること。	(18) 世界の中の日本人としての自覚をもち，他国を尊重し，国際的視野に立って，世界の平和と人類の発展に寄与すること。	国際理解，国際貢献
D　主として生命や自然，崇高なものとの関わりに関すること		
(19) 生命が多くの生命のつながりの中にあるかけがえのないものであることを理解し，生命を尊重すること。	(19) 生命の尊さについて，その連続性や有限性なども含めて理解し，かけがえのない生命を尊重すること。	生命の尊さ
(20) 自然の偉大さを知り，自然環境を大切にすること。	(20) 自然の崇高さを知り，自然環境を大切にすることの意義を理解し，進んで自然の愛護に努めること。	自然愛護
(21) 美しいものや気高いものに感動する心や人間の力を超えたものに対する畏敬の念をもつこと。	(21) 美しいものや気高いものに感動する心をもち，人間の力を超えたものに対する畏敬の念を深めること。	感動，畏敬の念
(22) よりよく生きようとする人間の強さや気高さを理解し，人間として生きる喜びを感じること。	(22) 人間には自らの弱さや醜さを克服する強さや気高く生きようとする心があることを理解し，人間として生きることに喜びを見いだすこと。	よりよく生きる喜び

（平成29年7月，文部科学省『中学校学習指導要領解説　特別の教科　道徳編』第3章第2節より）

「特別の教科　道徳」に関する動きと法令等

麗澤大学大学院准教授　鈴木　明雄

年月日	いじめ等世論・内閣府	文部科学省
1984～1987（昭和59～）	臨時教育審議会（総理府＝現内閣府の公的諮問機関）★中曽根康弘総理	→「二十一世紀を展望した教育の在り方」（第一部会），「社会の教育諸機能の活性化」（第二部会），「初等中等教育の改革」（第三部会），「高等教育の改革」（第四部会）を議論する4部会。1次～4次答申。大学入学資格の弾力化，学習指導要領の大綱化，秋期入学制，文部省の機構改革など教育全体に渡る様々な施策検討。「個性重視の原則」「生涯学習体系への移行」「国際化，情報化など変化への対応」等4つの答申。ゆとり教育へ。
2000（平成12）3.27スタート12.22報告	教育改革国民会議（報告）※小渕敬三総理私的諮問機関（1998.7.30～616日，森，小泉）①学校は道徳を教えることをためらわない②「心のノート」配布※価値の統合③教育を変える17の提言	→教育基本法改正へ，奉仕活動重視
2006（平成18）	※第一次安倍内閣（2006.9.26～366日）病気休養へ	★教育基本法改正（教育の目的・理念）
2007（平成19）12.15	教育再生会議	★学力の3要素提示（学校教育法改正）
2008（平成20）		中教審で道徳教科化を審議するも時期尚早（結論）※全連小緊急アンケートで座長判断による
2008（平成20）	教育再生会議（第1～3次提言を踏まえて）社会総がかりで教育再生を～教育再生の実行性の担保のために～【最終報告】①徳育を「教科」として充実②規範意識，いじめ暴力を許さない安心して学べる規律ある教室づくり等を提言	
2009（平成21）7. 219.16	民主党308議席で圧勝！鳩山内閣（266日）	※予算の仕分け作業で文科省指定校予算ゼロ円へ。
2010（平成22）6.8	菅直人内閣発足（452日）野田佳彦内閣2011.9.2（482日）	
2011（平成23）3月11日	★東日本大震災	☆安全の確保＝道徳科教科書の検定基準
2011（平成23）10.11	※大津市皇子山中学校2年男子生徒いじめ自殺（注意）原告と大津市和解（大津地裁による）2015.3.17しかし，加害者側はいじめを認めず訴訟継続。加害生徒へ損害賠償判決2019.2.19（大津地裁）	→2012.7隠蔽等の発覚報道：市長と教育長見解の相違，警察や市教委の後手等でマスコミ騒動へ→教育委員会制度の改革（首長のトップ組織へ改革）
2012（平成24）12.26	第二次安倍内閣スタート	
2013（平成25）1.6	※第二次発足1週間後に懇談会開催依頼★教育再生実行会議スタート	道徳の充実に関する懇談会～新しい時代を人としてより良く生きる力を育てるために～1月に先行スタート
2013（平成25）2.264.15	いじめ問題等への対応について（教育再生実行会議　第一次提言）★道徳の教科化を提言「教育委員会制度の在り方（第二次提言）」	★いじめ問題の本質を考える道徳の授業の重要性

2013（平成25） 12.26		今後の道徳教育の改善・充実について【懇談会の報告】 (道徳の充実に関する懇談会による) ★教育基本法2条1項「豊かな情操と道徳心を培う」，現行道徳教育の目標等の経緯を踏まえ，改善・充実に言及 ①学んだ内容の実感→人生を幸せにより良く生きようとする意欲を育てる
2014（平成26） 2.17		道徳に係る教育課程の改善等について【諮問】 ★中央教育審議会に①・②の審議を要請 ①教育課程における道徳教育の位置づけ ②道徳教育の目標，内容，指導方法，評価
2014（平成26） 3		中教審：道徳教育に係る評価等の在り方に関する専門家会議・スタート
2014（平成26） 6・13	※新教育長の設置（第186回国会で成立） (6月20日公布 2015.4施行)	
2014（平成26） 10.21		道徳に係る教育課程の改善等について【答申】 ①人としての生き方，社会の在り方，多様な価値観を考え，他者と対話・協働→よりよい方向へ向かう資質・能力 ②対立→道徳としての問題を考え続ける資質の育成 CF.特設道徳や1966（s41）期待される人間像 ★中央教育審議会 ・「特別の教科　道徳」の教育課程への位置づけ（新設）・検定教科書の導入，数値による評価を行わない，問題解決的な学習等を提言
2015（平成27） 3.27		学校教育法施行規則一部改正，小・中学校 学習指導要領一部改正【通知】 ★考え，議論する道徳（キャッチ・コピー） 小2018年度，中2019年度から全面実施 問題解決的な学習モデル（意味ある問いづくり）
2016（平成28） 7.22 11.18		「特別の教科　道徳」の指導方法・評価等について【報告】（専門家会議） ★道徳科における質の高い多様な指導方法について（3つの例示） 指導と評価，多様な指導方法，個人内評価等を提示。松野文科大臣‥読み物教材の心情→いじめは許さない！
2016（平成28） 12.21		中教審「幼稚園，小学校，中学校，高等学校及び特別支援学校の学習指導要領等の改善及び必要な方策等について（答申） ※考え，議論する道徳への質的転換，道徳教育と道徳科の目標＝道徳性を養う（統一），主体的・対話的で深い学び，道徳科の「見方・考え方」
2017（平成29） 8月末 3.31		☆小学校道徳科教科書の初採択 新小学校・中学校学習指導要領【告示】3.31→「解説」発行 ★考え，議論する道徳→主体的・対話的で深い学びへ☆教科の特質に応じた「見方・考え方」
2018（平成30） 3.30		新高等学校学習指導要領【告示】 ★「公共」「倫理」を中核とした指導
2018（平成30） 4.1 8月末		☆小学校道徳科教科書による授業開始 　道徳科の指導と評価に関する課題 　　指導要録・通知表の評価 ☆中学校道徳科教科書の初採択
2019（平成31） 4.1		☆中学校道徳科教科書による授業開始

あとがき

　第二次安倍内閣の発足直後に設置された教育再生実行会議によって、第一次提言「いじめの問題等への対応について」がまとめられ、その際に提言に盛り込まれた道徳教育の教科化の方向を具体化する形で、新学習指導要領において、「道徳の時間」が、「特別な教科である道徳」として教科化されるに至ったと言えます。

　安倍政権にとって、教育基本法の改正に続いて、長い間、「道徳の時間」として、教育課程の一領域に位置づけられてきた「道徳の時間」を「特別の教科である道徳」として教科に位置づけたことは、長年の念願を果たしたものとも言え、また、いじめの実効的な対策として、いじめ防止対策推進法とともに、重要な位置を占めるものと言えます。

　本書は、第1編において、道徳教育の中核教科としての「道徳科」の誕生の経緯から、中学校「道徳科」が特別の教科として実践されるにつき、どのような点に留意して実践されるべきかについて、道徳教育の第一線の研究者がわかりやすく解説しています。また、初めて記述されることになる「道徳科の評価」について、指導要録はどのように記述されるべきか、また、通知表はどのように記述されるべきか、模範的な評価文例を多数掲載しております。

　また、第2編においては、新学習指導要領のもとで、「特別の教科である道徳」として、教科化が実現し、本年度から中学校で実施に移されている「道徳科」に着目し、中学校「道徳科」の22の内容項目について、指導計画、授業事例、授業のポイント、評価のポイントを掲げ、新教科「道徳科」のあるべき実践例を示しています。

　道徳教育は、1958年に、「道徳の時間」として、学習指導要領の中に、「領域」として位置づけられ、道徳教育の中核として長い間続けられてきましたが、2017年に改訂された新学習指導要領において、「特別の教科である道徳」が教科として位置づけられるに至って、道徳教育の中核としての「道徳科」の指導方法が、評価とともに、注目されています。小学校においては、2018年から教科書を使って教科として実施に移されておりますが、中学校においては、本年度から本格実施され、全国の各中学校において、初めての教科としての実践につき、その指導方法・評価をどのように進めたらよいかが、大きな課題となっているものと思います。そのような状況を踏まえ、本書は、新教科「道徳科」を具体的にどう進めたらよいかを中心に、バラエティに富んだ実践例を盛り込んでおります。中学校の道徳科「内容項目」22項目について、もれなく4ページで23の詳細な展開例を提示しており、現在実践中で、これから実践していくうえで迷われる点もクリアーできるように、すべて全国の道徳教育研究会の会長・副会長を中心としたすぐれた実践家が、そのポイントとなる点を詳細に記述しております。

　「主体的・対話的で深い学び」という、新教育課程の重要キーワードを体現し、「議論する道徳科」として、新教育課程実施の先頭を切って実施されている「道徳科」に、教育界でも、注目がなされています。読者の皆様におかれましては、どうかこれから進められるであろう真摯な実践のために、本書を大いにお役立ていただければと思います。

　2019年5月

教育開発研究所　五十貝　博之

〈編者〉

鈴木　明雄（すずき　あきお）

　現在，麗澤大学大学院学校教育研究科道徳教育専攻准教授，文部科学省教育映像審査会委員，学習指導要領等の改善に係る検討に必要な専門的作業等協力者（文部科学省）。

　過去に，前東京都北区立飛鳥中学校校長，元全日本中学校道徳教育研究会会長，元東京都荒川区教育委員会指導室長，元東京都教育委員会主任指導主事，中学校学習指導要領（平成29年告示）解説「特別の教科　道徳編」専門的作業協力者（文部科学省，平成27年7月）を歴任。

主体的・対話的で深い学びを実現する中学校「道徳科」授業

令和元年5月1日　初版発行

編　　者	鈴木　明雄
企画・編集	五十貝　博之
発　行　者	福山　孝弘
発　行　所	〒113-0033　東京都文京区本郷2-15-13

(株)教育開発研究所

電話　(03) 3815-7041(代)
FAX　0120-462-488
郵便振替　00180-3-101434
印刷所　中央精版印刷株式会社

落丁・乱丁本はお取り替えいたします。
★定価はカバーに表示してあります。
ISBN 978-4-86560-515-0　C3037

働き方改革と部活動改革がわかる！

働き方が変わる！できる教頭・副校長の仕事のワザ97

3月発売！

毎日のちょっとした工夫が学校を変える！

★副校長・教頭の「校長を支える」「教職員を育てる」「組織を動かす」「保護者・地域とつながる」がうまくいく、明日から使える仕事のワザが満載！

〔著〕余郷和敏（東京都大田区立矢口小学校長／全国公立学校教頭会顧問） 四六判／216頁／定価（本体2,000円+税）

「先生が忙しすぎる」をあきらめない

大好評3刷！

半径3mからの本気の学校改善

★豊富なデータと現場の実態から「忙しさ」の現状を徹底分析。
★勤務実態の見える化や部活動の改善などへのアイデア満載！

〔著〕妹尾昌俊（文部科学省学校業務改善アドバイザー） A5判／200頁／定価（本体2,000円+税）

ホワイト部活動のすすめ
——部活動改革で学校を変える

4月発売！

今後の部活動の健全で適切な在り方を提起

★時間を適切に設定し生徒の自治やニーズの多様性を尊重した部活動を実現するには、部活動改革を学校変革の端緒と捉え建設的議論への道筋を示す。

〔著〕佐藤博志（筑波大学准教授）／朝倉雅史（早稲田大学講師）／内山絵美子（小田原短期大学講師）／阿部雅子（横浜市立馬場小学校長） A5判／約180頁／定価（本体2,000円+税）

教育開発研究所　〒113-0033 東京都文京区本郷2-15-13　**送料無料・即日発送!!**
●本のご注文は無料FAX 0120-462-488 をご利用下さい。★電話（03-3815-7041）／HPオンラインショップからもご注文いただけます。